国际金融与经济研究系列丛书
上海财经大学中央高校双一流引导专项资金资助出版
上海财经大学中央高校基本科研业务费资助出版

私募股权的价值增值机制研究

李 曜 著

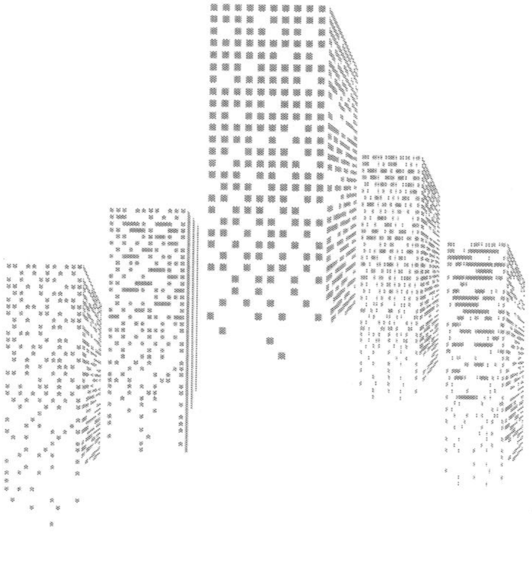

上海财经大学出版社

图书在版编目(CIP)数据

私募股权的价值增值机制研究/李曜著. —上海:上海财经大学出版社,2020.12

(国际金融与经济研究系列丛书)

ISBN 978-7-5642-3683-0/F·3683

Ⅰ.①私… Ⅱ.①李… Ⅲ.①股权-投资基金-研究-中国 Ⅳ.①F832.51

中国版本图书馆CIP数据核字(2020)第227910号

□ 责任编辑 台啸天

□ 封面设计 贺加贝

私募股权的价值增值机制研究

李 曜 著

上海财经大学出版社出版发行

(上海市中山北一路369号 邮编200083)

网 址:http://www.sufep.com

电子邮箱:webmaster @ sufep.com

全国新华书店经销

江苏凤凰数码印务有限公司印刷装订

2020年12月第1版 2020年12月第1次印刷

710mm×1000mm 1/16 16.5印张(插页:2) 323千字

定价:58.00元

将此书献给我的父亲

前　言

私募股权的浪潮风起云涌。第一次杠杆收购浪潮爆发于20世纪80年代，作为创新的金融运作模式，将企业代入了一种与上市公司不同的新治理机制中。著名经济学家Michael Jensen以醒目的标题——“论公众公司的垮台”发表文章，大胆预言：旧的企业治理机制垮台了，新的企业治理机制诞生了！这就是杠杆收购创造的崭新治理机制！不过，随着RJR Nabisco世纪并购战的爆发，杠杆收购机构登上了巅峰，在荣耀之极也为自己准备好了“门口的野蛮人”的墓志铭，这一令人印象深刻的铭碑，之后就深深地烙印在这些刚刚结束一轮杠杆收购热潮的投资机构身上。喧嚣中尘烟散尽，垃圾债券市场也因爆发了内幕交易丑闻而很快崩溃，杠杆收购的第一次浪潮终于偃旗息鼓。

到了21世纪，繁荣的经济增长带来了便宜的资本，信贷市场中金融创新不断，第一次浪潮中的KKR、凯雷、黑石等机构卷土重来，此次收购的目标更加多元化，并不一定是大型上市企业；目标企业的行业跨度更加广泛；收购项目资金来源中负债资金的占比减少，即使是银行贷款也往往被出售；退出方式日益多元化，出现了二次收购(secondary buyout)、卖给产业买家(trade sale)等新方式。在第二次浪潮中，收购机构们洗心革面，将自己改称为“私募股权管理机构”，将旗下的基金称为“私募股权基金”。于是，私募股权(private equity，PE)的概念就诞生了。在这次浪潮中，它们从传统的欧美市场进入了亚洲特别是中国，最典型的案例就是TPG(德州太平洋集团)旗下的新桥资本收购了深发展银行。21世纪的第一个十年，见证了第二次杠杆收购浪潮——私募股权浪潮的崛起。

2008年的金融危机结束了宽松的信贷市场，资金成本开始上升，投资银行被迫和商业银行合并，承担风险的能力下降。但是在金融危机中，私募股权并未受到多少损害，PE机构管理的组合企业的损失和破产很少发生，只是交易的规模和数量均有所下降。随着金融市场的逐步回复，私募股权瞄准了医院、养老院、物流企业等各种新的机会。2015年以来，私募股权机构等待时机、重新积蕴力量，酝酿着发起第三次的杠杆收购浪潮。

在过去的两次私募股权浪潮之后，学术界反思PE的价值增值机制——因为这是PE机构之所以安身立命的根本。在第一次杠杆收购浪潮之后，代表性的文献如Kaplan(1989)认为LBO协会(PE机构的前身)可以通过承担大量负债产生监督和激励机制，从而减少目标企业的代理成本；随后一些文献也认为 LBO 后的企业可以产生更好的经营绩效，典型如 Denis(1994)对 Safeway 收购案的研究等。而对 LBO 提出挑战的主要是 Rappaport(1989)、Cheffins 和 Armour(2007)等，认为 LBO 是一种短视的运作机制，不利于企业长期竞争力的培育。

在第二次杠杆收购浪潮之后，Guo 和 Hotchkiss(2011)等发现新的杠杆收购发生了变化，企业价值的增值来源有：负债的税盾效应、经营绩效的提高、PE 机构准确择时即低买、高卖的能力，三者各对价值增值贡献了 1/3 左右的因子。

结合对两次私募股权浪潮的研究，私募股权的价值增值机制可以被总结为所谓的"三大工程"。

第一，金融工程(financial engineering)。即通过增加负债，产生节税的税盾效应、债务的监督效应等，从而提升企业价值。

第二，治理工程(governance engineering)。即 PE 机构主动参与被投企业的公司治理，如担任董事、财务经理、以及推荐经理人，解聘不合适的高管；监督企业经理；实施管理层股权激励计划；在 PE 的被投企业之间搭建关系网络等。

第三，运营工程(operational engineering)。即 PE 机构聘请运营合伙人，对被投企业的战略、财务、生产等进行全面管理，如采取精益生产方式等，促进企业价值提升。PE 的运营合伙人是企业管理专家和产业专家，他们往往是其他企业拥有丰富经验的退休高管，所谓发挥了"白发智慧"的作用。

在 PE 的三大工程中，运营工程处于改革的前沿，也是当前 PE 领域讨论最多的话题。PE 机构的合伙人从早期的单一类型即主要以金融财务专家和投行人士为主，逐渐发展成分为两类普通合伙人：金融财务合伙人和运营合伙人。在给予企业价值增值的力量中，运营合伙人的作用越来越突出，PE 机构不再仅仅依靠财务杠杆或者金融工程的力量。

私募股权从 21 世纪后进入中国。中国国内的风险投资自 20 世纪 80 年代后期开始起步，在 1998 年民建中央于全国政协提出"关于大力发展我国风险投资事业"的提案后，风险投资在国内获得快速发展。20 世纪末期的科技创新和互联网浪潮，以及伴随着深圳交易所创业板的筹建，直接推动了我国风险投资和私募股权产业的发展。从广义上看，中国的私募股权行业是以成长性投资为主，以高速成长的科技型中小企业为主要目标对象，寄希望于企业快速成长达到上市标准后从而实现基金的退出，基金的持股期限比较短，这些特征决定了我国的私募股权行业更像是成长期/成熟期的风险投资，而与西方主要从事杠杆收购的 PE 行业存在一定的区别。本书的研究特别是实证部分的研究并未严格区别私募股权(PE)与风险投资(VC)，而是统称为私募股权，这反映了我国目前 PE/VC 产业的特征。

本书首先界定了私募股权机构合伙人的企业家精神特质，将此类合伙人称为"综合型企业家"，也即结合了金融和产业两个方面特征的企业家。PE 机构对于被投企业的作用，特别在于能够通过 PE 合伙人的企业家精神激发目标企业管理层的企业家精神。企业家精神可能具有传染效应，PE 作为一种外部的投资机构，介入目标企业后，能够发挥降低系统熵值的作用，传导、诱使、推动、促成目标企业经理层的企业家精神爆发，从而实现企业价值增值。

接着在实证部分，笔者从筛选和增值角度出发，探讨 PE 机构按照何种标准进行筛选被投企业，同时投后侧重于在哪些指标方面进行增值改善，努力在事先筛选的指标和事后增值的指标之间，建立起勾稽关系。从而说明：PE 机构在投前注重于一些正面的指标（如研发成果较高、销售净利率较好），这些正面指标在投后得到维持；同时注重于一些负面的指标（如财务杠杆率较高、经营效率较差），这些负面指标在投后得到改善，从而使得企业整体绩效提高。

在 IPO 问题上，PE 机构的作用早就被深入地研究。学术界提出了认证、逐名、市场势力等理论假说。笔者主要从中国特殊的新股发行核准制度为背景，且以创业板上市企业为研究对象，分析在 2009—2012 年间的创业板上市企业中 PE 机构的作用，提出了上市前短线入股的 PE 机构提高了在证监会的审核通过率、亦提高了新股发行折价率，综合这两种方向不同的利弊效应，成为企业决定引入上市前 PE 的权衡假说。在提升 IPO 折价率的机制解释上，本书继续研究发现 PE 在一级市场上具有认证效应、在二级市场上具有市场力量。上市初期二级市场上投资者对 PE 持股企业的积极反应，来自于投资者对于 PE 和承销商具有联盟关系的关注。

之后，本书对于 PE 持股企业上市后的并购、定向增发、管理层股权激励等进行了研究，由于 PE 机构作为企业的原始股东在上市初期存在禁售期，并且解禁后不会匆忙减持，从而 PE 机构在上述各方面均发挥了一定的正面作用。

至于我国 PE 机构与西方从事杠杆收购的私募股权机构存在相似之处的运作机制，本书主要是进行了案例研究。比如涉及的弘毅资本对于江苏玻璃集团的重组，这一案例体现了地方政府、企业管理层、私募股权机构的利益一致和协同增值，是天时、地利、人和的共同作用。而高瓴资本在爱尔眼科对同行业的“滚卷式收购”中，发挥了资本和产业经验的作用，是“上市公司＋PE”模式的成功典范。

至于未来，我国私募股权机构是否具有大展宏图的用武之地呢？笔者认为，取决于以下几个方面。

首先，国有企业的混合所有制改革。对于为实施股权多元化、实现制衡股东结构目标的国有企业来说，PE 机构是一个不错的候选对象。PE 机构具有以价值和效率为导向的目标机制、有效的监督考核体系、和给予经营者有力的股权激励工具等，这些都将促使蕴积在国企经营者心中的企业家精神的爆发，从而使得他们转型成为和 PE 机构合伙人一样兼具产业和金融运营能力的综合型企业家。

其次，改革开放以来的第一代企业家退休、缺乏合适的接班人；大型集团非主业资产剥离;传统产业的整合需求等等,都需要 PE 机构的资本和智慧。

第三,"PE+上市公司"的合作模式,是否前景光明还是昙花一现、逐渐黯淡?在注册制背景下,私募股权的退出机制已经悄然改变。"PE+上市公司"已经脱离了为资本退出而设计这一合作模式的初衷,这种模式的价值增值机制,需要在新的资本市场制度背景下进行重新构建。

第四,PE 与其他机构的联盟。本书提到了 PE 和证券承销商在新股发行中的多次合作,但是 PE 和商业银行的合作更为值得研究。比如著名的硅谷银行的运作模式(国内的合资银行浦发硅谷银行却一直刻意地保持低调),银行和 PE 机构的投贷连动是否适合于我国的科技创新企业?PE 和商业银行在理财资金、资产配置、风险控制上存在何种关系?商业银行在和 PE 机构合作中如何提供对于目标企业的增值服务?如何协调商业银行的稳健经营风格与 PE 机构的创新、追逐风险的经营风格?又比如,目前地方政府引导基金(GVC)热潮涌动,宣告成立的引导基金数量和目标规模不断创出新高,这些政府引导基金定位于母基金,必须将母基金资金再投入到各个具体的 PE 基金中,这样政府资本就必须寻找民营 PE 机构或者其他国有 PE 机构开展合作。PE 机构和政府引导基金如何建立起合作关系?

以上诸多问题,都是私募股权行业在未来十年中面临的挑战。而当前全社会关注的最大挑战是,新冠疫情正在全球肆虐,COVID-19 病毒的浓浓阴影也笼罩了私募股权行业。一个必须直面的尖锐问题是——PE 机构持股的养老院在疫情中会发生什么现象?因为,在前面所述的第三次杠杆收购浪潮中,美国和西方 PE 机构持有了大量的养老院和医院(我国的民营医疗企业也有 PE 资本的大量投入)。一种天真而普遍的回答是:PE 持股以逐利为目的,当然 PE 拥有的养老院和医疗机构的 COVID-19 感染率和死亡率一定高于非 PE 机构拥有的养老院。而学者 Gandhi 等人(2020)的最新研究却发现,PE 持有养老院中的老人感染率、死亡率均显著小于非 PE 持股的养老院,甚至口罩、消毒洗手液等医用防护物资的短缺率也显著更低。因此,作者总结说,PE 机构确实拥有尚未能被认知的增值能力。

所以,PE 机构的增值机制正处在发展变化之中,其中存在着大量值得深入研究的空间。本书是一个初步的尝试。随着我国私募股权和风险投资行业的壮大成长,一定会涌现出更多对 PE 机构价值增值能力的研究成果。

且拭目以待。

目　录

引 言

私募股权(private equity，PE)的兴起，是西方历史上第四次并购浪潮即杠杆收购浪潮后的延续，在21世纪初的十年期间成为席卷全球范围内的投资现象，也被称为第二次杠杆收购浪潮。

言称私募股权，就不能不提及杠杆收购。杠杆收购(leverage buyout)在20世纪80年代出现，主导了美国的第四次并购浪潮。杠杆收购中的投资机构在彼时并无专门的称谓，只是被指称为"杠杆收购协会"(LBO association)，强调它们进行的是杠杆收购业务①，但今天这个称呼已经不再听到了。原因在于第四次并购浪潮中的杠杆收购多为敌意并购，虽然这一现象在西方社会产生了广泛持久的争议，但经社会传媒机构口诛笔伐，杠杆收购逐渐在大众心目中恶名昭彰②。一旦社会形成一种趋势性的认识，就很难改变，导致从事股权投资和融资并购的实务界都刻意避免使用"杠杆收购"的名词。在21世纪初期再次席卷全球的收购浪潮中，主导杠杆收购的投资机构普遍改称自己为"私募股权投资机构"(private equity firms，又称private equity houses，PE)。PE的名称在21世纪被金融界和社会广泛接受并传播于世。

一、对私募股权的概念界定

目前国内文献对于私募股权的定义乃至翻译都存在着争议，笔者总结了国内外文献资料(参见英国私募股权和风险投资协会、欧洲私募股权与风险投资协会、美国风险投资协会；Lerner 和 Hardymon，2002；Gilligan 和 Wright，2014；李曜，2010；Metrick，2011 等)，认为私募股权基金具备以下共同特点：一是投资对象是非公开交易的权益性资本，二是资金通过私募来源于特定的机构或个人，三是具有价

① 该词语来自 Jensen(1989)"公众公司的垮台"的著名论文。当时由于从事杠杆收购的机构常常联合投资，所以被称为"协会"(association)。另外一个词语是联合投资组织(investment pool)，也是指称从事杠杆收购的投资机构。参见 Michael Jensen，The eclipse of the public corporation，*Harvard Business Review*，5(1989)，pp. 61—74。

② 典型的代表事件就是《门口的野蛮人》[作者：布赖恩·伯勒(Bryan Burrough)、约翰·希利亚尔(John Helyar)]一书的出版，该书详细叙述了杠杆收购的鼻祖KKR于1988年收购RJR Nabisco公司的过程。从此，杠杆收购机构(私募股权机构的前身)作为敌意收购者就此背上了"门口的野蛮人"的恶名。即使当时美国证监会主席 Joseph Grundfest 认为，《门口的野蛮人》一书的中心思想实际想表达的是"真正的野蛮人在门内"，但就连作者自己也没有意识到这一点。

值增值能力——私募股权基金积极地参与被投企业的管理，实现价值创造。四是投资目的并非长期持有的战略投资，而是最终通过退出获取财务增值。

私募股权基金一般采用有限合伙制，私募股权机构是基金的管理人或称普通合伙人①。广义的私募股权基金包括并购基金（buyout fund）、风险资本（venture capital）、夹层资本（mezzanine capital）和困境投资基金（distressed fund）四大类，但主体是并购基金和风险资本。狭义的私募股权基金仅指并购基金。目前国内大量的私募股权基金投资的是上市之前企业股权，属于所谓的“成长型股权投资（growth capital）”，而传统风险资本也普遍注重于企业发展中后期的投资，也属于成长型投资，所以狭义的私募股权和风险资本二者已经很难区分。②。结合本书的研究重点和内容，特别对概念做出说明：本书不对私募股权机构（PE）和风险投资机构（VC）做区分，而是将其统称为私募股权机构（PE）。

21 世纪初在全世界范围内涌现出的私募股权投资浪潮中，私募股权基金的融资规模创造了历史纪录③，收购交易的数量和规模都远远超过了第一次浪潮。直到 2008 年全球金融危机爆发，PE 基金的活动开始减少。但 PE 所投资企业的资本结构已今非昔比，PE 机构本身变得更加复杂。在金融危机后，PE 机构及其基金的活动仍在继续。由于私募股权基金的融资和投资规模的极大增长，已占据全球收购兼并市场价值量的最大份额，私募股权投资对社会经济的影响日益增大。

二、私募股权投资机构和基金：组织特征、交易、退出与基金收益

（一）私募股权投资机构和基金的组织特征

私募股权的投资机构一般采用合伙制或者有限责任公司的法律形式。黑石、

---

① 有限合伙制在 1959 年以后成为美国风险投资基金的主导组织形式，参见斯宾塞·安特《完美的竞赛——风险投资之父多里奥特传奇》，中国人民大学出版社 2009。根据中国证券投资基金业协会公布的年报统计数据：截至 2016 年底，采取有限合伙制组织形式的，私募股权基金数量占比为 69.43%，资金规模为 78.49%；创业投资基金数量占比为 70.9%，规模为 66.88%。可见无论基金数量还是基金规模，有限合伙制均是我国私募股权行业占 70%以上的主导模式。（协会之后的年度年报里没有给出基金组织形式的分类统计数据）。参见中国证券投资基金业协会网站（http://www.amac.org.cn/researchstatistics/publication/）。

② 事实上即使在西方，PE/VC 投资机构近年来也出现了显著的交叉经营，既注重传统成熟期企业投资的并购型投资，也从事早期创新型企业的投资。根据汤姆逊金融数据库的数据（转引自 Shapiro 和 Pham，2008），在 2000～2007 年的私募股权投资浪潮期间，VC 机构投资的 16%为并购型投资（buyout），并购型基金投资的 14%为风险投资（VC）。目前广义私募股权基金中的两类投资——风险投资和并购投资之间已经模糊了界限。这一特征在中国的私募股权行业中更加明显。

③ 关于世界范围的 PE 基金投资及退出的数据，可参考 Mike Wright etal，The Routledge Companion to Management Buyouts，Routledge 2019.

凯雷和 KKR 是美国三家最著名的私募股权投资机构[①]。私募股权机构通过组建具体的私募股权基金，进行项目投资。传统的私募股权投资机构的组织结构精简、人员很少，Jensen(1989)在其题为"公众公司的垮台"的著名论文中[②]，曾认为组织和人员精简高效是 LBO 协会(即当时对 PE 机构的称呼)的优势，他调研了 7 个大型的 LBO 协会组织，发现每家平均只有 13 名投资专家，而且都具有投资银行背景。但是如今私募股权投资机构的雇员大大增加了，当然和其被投资企业的雇员人数相比，依然很少。典型的如 KKR 在 2009 年首次公开发行上市前向美国证监会提交的 S—1 报告中汇报其投资专家(实际上也就是私募股权基金的投资经理)人数在 2007 年为 139 名，其他类似大型私募股权机构的投资专家一般均超过了 100 人。但在人员结构方面与早期的私募股权投资机构相比，一个显著区别是：私募股权的投资专家不再局限于投资银行家或金融财务专家，而是拥有更为广泛的产业经验和技能，很多投资经理属于某一个产业或行业的专家或者是拥有丰富企业管理经验的企业家。

私募股权投资机构通过设立基金的方式来进行融资，这种基金就是私募股权基金(private equity fund)。它属于封闭式基金，法律上普遍采取有限合伙制，由私募股权投资机构担任普通合伙人(general partner，GP)，负责基金管理，同时一般认购至少 1%的基金份额。有限合伙人(Limited Partner，LP)则包括公共和私人养老基金、捐赠基金、保险公司、富有家族和个人、国家主权财富基金等，他们负责基金的绝大部分出资。广义的私募股权基金主要包括"风险投资基金"(venture capital)和"并购基金"(buyout fund)[③]，狭义的私募股权基金就是专指"并购基金"。[④] 下面是并购基金的具体特征。

在某一项具体的买断收购中，PE 基金会成立一个"新公司"。成立新公司是并购型私募股权投资的关键特征之一。这家新公司实质上是"收购平台公司"或者称为"壳公司"。私募股权基金不会以基金身份直接并购目标企业，在一项并购中一

---

① 私募股权投资机构即基金的管理机构，传统上采取合伙制形式，一般为保持私募性不会上市。但在私募股权市场上普遍估值过高、管理机构的创始人需要退出的时期，也会转型为上市企业。注意上市的是私募股权的投资管理机构，而非私募股权基金。如黑石于 2007 年、KKR 于 2009 年、凯雷于 2010 年分别于欧洲证券交易所、美国纽约证券交易所等上市。但以人力资本、私密性为核心特征的 PE 机构，是否适合采取上市企业形式，存在争议。而且私募股权基金管理企业在上市初期没有采取最主流的 C 型公众公司而是依旧采取合伙制或有限责任公司形式，直至 2017 年美国税法调整对普通上市公司的税率之后(公司所得税从 35%下降为 21%)，主要的私募股权基金管理企业才在 2018～2019 年逐步转型为 C 型上市股份有限公司。

② 见第 1 页脚注①。

③ 关于私募股权基金的分类，可参阅 Andrew Metrick，《创业资本与创新金融》，贾宁译，机械工业出版社，2011 年版。

④ Buyout 一般被翻译成"收购"，如中文对 LBO 和 MBO 的翻译。但它并非一般意义上的收购兼并，英文中的兼并收购是 merger& acquisition，buyout 是有特殊的含义，也就是狭义上等同于"私募股权投资"，所以 buyout 翻译为"买断收购"更为合适。

定会组建一家新公司，由新公司出面并购目标企业。并且，在并购完成后，“新公司”从法律意义上会消失，即和目标企业合并。PE 基金往往还联合目标公司的管理层在新公司中持股，但是 PE 基金一般持有控制性股份。新公司的绝大部分资金来源于负债，资产负债率常常高达 80%以上，这也就是“杠杆收购”名称的缘由。由新公司作为收购主体，收购目标公司的全部股份，然后在并购完成之后，新公司和目标公司合并。目标公司若是上市公司则下市；目标公司若是大型集团企业的分支机构，则收购后成为独立运作的新企业；目标公司若是家族企业，则收购后公司成为由 PE 基金控制或者企业管理层控制的新企业。总之，在新组建的企业中，PE 机构将作为积极股东（active shareholder）发挥价值增值作用。

不过，PE 基金的投资方式也在变化。在亚洲国家如中国由于存在经济体制的差异，PE 进行的收购大部分都不会取得目标公司的全部股份，一般在并购完成后 PE 机构不是最大股东而是参股股东，目标公司的法律形式在被 PE 并购后往往也不发生变化，也就是不会出现“上市公司下市”的杠杆收购，但这也属于私募股权收购市场。

（二）PE 投资的交易特征

PE 在收购目标企业时，一般而言，收购资金来源的 60%～90%是债务，因此被称为“杠杆收购”，债务中大部分是高信用级别和有担保的债务。在 20 世纪 80 年代和 90 年代，银行是主要的贷款提供者。但在 21 世纪第一个十年的第二次私募股权浪潮中，商业银行主要是债务的牵头安排者，作为服务提供者而非贷款人。收购中的债务被出售给了包括对冲基金、抵押贷款投资基金等机构投资者，一些低信用级别、无担保的债务，则通过发行垃圾债券和出售给夹层基金（mezzanine fund）等形式进行融资。

PE 基金提供项目投资所成立“新公司”的股权融资的绝大部分资金，未来的新公司管理团队通常也会购买一些较少的股权[①]。这个管理层团队既可以是目标公司原来的团队，也可以是 PE 从外部引入的新团队。在 20 世纪 80 年代第一次杠杆收购浪潮中，收购的对象企业有如下特征：（1）主要发生在成熟行业（如制造业、零售业等），属于大型交易，交易类型一般是将上市公司收购下市。这类交易有一个专有名词“从上市到下市”（public-to-private，PTP）。PTP 交易占据了当时全部杠杆收购一半的价值量。这个阶段中的投资机构首次被人们识别为专业杠杆收购现象中的专业机构，杠杆收购被等同于“针对成熟行业中大型上市公司进行下市”的收购。（2）杠杆收购主要是发生在美国、加拿大、英国等三个国家的经济现象。在 1985～1989 年三国发

① 若管理层团队持有新公司的控制性股份，PE 机构成为参股小股东，这个收购就变成“管理层收购”（management buyout，MBO）了。PE 机构和企业家/管理层合作收购目标公司，是常见的私募股权投资现象，是否是管理层收购，就看是 PE 机构还是企业家占据了主导地位。

生的交易量占全世界杠杆收购交易数量的89%、交易价值的93%[①]。

在21世纪以来第二次杠杆收购也即更名后的私募股权投资浪潮中，收购展现了如下特征：(1)针对上市公司下市的PTP交易大幅度下降，只占全部收购交易价值的10%，目标企业的平均收购价值大幅度下降。而针对非上市公司包括独立企业和大型公司分支机构的收购显著增加，成为PE基金收购的主体，占到全部交易价值的80%、交易数目的90%。(2)收购对象包含了信息技术、传媒、电信、基础设施、金融、健康医疗等行业的企业，而传统收购对象中的制造业、零售业企业比重显著下降。(3)二次收购(secondary buyout)成为私募股权市场的重要现象。二次收购即PE基金将其投资企业出售给其他的PE基金，从而实现自身退出。(4)最大的交易价值来自大型企业集团出售分支机构。(5)私募股权市场爆发性增长，PE基金的活动扩大到世界其他地区，特别是亚洲国家如中国等。私募股权收购项目来源——以欧洲为例见表0—1。

表0—1　　私募股权收购的项目来源——以欧洲为例　　单位：百万欧元

类型＼年份	2012	2013	2014	2015	2016	2017
外国资产的剥离	13.1	9	11.1	12.6	6.8	9.3
破产资产	4.7	0.8	0.7	0.3	0.3	0.2
国内资产的剥离	13.3	16.7	28.8	16.6	10.9	11.4
私有企业	13.4	12.1	13.9	17.3	21.2	12.9
上市公司下市(PTP)	7.6	4	4.1	4.9	6.2	15.2
二次收购(secondary buyout)	47.9	57	41.1	47.5	54.4	49.9

注：数据来自英国帝国理工学院管理层收购研究中心(CMBOR)。转引自The Routledge Companion to Management Buyouts (edited by Mike Wright, Kevin Amess, Nick Bacon and Don Siegel, 2019)。

(三)PE基金如何实现退出

由于私募股权基金合约具有时间期限限制，因此一项并购交易的退出，对于基金来说是一个核心问题。在Kaplan和Stromberg(2009)对1970年到2007年中期的全部17 171个私募股权交易案例样本的研究中发现[②]，最常见的退出方式是：第一，将公司出售给战略买家，占全部退出方式的38%，这被称为贸易型出售(trade sale)。第二，出售给其他的私募股权基金，占全部退出方式的24%，此即二次收

① Kaplan, S. N. and Stromberg, P., 2009. Leveraged buyouts and private equity. *Journal of Economic Perspectives*, 23(1), pp. 121—46.

② 来源同上。

购,这种方式近年来增长迅速。第三,通过 IPO 公开上市实现退出,占全部退出方式的 14%,但这种退出方式近年来显著减少。以英国帝国理工学院管理层收购研究中心(CMBOR)[①]对欧洲数据的研究,可以看出三类退出方式中,以 IPO 为代表的上市退出的金额波动性最大,高峰时年度占比 37%,低谷期年度占比仅占 1.2%,占比近年在下降;二次收购的退出占比在稳步增长,抵补了 IPO 占比的下降;交易型出售(并购退出)的占比最大,维持在 45%左右。私募股权基金支持项目的退出方式——以欧洲为例见表 0—2。

表 0—2　　私募股权基金支持项目的退出方式——以欧洲为例　　单位:百万欧元

类型＼年份		2010	2011	2012	2013	2014	2015	2016	2017
上市	金额	22 036	1 087	4 010	25 083	44 174	49 870	19 766	15 375
	占比	31%	1%	7%	30%	37%	31%	19%	13%
二次收购	金额	27 997	33 133	28 687	35 053	31 022	45 043	35 281	49 420
	占比	39%	38%	49%	42%	26%	28%	34%	41%
交易出售	金额	21 130	52 774	26 286	22 490	42 761	67 444	48 549	54 305
	占比	30%	61%	45%	27%	36%	42%	47%	46%

注:1. 二次收购即 secondary buyout。交易出售即 trade sale,在国内即指“并购退出”。2. 原始数据来自 CMBOR。转引自 The Routledge Companion to Management Buyouts (edited by Mike Wright,Kevin Amess,Nick Bacon and Don Siegel,2019)。

由于收购的高负债,多少私募股权投资交易项目最终会以破产告终呢?在 Kaplan 和 Stromberg(2009)的全部统计样本中,6%的交易最终被破产清算。若考虑到 PE 基金持股企业的平均时间为 6 年,则年度的破产率为 1.2%,这一数据低于穆迪报告给出的 1980～2002 年间美国公司债券发行人 1.6%的年度破产率。但由于 PE 持股企业信息的非公开性,有 11%的比例为未知退出方式,因此总体上 PE 投资项目破产比例可能会提高。Andrade 和 Kaplan(1998)的研究发现,20 世纪 80 年代大型 PTP 交易中 23%的案例最终以破产告终。Wilson 等人(2012)对英国 1995—2009 年间私募股权支持的并购交易的研究发现,相比于非 PE 支持的交易,PE 支持的并购交易在生产效率的赢利能力方面都更优,即使在 2008 年金融

① CMBOR(center for management buyout research,管理层收购研究中心)由英国著名学者迈克·怀特教授等人在 1986 年创立于英国诺丁汉大学,以研究英国和欧洲的管理层收购和私募股权为任务,是国际上第一个专门以管理层收购和私募股权为研究对象的学术研究机构。CMBOR 于 2011 年 9 月随怀特教授一起搬迁入至英国伦敦帝国理工学院商学院(http://www3.imperial.ac.uk/business-school/research/innovationandentrepreneurship/cmbor)。本书作者曾于 2009～2010 年经怀特教授邀请作为国家留学基金青年骨干项目学者访问了 CMBOR。2019 年 11 月迈克·怀特教授不幸因病离世。

危机后，PE 交易也获得了更好的经济和财务绩效。

PE 基金在每一个交易中的平均持有时间存在变化，Kaplan 和 Stromberg (2009)全部样本中的中位数为接近 6 年，在 20 世纪 90 年代以前少于 5 年，这反映了当时首次公开发行市场比较热，PE 机构退出的时间比较短。总体上看，PE 持股的时间显示其并非短期投资者。在发达国家的资本市场上，PE 从持股企业到 IPO 退出的平均时间为 5～13 年(Blenman 和 Reddy，2014；Landtrom，2007；Nahata，2008)。

三、PE 机构扮演价值增值角色与被投资企业的绩效改进

(一)PE 机构如何为被投资企业提供价值增值

PE 机构为被投资企业提供价值增值是 PE 机构之所以能得以立足的生存之本。对于 PE 机构如何实现被投资企业的价值增值问题，学术界早已关注。早期的研究结论主要是负债和财务杠杆带来的监督效应、对管理层的股权激励效应和 PE 股东的积极监督效应(Jensen，1989； Kaplan，1989a，b)。21 世纪的第二次私募股权浪潮以来，学术界认为除早期研究的结论之外，PE 机构对董事会的改革和对目标公司运营上的增值也是重要原因。总体来看，PE 机构给被投资企业带来了三个方面的变化——公司治理的变化，资本结构的变化和组织运营的变化，主要采取以下四个措施：

第一个措施：股权激励。PE 机构对被投资企业管理层团队的激励机制给予高度关注，典型的做法是给予管理层比较大的股票持股或者期权激励[①]。而且 PE 机构要求管理层团队必须对所管理的企业进行投资，高级管理层被要求投资的钱必须达到一定程度，使他们不得不重视这笔钱[②]。这样管理层团队既有激励(私募股权机构给予的股权和期权激励)，也有约束(自身出资购买的股权)。而且在 PE 基金持股阶段，被投资企业是非上市的，股权是不可流动的，管理层要实现收益只有当公司上市或 PE 退出时跟随着一起出售股权。由于企业管理层持有股权的长期非流动性，从而减少了其短视行为。

第二个措施：财务杠杆。杠杆收购中高度负债的融资，在美国和其他一些国家，可以带来抵税效应，从而增加了企业价值。同时高度负债也有利于减少企业自由现金流量的代理成本(Jensen，1986)。不过如果负债率过高，也会增加企业陷入财务困境的可能性。Guo 等(2011) 对 1990～2006 年美国杠杆收购样本的研究揭示收购的债务增长除了带来税收利益之外，还带来了经营绩效的正面改变。

---

① 股权和期权在 20 世纪 80 年代的美国上市公司中很少采用，参见 Jensen&Murphy(1990)。这样彼时 PE 机构给予管理层股权和期权的措施就有了改革意义。

② 英语中称为“hurt money”，即使得他们感到痛苦的钱。实践中采取管理层个人一年全部薪酬奖金或者个人净资产 1/3 的两者中的较高者。参见 Gilligan&Wright(2014)。

第三个措施:董事会变革。指私募股权投资机构控制了被投资企业的董事会,积极参与到公司治理中去。私募股权机构持股企业的董事会完全不同于公众公司的董事会,总体来看 PE 基金所投资私有企业的董事会比上市公司董事会规模更小、会议频率更频繁、监督更严格,总之董事会的效率更高。学者 Acharya、Kehoe、Reyner (2009)特别对比进行了研究①。

Acharya 等人对在上市公司和 PE 所投资企业均担任董事(姑且称为"两栖董事")的 20 人进行了深度访谈,并对英国被 12 家 PE 基金投资的 66 个企业董事会进行了详细分析。他们发现:(1)PE 董事会主导了公司战略的形成,而上市公司董事会只是配合管理层制定战略,董事会只是一个"随从角色"。(2)PE 董事会和上市公司董事会最显著的区别是绩效管理文化和措施。PE 董事会是"残酷无情地关注于价值创造的各个层面",而上市公司董事会业绩管理的中心是放在季度利润指标的完成和能否实现证券市场的预期。(3)PE 董事会可以迅速更换业绩较差的高管。(4)PE 董事会人数较少,董事成员投入了更多时间,而且更多将时间花费在现场调研、电话、与管理层举行特别会议等非正式的沟通场合上,而上市公司董事会更多是完成程序性的正式会议。因此,PE 董事会扮演了一个完全不同于上市公司董事会的更多基于价值增值的角色。

第四个措施:运营变革。这是当前 PE 投资中采用的一个新价值增值方式。它指的是 PE 投资经理是产业专家和运营管理专家,通过 PE 投资专家实施对被投资企业的价值增值。现实中,很多领先的 PE 机构已经按照产业/行业来进行自我定位——即不同的 PE 机构专注于投资不同的行业。通过产业定位的 PE 机构不仅雇用具有金融财务背景的投资专家,还更多地雇用具有运营和产业背景的投资专家。例如,美国著名企业家楼・郭特纳(Lou Gerstner)为大型烟草公司雷诺兹(RJR)和 IBM 的前首席执行官,现在是凯雷的投资专家;杰克・韦尔奇(Jack Welch)为通用电气的前首席执行官,现在是私募股权机构克莱顿・杜碧丽(Clayton Dubilier)的专家。大部分私募股权机构也会聘请外部咨询机构的雇员。私募股权机构运用这些投资专家/合伙人的专有产业和运营管理知识,去识别有利的投资机会,制定并贯彻具体的价值增值计划包括削减成本、提高产出和效率、更新和重新定位公司战略、识别有利的收购机会、更换管理层等(Gadiesh 和 MacArthur,2008;Acharya 等,2013)。

(二)PE 投资后的企业经营绩效如何

对这个问题进行的实证研究大部分是正面的。Kaplan(1989b)研究了 20 世纪 80 年代美国的大型 PTP 交易,发现与收购前一年相比,三年后扣除行业因素的营

---

① Viral Acharya,Conor Kehoe and Michael Reyner. Private Equity versus Plc Boards in the U. K.:A Comparison of Practices and Effectiveness. *Journal of Applied Corporate Finance*,21(1),2009,45—56.

业利润率每年提高了20%,净现金流量年度增加40%,资本支出比例下降,企业价值大幅度增加。Smith(1990)发现相似的结果。Lichtenberg和Siegel(1990)发现在杠杆收购之后,企业的总要素生产率大幅度增加。

限于数据的可得性,20世纪80年代以后对杠杆收购和PE基金的经验研究主要集中于欧洲,大部分的研究结论也认为杠杆收购带来了经营绩效和产出效率的提高,这包括Harris、Siegel和Wright(2005)对英国的分析,Desbrierers和Schatt(2002)对法国的分析,Bergstrom、Grubb和Jonsson(2007)对瑞典的分析等。Cumming、Siegel和Wright(2007)总结了文献后认为:"不同的时期、不同的研究方法都得出一致性的结论:LBO特别是MBO提高了企业的经营绩效。"

针对大型PTP的一些研究文献,发现了不同结果。Guo等(2011)①研究了美国在1990～2006年期间的192个交易市值在1亿美元以上的PTP交易,其中94个案例拥有收购后的财务数据(因为这些企业最后进行了IPO或者拥有公开发行的债务工具等,从而披露了公司处于下市时的财务资料)。对这些案例研究后发现,收购下市后经行业调整的营业利润和现金流只是得到了略微提高,远没有20世纪80年代第一次杠杆收购浪潮的数据那么大,但该文献发现PE基金的收益很高(即基金的退出时价值相比收购价格),解释原因有三:(1)收购后企业经营业绩的提高(解释23%);(2)证券市场估值水平的上升(解释26%);(3)负债带来的税收利益(解释29%)。Acharya、Hahn和Kehoe(2009),Weir、Jones和Wright(2007)发现英国1998～2004年期间PTP交易后的企业经营绩效改善也相对较小。

这说明,第二次私募股权收购浪潮和第一次杠杆收购浪潮中企业经营绩效的改变和影响可能是不同的。PE收购后对企业经营绩效和生产率的改善影响,还需要进一步研究。

四、针对PE投资的质疑和批评意见

(一)PE退出后的企业业绩是否可持续

这个问题非常关键,涉及如何从长期和根本上看待PE机构及其投资。近年来,针对PE机构一个集中性的批评意见就是:投资时间太短,是短视的投机者。批评者认为:从一个方面看,PE的投资实际上是在进行"快速炒作"(quick flip),而非长期持有公司;从另一个方面看,PE为实现快速退出,收购后公司会减少资本支出,以增加当前的现金流,但这会损害企业未来现金流和长期竞争力。

西方财经媒体经常发表评论,认为PE是投机的,极端的情形之下PE机构将被投资企业持有仅一年多时间即进行上市、实现获利退出。事后,这些企业往往被

① Guo, S., Hotchkiss, E., & Song, W. (2011). Do Buyouts (Still) Create Value? *The Journal of Finance*, 66(2), 479－517.

证明是绩差、包装、甚至伪装的上市公司。一个典型案例是美国的金融期货公司Refco,在2004年6月被著名的私募股权基金托马斯·李(Thomas H. Lee)收购,2005年8月即实现上市,基金完成退出。但该企业不久即被宣告破产,随后引发了大规模的法律诉讼,投资者诉讼PE基金在将企业上市的过程中存在着证券欺诈发行的行为。在欧洲大陆等社会左翼和工会组织力量强大的地方,当PE机构集会时,工会等组织进行示威游行时公开的口号就是:“PE机构是蝗虫!”①

为验证PE机构是否是快速炒作的投机者,学者们进一步研究了两个问题。

(1)反向杠杆收购(reverse leveraged buyouts,RLBO)后的企业业绩。被PE收购了的企业重新上市,这个现象被称“反向杠杆收购”。Holthausen和Larcker(1996)研究了1983~1988年的90个美国大型PTP交易后重新上市的案例,发现在上市当年这些企业的财务业绩显著优于同行业企业,而且财务绩效的优越性持续了4年。这是对20世纪80年代第一次杠杆收购案例的研究。之后,Cao和Lerner(2007)扩大了样本区间,选择了1981~2003年期间的526个美国RLBO案例进行研究,发现在股票上市以后3年和5年的期限内,经行业调整的股票持有期收益率持续出现超额正收益,RLBO的公司股票收益超越了同期其他IPO企业和证券市场指数。因此,学者的结论是:PE退出后的企业财务绩效能够持续超越同行业,业绩呈现出持续性,股票收益率持续超越证券市场指数收益率。所以,PE给目标企业带来的是持续竞争优势,他们并非短视的投机者。

(2)PE收购后企业的创新能力。主要是Lerner、Sorensen和Strömberg(2011)对PE收购后企业从事专利申请的研究。由于企业在专利申请上的投资属于长期投资,对于PE基金来说,它是否会以牺牲企业的长期利益、减少研究开发支出、减少专利申请,从而获取短期利益呢?他们研究了总共495个企业在PE投资前3年和后5年的专利申请情况(期间企业必须至少有1个专利被注册),发现企业专利申请的规模在接受PE投资前后没有显著变化,但是代表专利质量的指标——专利的“被引用次数”出现了显著增加。在被杠杆收购之前注册的专利3年内被引用的次数平均为1.99次,而被杠杆收购之后注册的专利在3年内被引用的次数为2.49次。Lerner等人解释为:PE投资后的企业更为关注核心业务,将创新活动聚焦于少数核心领域,从而注册专利的质量得到了提高。

(二)PE投资是否损害了就业、税收

对私募股权收购的另外一个经常性的批评就是,PE机构收购之后会削减目标

---

① 蝗虫快速地吃完一片农田,然后飞去另外一片农田,蝗虫掠过之后,庄稼颗粒无收。此处形容PE机构的短期掠夺行为与蝗虫一样。在2007年2月,欧洲私募股权和风险投资(European Private Equity and Venture Capital Summit)高峰会议期间,一些被PE收购后企业的雇员举行抗议示威,标语牌上写着“蝗虫的聚会”“蝗虫瘟疫”等口号。2007年8月,德国一家被美国PE机构收购后的企业员工举行示威,将巨大的蝗虫造型钉在了工厂大门的十字架上。

企业的就业和工资、降低成本，以提高生产效率和经营业绩。因此企业经营绩效的改善是以牺牲员工就业和工资增长、减少资本投资等作为代价的，这种争议还会引起一些代表工人利益的社会左翼国际性组织和政治力量的关注。

总体上看，经历私募股权收购后的企业就业是增长的，但与同行业企业相比，增长较慢。因此实证研究并不支持 PE 收购后将目标企业进行裁减员工的说法，但也不支持收购后大量增加雇员的观点。在就业领域方面的实证研究说明，PE 控制下的企业带来价值增长主要来自经营效率的提高(即劳动力数量上没有大的变化)。Davits 等人(2014)研究了 1980～2005 年间美国私募股权支持的对 3 200 个企业的并购样本，发现在控制了行业、规模、年龄和之前的增长率之后，这些企业的就业人数在被并购后发生了净减少，但因增加了新的就业岗位(生产效率更高)，从而 PE 收购的企业的全要素生产率(TFP)获得了提高。

PE 收购中采用的负债产生了抵税效应，但是很难准确估算。Kaplan(1989a)认为因杠杆收购高负债抵免的税收可以解释被投资企业价值增量的 4%～40%，4%的数字是假设杠杆收购的负债在 8 年内还清，个人所得税完全抵消了公司所得税的抵税效应。而 40%的数字是假设杠杆收购的负债是永续存在的，并没有考虑个人所得税抵消效应，真实效果可能介于两者之间。因此 20 世纪 80 年代采取高杠杆负债收购的情形下，税收抵免对于企业价值增量的贡献在 10～20 个百分点之间。在单纯由于负债产生的税收抵免和由收购后企业经营绩效提高而增加的税收之间存在着对冲效应，并且后者大于前者。因此总体上看，杠杆收购后带来的政府税收是增加的。而 21 世纪后公司所得税率开始下降，PE 收购中采取的负债也在大幅度下降。因此杠杆收购中负债的抵税效应增加了企业价值，但是抵税效应在下降，而且很难准确计算。

(三)PE 收购时是否拥有内幕信息

对私募股权机构持批评态度的人士还认为：收购后企业经营业绩和企业价值的提高，很可能是由于 PE 投资者拥有内幕信息，而内幕信息的主要来源就是当前的目标企业管理层，因为目标企业管理层和外部的 PE 机构构成了利益共同体，它们组成财团去收购目标企业。但是学者的研究否认了收购后企业经营业绩的改变是由于 PE 机构拥有私有信息，具体原因如下。

第一，Kaplan(1989b)的研究认为，若拥有内幕信息，收购前 PE 机构提交的财务预算/估值应该低于收购后企业的实际执行情况，以便压低收购价格，但实际情况恰恰相反，大部分企业收购后的经营绩效达不到收购前 PE 机构的财务预算。

在存在公开竞价和激烈竞争的公司控制权市场上，PE 机构和管理层企图隐瞒真实信息、实现低价收购是很困难的。Ofek(1994)研究了私募股权机构收购失败的案例，这些案例中企业管理层支持 PE 机构而董事会或股东们反对。若 PE 机构拥有内幕信息而报价过低，则 PE 收购失败后的企业经营业绩和股价应该有超额收益，但是研究中没有发现。

第二，PE 机构在并购后往往引入新的企业管理层。Acharya，Gottschalg，Hahn 和 Kehoe(2013)①的研究发现在并购后的第一个 100 天内，样本公司中 1/3 的 CEO 会被更换，四年后 2/3 的 CEO 会被更换。因此现在的企业管理层如果希望通过给予私募股权机构内幕信息来换取新主人的高度激励政策，自身反而极有可能被新主人解聘。

第三，在 PE 投资的"繁荣—衰退"周期循环中，私募股权机构曾经出现过支付价格过高最后失败的现象。例如 20 世纪 80 年代末期和 2007～2008 年私募股权投资的爆发性增长阶段，最后私募股权基金的收益均被证实非常低。如果 PE 机构通过企业管理层掌握了有利的内幕信息，就不会出现这样的估值过高而导致投资失败的周期循环。

因此，对于内幕信息或非对称信息问题的讨论，指责 PE 投资者掌握有利的企业内幕信息的说法是没有根据的。但同时另有研究发现，PE 机构确实能够比其他收购者更便宜地买到企业。如之前提到的 Guo 等(2007)、Acharya 等(2013)发现 20 世纪 90 年代以来的将上市公司下市的私募股权收购浪潮中企业的经营绩效只是略有提高，但是 PE 基金的财务回报却很高，因此 PE 机构能够准确地择时从而进行低买高卖。还有 Bargeron 等人(2007)发现在收购目标公司时，PE 基金能够比其他竞争对手支付更低的溢价。这些研究说明，PE 机构能够识别价值低估的产业和行业内的公司或者是 PE 机构特别擅长于谈判，目标公司的董事会和股东在收购交易中没有得到最好的价格。

五、PE 行业繁荣与衰退的周期循环特征

20 世纪 80 年代以来，PE 行业出现融资与交易规模的周期性循环变化。若采用市场估值比例即用总收购价格除以企业的经营现金流指标(EV/EBITDA)衡量 PE 行业的收购估值，该指标越高，表明并购市场给予目标企业的估值越高。实践中 EV/EBITDA 估值指标存在着显著的周期性变化。第一次私募股权浪潮兴起于 1982 年前后，终结于 1989 年；第二次私募股权浪潮兴起于 2003 年前后，终结于 2007 年。EV/EBITDA 的估值比例总是在收购浪潮结束时显著地高于收购浪潮开始阶段，而且第二次浪潮中的估值比例显著地高于第一次浪潮。类似地，若采用 $(EBITDA/V_L)/r_h$ 指标，分子采用标准普尔 500 指数样本企业的 EBITDA 除以企业价值，反映大型企业的经营现金收益指标(也即估值比例的倒数)，分母是美林高收益债券/垃圾债券的平均收益率，这个指标的含义是：如果 PE 收购全部采取垃圾债券融资，现有美国标普 500 指数大型企业的投资收益率能够超过/或不足于垃

① Acharya，Viral V.，Oliver F. Gottschalg，Moritz Hahn，and Conor Kehoe. Corporate Governance and Value Creation：Evidence from Private Equity. *The Review of Financial Studies* 26，no. 2 (2013)：368—402.

圾债券收益率多少？很明显地，若在该指标较高的年份，PE 基金的活动应该上升；反之，则应该下降。对该指标的实证检验发现，在第一次浪潮高峰期（20 世纪 80 年代末期）和第二次浪潮高峰期（2005～2006 年间），该指标均达到了最高值。Kaplan 和 Stein（1993）证明了 20 世纪 80 年代的杠杆收购浪潮中，垃圾债券市场的繁荣和有利的融资环境导致了收购浪潮。2008 年金融危机的爆发，反过来也说明了之前信贷市场的低利率环境导致了收购资金的充溢，使得杠杆收购估值过高。

学术界的研究认为，信贷市场的起伏变化深刻地影响着私募股权行业的兴衰。当信贷市场融资条件优惠时，此时相对于 PE 杠杆收购交易的风险而言，贷款资金可能是定价错误的。那么对于目标企业未来的偿债现金流量而言，较低的融资成本就可以在当前融到更多的资金，结果融资和 PE 投资交易的规模就会增加。所以，垃圾债券市场和债务融资市场的繁荣以及有利的融资环境导致了私募股权收购浪潮的发生。逻辑上接着的问题就是：为什么 PE 投资深刻地依赖于信贷市场呢？原因在于：PE 的投资以及在杠杆收购中债务的应用，主要取决于信贷市场的状况，而并非取决于被投资企业本身实际需要的负债水平。这是 PE 领域研究的一个重大发现。

Axelson 等人（2013）①研究了 1980～2008 年期间目标企业分布在全世界的 1 157 个大型杠杆收购，目的是解释交易中的融资结构。一般来说，世界各国的各行业上市企业资产负债率一般为 20%～30%（Rajan 和 Zingales，1995），而在 PE 交易的融资结构中负债率一般为 75%。那么，为什么 PE 收购中采取如此高的负债呢？PE 交易的融资结构是由哪些因素决定的呢？他们的研究发现：所有能够解释上市公司资本结构的因素如企业规模、盈利能力、成长能力、业绩波动性等企业自身的一些特征，都不能解释 PE 交易中所采取的负债率。有趣的是，他们统计了 28 个可获得数据的子样本，发现这些企业在被 PE 收购之前，即处于上市时期的负债率，是可以被上述企业自身的各种特征来解释的，但一旦被 PE 收购之后的负债率，就不能由这些因素来解释。因此结论是：PE 投资项目高负债率的最主要的解释因素就是——债务市场中的利率水平。Axelson 等人（2013）的论断也符合 PE 实务界人士经常说的一句话："PE 投资决策中的重要因素，是看这个交易能够融到多少资金。"而 PE 在一个投资项目上最终能够融到的资金，决定了最终的收购价格。

如此的因果关系可以构建一个 PE 基金融资规模与收益之间的系统动态学上的正反馈环路："PE 基金某年很好的收益—更多的 PE 融资—基金收益变差—PE 基金融资减少—基金的收益变好"。这个过程可以自我循环、周而复始。而这样的 PE 基金规模与收益的循环过程，可以解释私募股权投资领域繁荣与衰退的周期性特征。

---

① Axelson，U，Jenkinson，T，Strömberg，P & Weisbach，MS 2013. Borrow Cheap，Buy High? The Determinants of Leverage and Pricing in Buyouts，*Journal of Finance*，vol. 68，no. 6，pp. 2 223－2 267。

六、西方经验总结和中国私募股权行业的前景

站在今天看 21 世纪私募股权投资浪潮，以西方 PE 基金为主导的行业未来发展趋势可概括为以下三点。

第一，金融危机后的私募股权投资中将采用更少的负债，降低风险，不过也减少了 PE 基金的回报率。除因信贷融资市场的紧缩外，当前 PE 基金的收益更主要来自改善经营绩效和治理绩效等，单纯来自杠杆绩效的效应在减小。

第二，PE 机构在投资目标企业时，更多获取参股股东/重要小股东的地位，而非一定要作为最大股东或者买下整个企业，在亚洲特别如此。当前 PE 机构没有掌握企业控制权的情况下，也能为目标企业提供价值增值。很多上市公司欢迎 PE 参股而非控股。这样 PE 机构更可能作为上市公司的伙伴、扮演“白衣骑士”之类的积极股东角色。

第三，在私募股权投资浪潮中融资成立的 PE 基金，将面临困境。因为基金成立更多是因为外部融资市场资金充裕而导致的，而非源于存在大量适宜的目标企业。PE 投资的目标企业可能会有一些失败案例，但由于负债率较低、利息保障倍数较高、债务合同更宽松等，全面破产违约的可能性较小。

对中国方兴未艾的私募股权行业来说，借鉴西方发展了四十多年的私募股权行业经验，本书有以下几点总结。

(1)PE 机构对于被投资企业的价值增值具有重要贡献，在提高劳动生产率、组织革新、改善公司治理等方面发挥了重要作用，因此对待 PE 投资，监管当局的政策总体上应该持积极鼓励态度。

(2)PE 机构主要通过负债融资、公司治理、运营变革等三个方面来实现价值增值，前两者(负债融资和公司治理)作为传统的价值增值方式的重要性正在让位于新的价值增值方式(运营变革)。由于我国传统商业银行信贷的低风险特征、债券市场和各类金融衍生工具市场并不发达，对目标企业进行高比例负债融资并不可行。因此，规范公司治理和进行运营变革，就应该是我国 PE 机构提升目标企业价值的主要方向。

(3)西方 PE 对目标企业的价值增值渠道之一主要通过积极介入和主导目标企业董事会。我国 PE 机构应该认识到董事会的战略导向和价值增值作用，而非仅仅停留在传统董事会的治理和监督作用上。加强私募股权机构对目标公司的董事会建设，通过强有力的外部董事和独立董事的介入，实现董事会对企业的价值增值作用。

(4)PE 机构要实现价值增值作用，必须加强自身人才队伍建设。除发挥投资银行、财务金融的人才特长之外，更应该加强在产业领域的人才培养。包括聘用更多的产业专家、企业管理者(如著名企业前任 CEO、退休的企业高管等)，来担任 PE 机构的运营合伙人和投资专家。某些 PE 机构可以把自身定位在专注于某个具体行业(如

健康医疗行业、金融行业等)的投资机构,从而聚焦细分市场,培养核心竞争力。

(5)PE 机构在融资和投资时,必须了解领域内的周期循环特征。在资金宽松易得的环境中,保持警惕、对目标企业的出价要谨慎;反之在资金紧张、经济萧条的环境中,应该加强投资力度,对好的项目应该增加投资,以进行逆周期融资和投资、提高基金收益。

放眼中国,国内 PE 机构和 PE 基金的规模正在不断壮大。我国已有本土的弘毅、深创投、达晨、鼎辉、上海金浦产业投资基金等;金石投资、海通开元等券商背景的直投基金;合资的中瑞、中比产业投资基金;外资的红杉资本、KKR 等;人民币募集的 PE 基金规模已经大幅超过美元基金的规模,全国社会保障基金、中国人寿等重要机构投资者开始不断增加对 PE 基金的投资。当前我国国有企业结构调整和产业升级重组、民营企业和乡镇企业的产业转型、传承和再造等,都给私募股权投资提供了巨大的业务机遇。著名的联想控股已明确提出自身的愿景是成为 PE 机构类的企业[①]。这些背景情况说明,基于西方 PE 行业现实内容的描述和问题探讨,对于中国实践来说,具有更大的借鉴、思考和指引的作用。中国的私募股权行业即将走上成长壮大的道路。

七、本书内容和框架结构

本书分为四个部分。

(一)从私募股权投资基金的特征分析

分别从 PE 基金普通合伙人的创新型企业家特征、私募股权投资家与创始企业家的矛盾与冲突解决等方面进行讨论。

(二)围绕 PE 投资—管理—退出的三部曲进行研究

(1)投前选择上,从 PE 基金在筛选企业时的标准、投资时的地理区域布局进行分析;从被投企业 IPO 融资的角度分析了引入私募股权投资者的意义,特别提出了企业引入短期私募股权时的权衡选择——提高在证监会的发行审核通过率和折价率损失之间进行权衡的观点。

(2)投后管理上,包括对私募股权基金的投后增值机制(对财务指标的选择和改进)、对公司治理的参与(对高管薪酬合约的绩效敏感度和薪酬结构改进)的分析。

(3)退出方面,重点研究私募股权基金支持企业的 IPO 折价率及其原因以及其所投企业上市后 PE 继续发挥作用机制的表现,包括其支持企业的并购行为及

① 柳传志在阐述联想控股愿景时,提出"在多个行业拥有领先企业,在世界范围内具有影响力的国际化投资控股公司"。这是通过选择合适的对象投资控股、扶植而形成的。联想投资和弘毅投资分别进行的是 VC 和 Buyout 的私募股权投资,为联想控股的投资做准备,最终联想控股本身就是成为一家 PE 机构。参见柳传志,"办一家伟大的公司",《人民日报—海外版》2009 年 9 月 12 日第 1 版。

绩效、定向增发再融资行为等。

(三)外生制度变化对 PE 的影响

主要从我国高铁建设对 PE 投资的地理区域布局影响进行了研究。

(四)案例研究

主要包括弘毅基金对中国玻璃重组上市、爱尔眼科践行"上市公司＋PE"构建并购基金进行产业整合的两个案例。

具体的内容框架如图 0.1 所示。

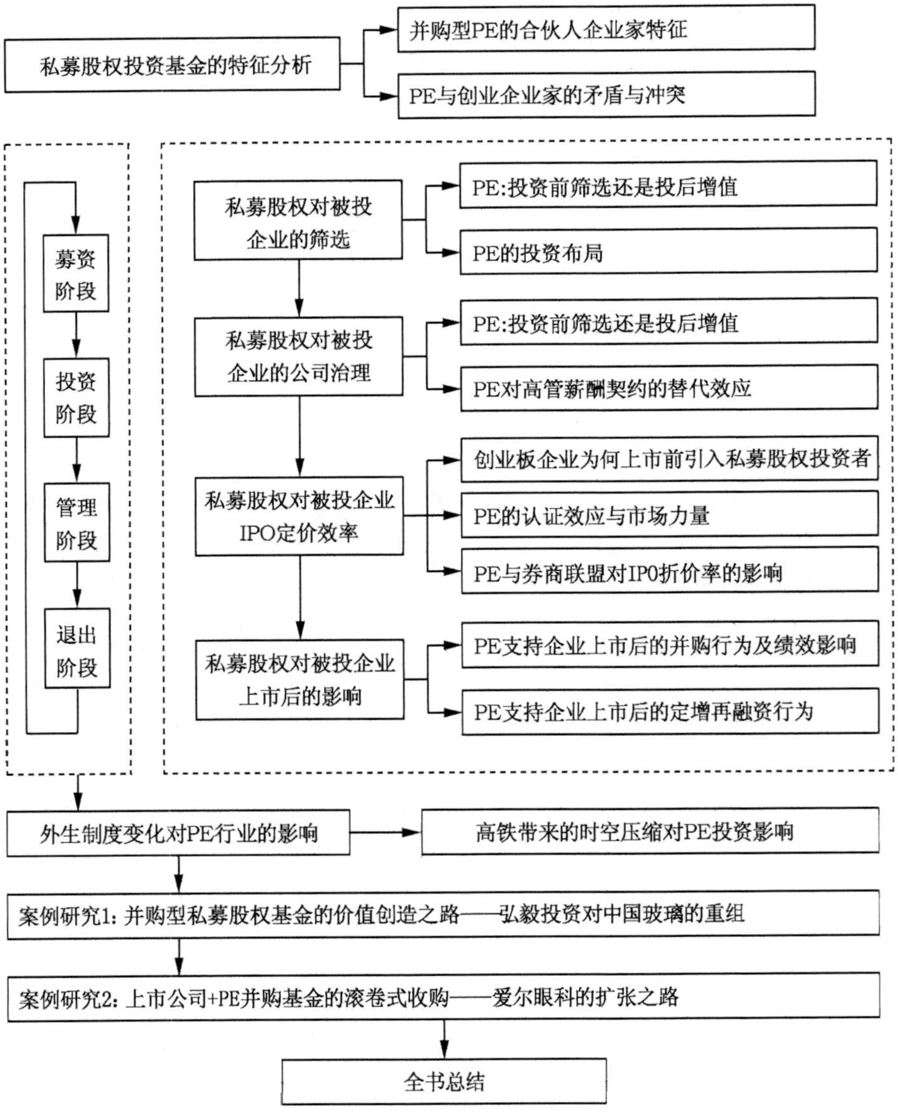

图 0.1　本书的逻辑框架

第一章 私募股权基金管理人的综合型企业家精神

第一节 PE基金的管理者到底是什么样的人

西方的并购型股权投资基金是私募股权基金的主体。[①] 国际上的并购基金十分活跃，西方并购基金在2003～2007年经历了史上最猛烈的发展浪潮(Kaplan和Strömberg，2009；李曜，2010)，在全球金融危机之后并未受到过度打压，目前已经回暖上升。借鉴西方成熟并购基金的经验，发展本土并购型基金，将其引入我国国有企业乃至民营企业的重组和转型中，是一个具有创新性的设想。

当前并购性股权投资基金已经纳入国家宏观经济政策制定部门的视野。从国家近年来颁布的政府政策文件看，并购基金在国内发展已俱条件。2010年国务院颁布了《关于促进企业兼并重组的意见》(国发[2010]27号)，提出了具体的措施包括："积极探索设立专门并购基金等兼并重组融资新模式，完善股权投资退出机制……鼓励和引导企业通过兼并重组淘汰落后产能……研究债务重组政策措施，支持资产管理公司、创业投资企业、股权投资基金、产业投资基金等机构参与被兼并企业的债务处置"。2013年7月，国务院办公厅《关于金融支持经济结构调整和转型升级的指导意见》(国办发〔2013〕67号)中再次明确提出："规范发展各类机构投资者，探索发展并购投资基金，鼓励私募股权投资基金、风险投资基金产品创新，促进创新型、创业型中小企业融资发展。"2014年3月24日，国务院颁布《关于进一步优化企业兼并重组市场环境的意见》(国发〔2014〕14号)，认为我国企业兼并重组步伐加快，但仍面临审批多、融资难、负担重、服务体系不健全、体制机制不完善、跨地区跨所有制兼并重组困难等问题。该文件除取消下放部分审批事项之外，特别提到"鼓励证券公司开展兼并重组融资业务，各类财务投资主体可以通过设立股权投资基金、创业投资基金、产业投资基金、并购基金等形式参与兼并重组。"[②] 2015年8月，党中央、国务院

---

① 参见美国风险投资与私募股权协会(NVCA)、欧洲私募股权与风险投资协会(EVCA)等的年度统计报告，可以发现21世纪以来，无论从基金只数还是规模上看，收购(Buyout)基金远远超过风险投资(VC)基金。

② 该文件还涉及：取消上市公司收购报告书事前审核，强化事后问责。地方国有股东所持上市公司股份的转让，下放地方政府审批。引导商业银行在风险可控的前提下积极稳妥开展并购贷款业务，改善对企业兼并重组的信贷服务。改革上市公司兼并重组的股份定价机制，增加定价弹性。允许发行优先股、定向发行可转换债券作为兼并重组支付方式，研究推进定向权证等作为支付方式，等等。

发布《关于深化国有企业改革的指导意见》，将国有企业分为商业类和公益类，进行分别管理。对于主业处于充分竞争行业和领域的商业类国有企业，要积极引入其他国有资本或各类非国有资本实现股权多元化。[①]

并购型股权基金被鼓励参与企业的收购兼并、并购融资和债务处置。在此背景下，实务界对于并购基金的探讨十分活跃。据投中集团的统计数据，2012 年国内募集成立的私募股权基金共 406 只，募集资金规模 685 亿美元，其中风险资本 200 只(20.4%)，成长型基金 157 只(63.9%)，房地产基金 28 只(4.1%)，并购型基金仅 5 只(8.3%)[②]。并购基金在私募股权基金整个行业中的份额占比尚且很少，对于并购型基金在中国的发展，私募股权投资基金的从业人员从未停止讨论或憧憬[③]。绝大多数人士面对现实却十分低调，均认为基金管理人的能力是国内发展并购基金的掣肘之一。他们的观点是：目前国内的 PE 界人士主要还是从事成长型投资，并未具备从事并购基金管理的能力。如此看来，并购基金滞后发展的主要原因之一在于并购基金管理人的缺乏。

那么，并购型 PE 基金的管理者到底是什么样的人呢？他们具备何种特殊能力呢？理论界和实务界亟须了解西方并购基金管理人的人力资本特征。本章侧重于从理论角度阐述并购基金普通合伙人获得对基金控制权的原因、以及并购基金合伙人的特征即为兼具金融与产业两种背景的综合型企业家。

第二节　私募股权基金管理人是综合型企业家

股权投资基金一般采取有限合伙制，普通合伙人(GP)的人力资本、专有投入及其声誉对于获取基金控制权具有重要意义。那么 GP 拥有什么样的专有人力资本呢？

奥地利著名经济学家约瑟夫·熊彼特在《经济发展理论》指出："企业家是实现创新、进行新组合的人，否则只能是管理者。"美国著名管理大师彼得·德鲁克在《创新与企业家精神》一书中表述的观点是：企业家是革新者，企业家从事的工作就是不断创新。他们具有敢为天下先的探险精神，有目的地寻求创新源泉，在危机和挑战中把握机会，进行有组织的创新，形成新的成长模式。

就私募股权基金来看，其管理人群体横跨虚拟经济和实体经济，具有金融和管

---

① 2015 年 8 月 24 日党中央、国务院颁布《关于深化国有企业改革的指导意见》。

② 括号中为该类基金募资规模占全部总体基金资金规模的百分比。该数据来自投中集团数据库 http://www.chinaventure.com.cn/。

③ 笔者在 2012～2013 年期间参加过一些 PE/VC 业内会议：(1)清科第 12 届中国创业投资与私募股权论坛(北京，2012 年 12 月 5 日)；(2)投中集团年会(上海，2013 年 4 月 12 日)；(3)上海证券报股权投资论坛(上海，2013 年 5 月 28 日)等。在这些论坛上，PE/VC 从业者均认同并购型基金的重要性和在国内的发展前景，但是普遍认为缺少对并购基金的深入了解和理论上的支持。

理才能、丰富的实际企业管理经验和广泛的人脉资源，他们追求基金收益最大化，客观上通过金融创新和产业创新共同推动经济的发展。他们通过对目标企业治理结构、财务结构、运营机制的创新，激励目标企业中具有企业家潜力的管理者成为企业家。这样，基金管理层和目标企业管理者的共同创新，激发了私募股权基金和目标企业两个层次的企业家创新精神的爆发，实现了杠杆收购由“价值发现”到“价值创造”的转变，也实现了基金普通合伙人和目标企业管理者的共同价值。

笔者认为：对于股权投资基金的管理者，不仅具有一般产业企业家的创新精神，而且具有综合型企业家的才能。因此本书提出，股权投资基金的普通合伙人是一种具有将金融与实业相互融合能力的“综合型企业家”（integrated entrepreneur）。这种综合型企业家的概念提出，借鉴了英国经济学家迈克·怀特（Mike Wright）对管理层收购价值创造机制的研究成果。怀特在企业家精神和创业学说的基础上，提出了一种新的杠杆收购价值创造解释理论——企业家精神说，重新解释了管理层收购及私募股权基金的运行机制和价值来源。借鉴西方学者的理论研究成果，我们来分析私募股权基金管理人的企业家才能。

根据一般职业经理人和企业家在信念、决策、价值判断模式上的差异，可以对企业管理层的思维模式（mindset）进行区分。

表 1.1　　经理人与企业家的两种思维模式

内　容	经理人的思维模式	企业家的思维模式
信念	大数定理：不确定性和噪音可以通过系统化分析数据解决掉	小数定理：对于未来趋势而言，一个单独事件或者少数孤立的事件，会迅速成为影响决策的关键性因素
价值判断	最好的决策是建立在量化分析的基础上。对于关键性决策，严谨缜密的分析更被重视	相比建立在历史数据分析基础上的结果，企业家的洞察力和真实世界的经验更被重视
决策假设	过去是对未来最好的预测；大部分的商业决策都可以进行量化决策	对于未来趋势的最好估计，是根据某种独特经验获得的判断
处理问题的方法	问题代表了威胁，各种新出现的问题是对项目财务收益的威胁，必须通过大量分析而过滤掉并被解决	问题代表了机会，必须对正在兴起的变化和可能的新商业机会进行保护

因此，根据表 1.1 的总结，企业家的思维模式是建立在小数定理而非大数定理的基础上，其决策更重视自身的经验和洞察力，较不相信复杂的量化分析。企业家对未来的预测更注重于某种独特经验，对企业经营中出现的新问题、微小变化十分重视。这些特征与一般职业经理人的思维模式并不相同。在对企业家的思维模式进行界定之后，本书界定杠杆收购中存在四种不同类型即“效率型、复苏型、创新型和失败型”的收购。这是结合私募股权基金投资项目的目标取向与目标企业管理层的决策和思维模式的匹配，并考虑投资前的企业特征、投资之后采取的激励机制

和治理机制等特征进行的划分。具体如表 1.2 所示。

表 1.2　　　　　　　　　　　　杠杆收购的类型界定

	收购的目标取向	企业管理者的思维模式	
		职业经理型	企业家型
杠杆收购的类型	效率改进型	Ⅰ:效率型	Ⅳ:失败型
	收购前的企业特征	目标企业存在代理问题;处于低风险行业;决策机制建立在系统化数据和财务数据的基础上	管理者的思维模式与收购后的激励机制、私募基金的治理机制不匹配
	收购后的激励机制	管理层持股以使得利益一致,获得效率改进	激励机制主要针对效率改进,与管理者的企业家认知模式和创新技能不匹配
	收购后的治理机制	私募股权基金进行监督;高负债的财务控制	私募股权机构进行监督;高负债的财务控制
	创新驱动型	Ⅱ:复苏型	Ⅲ:创新型
	收购前的企业特征	官僚决策体制阻碍了创新和投资;风险适度行业;决策机制主要依赖过去的成功经验	官僚决策体制阻碍了激进的创新,这种创新不确定性强,信息有限;或技术领域的企业发生了方向性错误;处于高风险行业;探索型(Heuristic)的决策方式有利于战略创新和有效决策
	收购后的激励机制	长期激励,主要是股权激励;适度杠杆负债,以推动管理者进行增量创新	长期激励,主要是股权激励;适度杠杆负债;拥有企业家思维的经理股东能够进行战略创新
	收购后的治理机制	私募股权基金提供适度的财务控制	私募股权基金提供适度的财务控制和技术

资料来源:根据 Wright 等(2001),Meuleman 等(2009)整理。

在 20 世纪 80 年代的杠杆收购浪潮中,主要发生的是效率型(Ⅰ)和复苏型(Ⅱ)的收购类型,具体形式就是:将存在较大代理成本的上市公司收购下市,此属于效率型;家族企业创始人卖出股权、大型集团公司剥离子公司和分部,此属于复苏型。无论是效率型收购还是复苏型收购,PE 基金对于这些目标企业通过治理结构调整、给予管理层股权激励、采取高负债产生巨大的债务压力等举措,来提高企业价值。这时的 PE 基金管理人主要属于金融财务专家,从事的是投资银行业务。这可以从早期 KKR、黑石、凯雷等股权投资基金创业者的履历看出,他们几乎都具有在大型投资银行或商业银行等金融机构工作的经历。

随着经济环境的变化,PE 基金的管理人改变了以往收购中只看重现金流量和资产变现能力的观点,关注重点不再是如何通过交易创造现金流来偿还债务,而更多是如何为目标企业提供尽可能多的增值服务(value added activities),提高企业在资本市场上的价值，然后变现获利。

为达成此目标，PE基金通过聘用优秀的基金合伙人，对目标企业管理者进行指导、培训、监督，从宏观战略、发展方向、资源整合、财务融资、市场营销和研发创新等多方面介入目标企业，与管理团队一起共同创造价值。这种杠杆收购就是创新型收购（位于表1.2中象限Ⅲ），它需要PE基金的管理者兼具金融财务、企业管理、产业经验等综合型能力，这是一种跨越金融和产业两大领域的综合型企业家能力。因此，基金管理人的人力资本属性有了质的变化。

早先的PE基金管理人主要是财务金融专家，主要从事的是效率型收购（位于表1.2中象限Ⅰ）。基金主要通过负债和财务杠杆带来的监督效应、对管理层的股权激励效应和PE股东的积极监督效应等来提升目标企业价值。21世纪以来，西方PE基金更多从事的是复苏型收购（位于表1.2中象限Ⅱ）和创新型收购。基金的普通合伙人已经升级为综合型企业家，他们是产业专家和运营管理专家，通过他们实施对被投资企业的价值增值。现实中，很多领先的PE机构已经按照产业/行业来进行自我定位，即不同的PE机构专注于投资不同的行业。运营变革（operational engineering）成为当前PE投资中采用的一个新价值增值方式。

具体来看，当前西方典型PE基金的合伙人一般被划分为金融合伙人和运营合伙人两大类，其中金融合伙人是具有金融财务背景的专家，运营合伙人是具有运营和产业背景的专家。正是通过雇佣不同背景的人才，PE基金管理人才具备了综合型企业家能力。另外，大部分的PE基金也会聘请外部咨询机构雇员。这样，私募股权机构运用它们的产业和运营管理知识去识别有利的投资机会，制订并实施具体的价值增值计划，包括削减成本、提高产出和效率、更新和重新定位公司战略、识别有利的收购机会、更换管理层等。（Acharya，Kehoe，Reyner，2008；Gadiesh和MacArthur，2008）。

PE基金的普通合伙人是结合了金融与产业背景的合伙人——即本书定义的“综合型企业家”，同时他们具有将目标企业经理人改造为企业家的能力，这种独特的资源创造能力造就了杰出的私募股权基金，并成为创新型并购的价值源泉之一。在他们的帮助下，目标公司经理层的企业家精神得以爆发，成为私募股权投资交易的一个关键价值源泉。

对于私募股权基金的管理人被称为创业型企业家，学术界有人从分类“股东积极行动者”（shareholder activist）进行了实证研究。Klein和Zur（2009）做了一个有趣的研究[①]。他们将股东积极行动者分为两类——“对冲基金”和“企业家型激进投资者”（entreprenuerial shareholder activist）。“企业家型的股东积极行动者”即“一个在上市公司中持股较多的股东，意图通过积极行动使得企业发生变化，从而

① Klein，A. and Zur，E.，2009. Entrepreneurial shareholder activism：Hedge funds and other private investors. *The Journal of Finance*，64(1)，pp. 187－229.

实现投资收益”。后者就包括私募股权、风险投资、个人投资者等。Klein 和 Zur 选取了 2003～2005 年间的 151 家对冲基金和 154 家企业家型激进投资者。发现二者在对目标企业的收购中存在着异同。首先，二者都能带来目标公司股东的正向超额收益，但是超额收益存在显著差异。在宣告并购的短期事件窗口，对冲基金的超额收益为 10.2%，企业家型激进投资者的超额收益为 5.1%。但一年以后的股票持有期收益看，对冲基金的超额收益为 11.4%，企业家型激进投资者的超额收益为 17.8%；其次，二者选择的目标公司特征不同。对冲基金倾向于选择财务状况更好、拥有更多现金的公司，而企业家型激进投资者选择业绩较差的目标公司；第三，二者对目标企业的改进策略不同。对冲基金主要通过增加现金股利、降低高管薪酬、迫使公司回购自己的股票等变革作法；企业家型激进投资者更加关注的是目标企业的经营战略调整，比如降低了企业的资本支出和研发开支等。

Klein 和 Zur(2009)的研究说明，私募股权等企业家型股东积极行动者给目标企业的经营战略带来了调整，相比对冲基金的长期绩效更好。

第三节　国内私募股权基金管理人的现实与冀望

前文提出现代私募股权基金管理人作为综合型企业家的定义，和国内刚刚开始崭露头角的并购型 PE 基金的实践是相吻合的。虽然国内并购基金大规模发展的时代并未到来，但在微观层面的实践中却已有不少成功的案例。

联想集团下属的私募股权基金——弘毅投资收购国有企业江苏宿迁玻璃厂并将其成功改制为“中国玻璃”，2005 年在香港红筹上市①。在弘毅投资帮助下，中国玻璃进行收购、重组、整合了国内蓝星玻璃等 7 家同行业企业、成功重组了国内产能过剩的平板玻璃行业，并引入了外资行业巨头英国皮尔金顿、实现技术转型、成长为国内行业内最大企业，这就是并购型股权投资基金将国有企业进行重组转型、迅速发展的经典案例。在该案例中，弘毅投资的总裁赵令欢说：“我们是公司的缔造者，我们会按照弘毅方式进行价值创造，并受人尊重”，中国玻璃公司的总经理周诚说：“我们知道中国的玻璃行业正在迅速整合中，大型企业将更为有利，我们如果不重组，就会被竞争者收购，或者我们作为收购者……没有弘毅资本，中国玻璃不会有今天”。因此，该案例中弘毅资本的管理合伙人赵令欢与目标企业的管理者周诚，呈现的人力资本特征均属于企业家精神的体现，赵令欢更是一位综合型企业家。周诚等原苏玻集团的管理层在私募股权的帮助下，企业家精神得以爆发和释放。

实际上，当初联想集团设立弘毅投资和联想投资两家股权投资基金时，就已经

---

① 参见本书第十一章。

明确了基金的使命。柳传志在阐述联想投资(偏重于创业投资)和弘毅投资(偏重于收购基金)的愿景时,提出:“以产业报国为己任、值得信赖并受尊重;在多个行业领先、有世界范围的影响力。”要实现这些愿景所走的道路,不是如当年联想集团那样一步步积累做出来,而是要选择合适的对象投资控股、扶植而完成。弘毅投资和联想投资(今天的君联资本)之所以具有实现上述愿景的能力,就在于弘毅和君联股权基金的合伙人都具有联想的产业运营经验,同时具有金融运作经验,是综合型企业家。用柳传志的话说:“我们二十多年扎扎实实地在制造业领域里摸爬滚打,不仅对我们自己的行业有较深刻的理解,而且对做好一个企业的管理基础,也就是如何建班子、定战略、带队伍有了较深刻的理解,这为我们后来能够帮助被投企业成长打下了基础。”①

因此,作为私募股权基金的弘毅投资,一方面运筹规划,对于被投资企业从资金到战略方向,全面提升企业价值,而且协调纳入“联想系”下所有子公司之间的关系,以力求联合作战。另一方面,非常注重被投资企业的管理层素质。除了选择行业之外,最重要的是选人、选班子。联想投资和弘毅投资在确定投资目标企业之前,都要由柳传志亲自面试目标企业的主要管理层。用柳传志的话说,“不做则已,做就要有远大的理想,而且要坚定不移地向目标前进。”因此,弘毅资本选择的目标企业核心管理层,是有远大抱负的企业家、具有与私募股权投资家共同核心价值观的企业家。这是为了促进目标企业经营者的企业家精神爆发,使价值实现具有可能。

依托中信集团的中信产业投资基金于2010年收购上海冠生园食品公司,也属于并购型基金收购老牌国有企业。之后中信产业基金重组了冠生园公司的销售渠道、改革了应收款机制等,传统国企发生了突变。(上海国际股权投资论坛,2011)上述弘毅投资和中信产业投资基金等一些案例说明,私募股权投资基金支持国有企业重组转型的模式已有一定的成功经验。

另外,值得强调的是基金合伙人的道德规范和职业操守。在我国私募股权发展的初期阶段,一些创业投资和私募股权管理者的丑闻,极大地影响了基金本身和行业的声誉,对股权投资行业的打击是沉重的。如上海复星创业投资管理有限公司是上海复星高科集团的全资子公司,是专业从事PE投资的公司。2012年复星创投总裁陈水清的丑闻曝光。上海市公安部门发现陈水清利用其个人控制的“影子公司”先于复星创投以低价入股创投基金拟投资的企业。在复星创投的11个项目中有5个项目存在陈水清个人“影子公司”跟投的情况,而陈水清对于创投基金的出资者—复星公司和其他出资方完全隐瞒了对项目的提前投资情况,这是类似

① 参见柳传志,“办一家伟大的公司”,《人民日报—海外版》2009年9月12日第1版。

于公募基金“老鼠仓”性质的内幕交易行为，属于刑事犯罪①。所以，在发展私募股权基金行业时，必须坚持基金管理人的职业道德操守。

第四节　发展PE行业的综合型企业家

我国发展私募股权基金必须有更多的综合型企业家成长起来作为基金的管理人。而进行此类特殊人力资本——综合型企业家的培育，一是需要借助发挥“白发智慧”，即让一些退休的、离职的企业家从事股权投资职业，将他们长期沉淀积累的产业经验和管理经验直接嫁接到被投资企业中去。目前这种模式已经在国内的一些股权投资机构有所表现。

如联想集团退休财务总监马雪征，目前是TPG的合伙人；上海光明集团的前任总经理、著名企业家王雪芬和上海实业集团的前任总经理卓福民等，是纪源资本的普通合伙人；收购型股权投资基金——云峰基金的合伙人集聚了马云、史玉柱、虞峰等著名企业家；中国玻璃的企业家周诚，已经成为弘毅资本的管理合伙人，等等。诸多的企业家在原单位离职或退休后，转而从事私募股权投资行业。

二是在目前的私募股权行业人员中进行有目的地培育。当前股权投资行业的从业者中以投行、财务等金融人员为主，年龄偏轻。根据前文阐述，这个行业更需要具有综合型企业家才能的人才出任基金管理人。因此，整个行业迫切需要增加产业经营运作经验，突出创新精神，把更多从业者培养锻炼成为综合型企业家。

三是推进“由融及产”的产融结合模式。笔者认为，产融结合存在“由融及产”和“由产及融”的两种途径。我国学界长期探讨的产融结合，绝大部分是“由产及融”模式也即从产业资本作为源头去投资和控股金融机构。而“由融及产”的产融结合模式，或者因受制于银行、保险、证券等金融业的投资政策限制，或者因现实中缺乏这样的样本而未得到重视。当前，利用金融支持产业发展和产业结构调整被提升到国家宏观经济政策的重要高度(见前文提及国办发〔2013〕67号文)，在这样的背景下，能否利用金融力量来引领实体经济的结构调整和产业重组，也就是发展“由融及产”的产融结合模式，特别值得期待。相比银行、证券、保险等金融业态，私募股权投资基金的作用就更为突出。

因为PE基金的核心就是价值增值能力，也就是金融资本和实体经济的有效结合。PE基金之所以能够发挥支持实体企业转型发展的作用，关键在于其合伙人的综合型企业家才能。综合型企业家的创新精神、思维模式，在我国发展PE基金、利用PE基金推动制造业企业转型发展中将发挥着重要作用。

---

① 参见赵静、戴小河：“PE受贿第一案：上海复星创投总裁陈水清涉嫌商业贿赂”，《证券市场周刊》2012年12月3日。

著名的私募股权投资家、东方富海创始合伙人陈玮曾总结:“要想成为一个好的 GP,必须具备几个条件:第一,要有专业背就,最好是双学历背景,本科学理工,研究生学管理,不仅懂技术还要懂企业;第二,要有企业管理的经验;第三,要熟悉资本市场;第四,要有良好的沟通交流能力、谈判技巧;第五,要有资源整合能力,人脉关系广阔,具有组织才能;第六,要眼光独特,善于从众多企业中发现好的项目;第七,还要有点运气。投资退出的时机都要把握好。”可以说前三点正是 PE 管理人作为综合型企业家的具体表现,陈玮的观点也为我国 PE 行业管理人应具备的能力作了极好的阐述。[①]

最后,要发挥有限合伙人 LP 的产业经验及其鉴别能力。在私募股权基金中,普通合伙人 GP 拥有的综合型企业家才能若要能够得到认可和发挥,必须依赖于建立 LP-GP 的良好信任和合作伙伴关系。只有建立 GP-LP 的充分信任合作关系,基金才能顺利融资、普通合伙人才能充分掌握基金的控制权。而 GP-LP 的信任合伙关系的障碍,可能在于双方的信息不对称。若能发展出一种机制,降低 LP 和 GP 之间的信息不对称,则可以降低基金的运作成本。

2015 年之前国家发改委要求股权投资基金进行备案。只有备案的 PE 基金,才能获得全国社保基金、国有控股保险公司等的投资。也就是说,备案的基金是有声誉的、值得信赖的。中央以及各省级发改委的备案实际上起到对基金管理人和基金声誉进行“背书”的作用。[②] 目前,根据《基金法》的授权,私募股权投资基金的行业备案已经转由中国证券投资基金业协会(简称“中国基金业协会”)执行。基金业协会作为全国性行业协会对全国的私募基金进行登记和备案,其地位和作用大大提高,私募股权行业的信息成本大幅下降,透明度、规范性大大提高。

---

① 参见陈玮,《我自 PE 观》,中信出版社 2011 年。

② 但是发改委备案或者现在的基金业协会备案均不应增加基金的运作成本,除非备案本身发生异化,成为一种可以购买的资源。本质上,发改委/基金业协会也难以鉴别基金普通合伙人的综合型企业家才能,要让市场能够鉴别的交还给市场,特别是对于私募股权基金来说。

第二章 私募股权投资的投前筛选与投后增值作用*

私募股权机构对于企业的作用，到底是基于投前的筛选眼光，还是基于投后的增值能力？这个问题一直未有定论。本章以我国中小企业板上市公司为样本，探讨接受私募股权投资者与否的两类企业，是否存在着显著差异以及在 PE 投资入股之后企业基本特征的变化。研究发现：(1)投资之前，PE 倾向于选择的企业具有研发投入高、成长性高、负债率高和经营效率差等特征。(2)投资之后，PE 的增值服务能力使被投企业的经营效率显著提高，从而股东收益率大幅提升。(3)相对于无 PE 支持的企业，有 PE 支持的企业在盈利能力、经营效率、财务杠杆等方面显著表现较好。其中高的盈利能力主要来自 PE 的投后增值作用，较好的经营效率和财务杠杆则是由 PE 的事前筛选和事后增值两方面共同作用的结果。

因此，我国的私募股权基金在投资前一般会选择经营效率差、债务率高的企业，投资后则通过基金的增值服务使得被投企业的经营效率大幅提升，资本结构更为合理，从而获得更好的权益净利率。

第一节 是投前筛选还是投后增值

近年来，理论和实务界一致认为私募股权对于创业企业具有价值创造作用(杨勇等，2014；付雷鸣等，2010；汪炜等，2013；Chemmanur 等，2011)。私募股权和风险投资培育造就了一批世界著名的公司，如美国的微软、苹果、谷歌和中国的阿里巴巴、京东等。因此，私募股权基金常被誉为“智慧资本”和“企业成长的发动机”。那么 PE 的卓越能力到底来自哪里呢？人们易于想到是事先的筛选眼光和事后手把手地把手帮扶两个方面的能力。

学术界对此均做过探讨。一方面，私募投资家比其他投资者拥有更加专业的知识背景，能够更好地解决投资者与创业者之间的信息不对称问题，对初创企业价值做出更为精确的评估，从而体现出筛选眼光(黄福广等，2013)；另一方面，私募投资家除了为创业企业带来金融资本之外，更重要的是能为企业提供专业化的管理经验和投后增值服务：包括制定公司战略、参与公司治理、完善资本结构、安排管理层激励机制、提供潜在供应商、消费者乃至机构投资者的网络关系等，从而体现其动手增值的

* 本章主体内容基于王秀军、李曜发表在《上海财经大学学报》2016 年第 4 期的论文改写。

价值(张学勇等,2011;吴超鹏等,2012;Baum 等,2004;Bottazzi 等,2008)。

许多学者进一步实证研究了私募投资家的投前筛选和投后增值对企业各方面的作用。就投前的筛选方面,Hellmann 和 Puri(2000)发现,PE 会选择具有创新能力的企业进行投资,其支持的企业会更迅速地将新产品投入市场;Guo 和 Jiang(2013)基于中国制造企业数据研究发现,私募投资家会选择高利润率、高劳动生产率、高成长性和高研发投入的企业。就投后的增值方面,Puri 和 Zarutskie(2012)的研究发现,有 PE 支持的企业相比无 PE 支持的企业的销售增长率显著更高;Chemmanur 等(2011)发现有 PE 支持的企业比无 PE 支持企业的全要素生产率显著更高;黄福广等(2013)利用问卷调查数据发现,风险资本对企业成长性产生正向作用,并且外资风险资本较本土和合资资本对企业成长性影响更大,被投资企业的优异表现是风险投资投前筛选和投后增值共同作用的结果。Tan 等(2013)采用中国中小企业板上市数据研究发现,私募投资对所投企业不产生价值增值作用,并不会改善企业经营业绩。

与前人研究不同的是,本书将筛选和增值二者进行区分,分别探讨私募股权投资在两方面对企业的作用。根据 PE 投前和投后的过程,围绕着被投企业的盈利能力、成长性、研发开支、经营效率和财务杠杆等五个维度指标①,提出以下两个问题。

(1)私募股权在选择投资对象时侧重于哪些指标?相比其他投资者,PE 的专业知识背景是否使其拥有更强的筛选能力?

(2)在入股企业之后,私募股权会在哪些方面给企业带来价值增值?

由上述两个问题,进一步衍生的推断就是:在 PE 的“投前筛选——投后增值”之间可能存在着一定的逻辑关联,即 PE 在事前筛选时侧重的指标,在事后可能得到改进。若事前筛选的都是好指标,那么可以推断:被投企业的成功主要源自 PE 的筛选眼光;若事前筛选的都是差指标,那么可以推断:被投企业的成功主要源自 PE 的增值能力。

第二节　筛选和增值的途径

一、投前的筛选

面对众多具有发展前景的初创企业,PE 是如何挑选投资标的呢?Sahlman

---

① 这五个维度的指标也即学术界经常讨论的 PE 支持企业的绩效改变指标。盈利能力指权益净利率和销售净利率,成长性指销售增长率,研发能力指研发投入,经营效率指资产周转率,财务杠杆指资产负债率。利用杜邦分析法将盈利能力和三个驱动因素相联系,得到:权益净利率(ROE)=销售净利率(ROS)×经营效率(ATurnOver)×财务杠杆,经营效率=资产周转率=销售收入/总资产,财务杠杆=权益乘数=1/(1−资产负债率)。

(1990)认为风险投资家比其他投资者拥有更为专业的知识背景，能够更好地解决投资者与创业者之间的信息不对称，并对初创企业价值做出更精确的评估。Fried和Hisrich(1994)通过问卷调查发现风险投资家挑选初创企业并做出投资决策的过程包括六个阶段：寻找项目、自设标准筛选、通用标准筛选、评估价值、评估投资障碍、签约。MacMillan等(1985)将美国风险投资的筛选标准划分为六类：(1)创业者的个人特征；(2)创业者的经历；(3)产品或者服务的特征；(4)市场特征；(5)财务特征；(6)创业团队。结论是认为创业者的个人特征和经历要比其他标准更重要。Kaplan和Strömberg(2000)发现风险投资家会详细考虑投资项目的市场大小、公司战略、技术水平、消费者习惯和竞争优势等，也会分析创业公司的管理团队。Baum和Silverman(2004)认为风险投资家在筛选初创企业的时候，着重于联合网络、专利和人力资本，更倾向于挑选那些具有很强技术优势、但在短期内存在较大失败风险的初创企业。

二、投后的增值

通过重重筛选之后，PE与创业者签订投资契约。除了提供资金支持之外，PE会积极参与被投企业的经营管理，帮助企业快速成长并且监督管理者的行为。

Guo等(2004)发现PE提升了被投公司的信息披露质量，降低了信息披露成本，有利于提高公司的透明度。Davila和Foster(2005)研究了创业企业对管理会计系统的采用，发现有风险投资参与的企业会加快采用管理会计系统的步伐，特别是现金预算系统。Clarysse等(2007)发现风险投资支持的高科技公司更倾向于招募拥有财务金融知识背景的人来做外部董事，以增强与企业原有创业团队的知识互补性。Bottazzi等(2008)研究了PE的人力资源背景与其增值行为的关系，发现若PE合伙人拥有经济管理学历背景和从商经历，对被投公司的监督管理会更积极，而若PE合伙人拥有理工科学历背景，则会降低对所投公司的参与和监督管理。Chemmanur等(2011)发现风险投资总体上主要提高了被投资企业的销售规模，同时高声誉的风险资本也能降低企业的生产成本。

Lu等(2006)发现相对于新加坡本土PE，外国PE在投资决策过程中会更加努力，能更好地控制创业企业家的代理成本。Brander等(2008)对比分析加拿大的政府背景风险投资和私人背景风险投资，发现如果用退出成功率、企业的专利数量来衡量，那么政府背景风险投资的业绩要显著低于私人背景风险投资。张学勇和廖理(2011)研究了中国政府背景PE和外资背景PE的差异，发现外资PE支持的企业上市后股票累计异常回报率更高，原因是其投资策略谨慎和被投公司的治理更为合理。吴超鹏等(2012)发现PE的持股不仅可以抑制被投公司的过度投资，并在一定程度上缓解了投资不足。黄福广等(2013)研究了私募股权资本通过投资契约影响了被投企业的投资行为，从而实现了增值。

Kaplan 和 Strömberg(2004)研究了美国 11 个风险投资基金在 1987～1999 年的 67 个被投资企业项目，发现私募股权资本帮助企业进行经理团队建设的现象比较普遍，超过一半的项目采取了团队建设干预。在商业模式和企业战略的干预上，有超过 1/3 的项目采取了干预措施，其中主要是在投后实施的干预。他们总结了 13 种具体干预的手段，如表 2.1 所示。

表 2.1　　　　风险资本对被投公司采取的干预行动

	数量(占比)	具体手段
构建管理团队的干预		(1)员工薪酬体系设计 (2)安排卖方融资条款 (3)引入信息和内部会计系统 (4)帮助企业剥离非核心业务 (5)执行货币套期交易 (6)聘请外部市场咨询机构进行新店选址 (7)协助制订营销计划 (8)协助并购 (9)制定业务计划和财务预算 (10)监控研发和产品质量管理 (11)修订产品定价模型 (12)技术服务支持 (13)充分利用风险资本的战略资源
注资前协助企业搭建/替换管理团队	11(16%)	
注资后协助企业搭建/替换管理团队	29(34%)	
上述二者任一	34(51%)	
设计企业战略和商业模式的干预		
注资前协助构建企业战略	6(9%)	
注资后协助构建企业战略	20(30%)	
上述二者任一	23(34%)	

资料来源：Kaplan 和 Strömberg(2004)。

第三节　私募股权入股企业的样本与模型设计

一、样本和数据

本章选取 2004～2012 年中国中小板上市公司作为对象，并按如下标准进行筛选：(1)选择在 2002～2011 年有 PE 进入的公司；(2)剔除金融行业公司、ST 以及 * ST 公司，样本涉及 638 家上市公司。本章参照张学勇、廖理(2011)、吴超鹏等(2012)的定义，界定有私募股权支持的公司 283 家。即若上市公司十大股东的名称中含有“风险投资”“创业投资”“创业资本投资”“私募股权”，则界定为具有私募股权投资背景的上市公司。从表 2.1 可以看出，PE 投资的企业主要集中于信息技术、工业和材料等高科技行业，这与前人的文献一致(Guo 和 Jiang，2013；黄福广等，2013)。本章研究所需的财务数据和私募股权有关信息来自 Wind 数据库和从上市招股说明书中手工收集的数据。

对于样本企业来看，相比发达国家，我国私募股权投资机构从首轮投资到成功退出的时间较短，主要分布在 2～3 年，这与钱苹和张帏(2007)的发现一致。本书选取 PE 投资前后 2 年的企业数据进行分析，这样的时间选择使得被投企业一般均还处于未上市状态，从而可以尽量减少上市因素对公司的冲击性影响。PE 进入企业的时刻如图 2.1 所示(0 时刻表示 PE 进入时刻)。

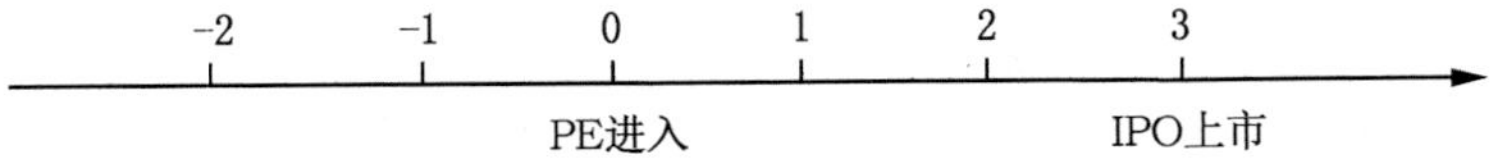

图 2.1　私募股权资本(PE)进入企业的时间轴

PE 支持公司的特有数据主要包括公司获得首轮投资的年份、获得首轮投资机构类型、获得投资金额、每轮投资中 PE 数目和每个公司的融资轮数。企业的数据包括年报财务数据、公司年龄、注册地所在的省份和城市、所在的行业、每年平均的雇员人数、资产负债率和研发投入等。相关 PE 投资机构数据包括机构的年龄、总部所在的位置、组织类型等。

表 2.2　　私募股权投资支持的公司行业分布(2004～2012 年)

行业	数目	占比%	累计占比%	行业	数目	占比%	累计占比%
传统行业				电信服务	1	0.35	22.60
公共事业	1	0.35	0.35	医疗保健	13	4.59	27.19
能源	2	0.70	1.05	信息技术	54	19.08	46.27
日常消费	24	8.48	9.53	材料	68	24.03	70.30
可选消费	36	12.72	22.25	工业	84	29.68	100
高科技行业				总计	283	100	100

注：样本企业为 2004～2012 年我国深圳交易所中小板上市公司中存在风险投资/私募股权支持的企业，界定为 283 家上市企业。

二、模型构建与相关变量说明

本章从财务的视角，研究私募投资家的筛选能力与投后管理能力分别对被投企业价值增值的影响。从相互关联的五个维度选择了五方面的指标，包括被投资企业的盈利能力、经营效率、成长性、财务杠杆、研发投入等。之所以选择这五个方面指标，是因为 PE 对被投企业的作用可以认为：一是改变了企业的财务绩效；二是改变了企业的创新能力。对于财务绩效而言，经典的财务理论认为：盈利能力是企业绩效的核心指标，并且杜邦分析法以净资产收益率(ROE)为纲，进一步将 ROE 分解为销售净利率、经营效率、财务杠杆等三方面指标；至于创新能力，我们主要观察企业的研发 R&D 投入指标。这样，在五维度的指标体系中，盈利能力及经营效率、成长性、财务杠杆等都是反映企业财务的绩效，研发投入反映企业的创新能力。可以认为，前者是表象，后者是机理。具体而言，盈利能力运用权益净利率（ROE）和销售净利率（ROS）两个指标；经营效率采用总资产周转次数（ATurn-Over）；成长性利用销售增长率（SaleGR）表示；财务杠杆采用资产负债率（Leverage）；创新能力采用研发投入占销售收入比（R&D）。虚拟变量（PE）用于识别公司是否有私募资本投资，PE 和 Post 的交叉项（PE * Post）来检验私募股权资本对企业投后增值的效应。

参考 Guo 和 Jiang（2013）的文献[①]，考虑 4 个控制变量：企业的年龄（Firm Age）、规模（Size）、杠杆比例（Leverage）以及公司雇员的待遇（EmpTreat）。公司的年龄（Firm Age）利用成立时间计算，规模（Size）利用公司总资产的对数表示，杠杆比率（Leverage）利用资产负债率来衡量，员工的待遇（EmpTreat）利用每个员工的平均工资来衡量。

为了解决本章的第一个问题：即私募股权机构会通过怎样的财务指标筛选目标企业，本章利用 PE 机构进入公司之前的年度数据，构建模型 2.1 验证 PE 的筛选能力。

$$Logit(PE=1)=\alpha_0+\alpha_1 Perform+\alpha_2 R\&D+\alpha_3 Leverage+\alpha_4 Age+\alpha_5 Size+\alpha_6 EmpTreat+\varepsilon \tag{2.1}$$

其中 Perform 代表盈利能力、经营效率、成长性、财务杠杆和研发投入。

PE 入股之前，有无 PE 支持的企业之间的差异是 PE 的筛选能力导致的，这样的差异体现了私募股权对被投企业的筛选眼光。PE 入股之后，有无 PE 支持的企业之间的差异是 PE 的筛选能力和投后管理能力共同导致的，这样的差异体现了筛选和投后管理两种能力共同的作用。因此若要分解出 PE 投后管理能力的价值增值，必须利用倍差（Difference In Difference，DID）方法才能得到真正的投后管理增值。有私募股权投资的投后增值部分与没有私募股权投资的增值部分之差，才为 PE 投资家剔除筛选价值后真正的投后增值价值。

利用模型 2.2 来验证本章的第二个问题：私募股权的投后管理能力对被投企业的价值创造。

$$Performance=\beta_0+\beta_1 PE+\beta_2 Post+\beta_3 PE*Post+\beta_4 Age+\beta_5 Size+\beta_6 Leverage+\beta_7 EmpTreat+Industry+Year+\varepsilon \tag{2.2}$$

构建模型 2.3 验证 PE 的筛选能力和投后管理综合能力对被投企业的价值创造。

$$Performance=\delta_0+\delta_1 PE+\delta_2 Age+\delta_3 Size+\delta_4 Leverage+\delta_5 EmpTreat$$

---

① Guo，D.，Jiang，K.. Venture Capital Investment and the Performance of Entrepreneurial Firms：Evidence from China. *Journal of Corporate Finance*，2013，22：375－395.

$$+Industry+Year+\varepsilon \quad (2.3)$$

其中模型 2.2 和 2.3 中的被解释变量 Performance 分别代表盈利能力、经营效率、成长性、财务杠杆和研发投入。

第四节　实证结果及分析

一、变量描述性统计分析

私募股权投资进入前一年的公司财务指标、经营状况和资本结构的描述性统计如表 2.3 所示，可知：在 PE 进入前一年，样本企业的销售净利率(ROS)约为 12%、权益净利率接近 29%。公司经营效率指标体现为总资产年周转率为 1，财务杠杆率约为 58%。成长性指标体现为平均销售增长率接近 34%，同时企业将大约 3%的销售收入用于创新研发。PE 进入时，企业已平均存活了 8.7 年。

表 2.3　　　私募股权投资进入前一年的企业经营状况的描述性统计

变量	均值	中位数	最小值	最大值	标准差
总资产(万元)	97 398	49 122	9 785.3	1 046 479	148 881
净资产(万元)	38 220	15 432	4 448.5	469 121	58 983
销售额(万元)	85 306	38 721	7 524.7	1 069 009	124 957
销售净利率(ROS)	12.13%	9.91%	1.40%	43.56%	0.089
权益净利率(ROE)	28.54%	26.21%	2.86%	68.61%	0.158
资产周转率(ATurnOver)	1.00	0.908	0.177	2.963	0.499
销售增长率(SaleGR)	33.61%	28.89%	−29.37%	135.23%	0.339
杠杆比例(Leverage)	57.99%	60.21%	19.13%	83.61%	0.162
研发投入比(R&D)	3.13%	3.02%	0.05%	16.36%	0.025
公司规模(Size)	10.89	10.80	9.19	13.86	1.00
员工待遇(万元/人)	4.38	3.45	0.99	26.02	3.039
PE 进入时公司年龄(Age)	8.7	8	0	19	4.291

注：对所有的变量进行了 99%分位和 1%分位的缩尾处理。

下面，我们从五个维度对比有 PE 支持与无 PE 支持的企业。根据同一行业(根据 Wind 一级行业代码确定[①])、同一个省份指标我们将每个有 PE 支持的企业

① 利用 WIND 二级行业代码难以匹配到既是同细分行业又是同一省份的企业。所以选择了一级行业代码。

匹配一个无 PE 支持的企业，剔除没有配对的企业，然后进行统计比较。

表 2.4　　有 PE 支持与无 PE 支持公司的五个维度指标对比

		有 PE 支持	无 PE 支持	均值差异	T 统计量	Z 统计量
T=－2						
盈利能力	销售净利率(ROS)	10.95%	11.25%	－0.3%	－0.295	－0.431
	权益净利率(ROE)	22.77%	26.44%	－3.67%	－1.916*	－2.405**
经营效率	资产周转率(ATurnOver)	0.974	1.087	0.113	－1.821*	－2.147**
成长能力	销售增长率(SaleGR)	24.50%	31.13%	－6.63%	－1.543	－1.467
杠杆利用	资产负债率(Leverage)	53.75%	52.13%	1.62%	0.799	0.839
研发创新	研发投入比(R&D)	2.97%	2.80%	0.17%	0.412	1.156
T=－1						
盈利能力	销售净利率(ROS)	11.66%	11.64%	0.02%	0.018	－0.150
	权益净利率(ROE)	28.54%	25.37%	3.27%	1.999**	1.621*
经营效率	资产周转率(ATurnOver)	0.992	1.085	－0.093	－1.754*	－1.560
成长能力	销售增长率(SaleGR)	33.79%	27.46%	6.33%	1.679*	1.067
杠杆利用	资产负债率(Leverage)	59.09%	48.48%	10.61%	6.062***	5.705***
研发创新	研发投入比(R&D)	3.11%	2.85%	0.26%	0.863	0.947
T=0						
盈利能力	销售净利率(ROS)	13.04%	11.45%	1.59%	1.955**	2.249**
	权益净利率(ROE)	29.06%	23.74%	5.32%	3.710***	3.454***
经营效率	资产周转率(ATurnOver)	1.009	1.085	－0.076	－1.498	－1.314
成长能力	销售增长率(SaleGR)	36.96%	22.66%	14.30%	4.643***	4.703***
杠杆利用	资产负债率(Leverage)	50.18%	47.34%	2.84%	1.668*	1.460
研发创新	研发投入比(R&D)	3.19%	3.11%	0.08%	0.281	0.468
T=1						
盈利能力	销售净利率(ROS)	12.15%	11.63%	0.52%	0.665	0.413
	权益净利率(ROE)	21.19%	21.49%	－0.30%	－0.234	0.068
经营效率	资产周转率(ATurnOver)	0.883	0.957	－0.074	－1.634	－2.294**
成长能力	销售增长率(SaleGR)	23.12%	18.02%	5.10%	1.996**	2.670***
杠杆利用	资产负债率(Leverage)	45.39%	42.86%	2.53%	1.424	1.555
研发创新	研发投入比(R&D)	3.40%	3.27%	0.13%	0.473	0.137
T=2						
盈利能力	销售净利率(ROS)	12.60%	11.41%	1.19%	1.477	1.448
	权益净利率(ROE)	17.36%	17.76%	－0.4%	－0.333	0.411

续表

		有 PE 支持	无 PE 支持	均值差异	T 统计量	Z 统计量
经营效率	资产周转率(ATurnOver)	0.761	0.883	−0.122	−2.699***	−2.989***
成长能力	销售增长率(SaleGR)	20.56%	25.09%	−4.53%	−1.698*	−2.298**
杠杆利用	资产负债率(Leverage)	39.28%	38.08%	1.20%	0.647	0.734
研发创新	研发投入比(R&D)	3.63%	3.31%	0.32%	1.142	1.203
T=3						
盈利能力	销售净利率(ROS)	11.82%	10.86%	0.96%	1.079	0.829
	权益净利率(ROE)	13.60%	13.86%	−0.26%	−0.239	0.121
经营效率	资产周转率(ATurnOver)	0.712	0.826	−0.114	−2.456**	−2.339**
成长能力	销售增长率(SaleGR)	26.63%	20.90%	5.73%	2.413**	2.155**
杠杆利用	资产负债率(Leverage)	34.77%	34.91%	−0.14%	−0.068	0.048
研发创新	研发投入比(R&D)	3.56%	3.36%	0.2%	0.665	0.732

注:根据“行业”和“省份”指标为每个 PE 支持的企业匹配一个无 PE 支持的企业;***、**、* 分别表示在 1%、5%、10%水平下显著;T 统计量为双尾 t 检验,Z 统计量为 Wilcoxon 秩和检验。

统计结果如表 2.4 所示:(1)在 PE 进入前两年(T=−2),在五个维度指标中,有 PE 支持企业与对照组企业的经营效率(ATurnOver)和权益净利率(ROE)存在显著差异,有 PE 支持企业显著弱于无 PE 支持企业,其他指标没有显著性差异。(2)在 PE 进入前一年(T=−1),事后被 PE 选中企业的权益净利率、销售增长率和资产负债率显著高于无 PE 支持的企业。至于权益净利率、销售增长率更佳的企业被 PE 选中,不难理解,但与常识相悖的是,这类之后被选中的企业在当时的财务杠杆更大和经营效率更差。本书认为:这可能正是 PE 判断企业是否适合作为潜在投资目标的标志,因为这些负向指标是 PE 未来可以进行动手增值、提升企业价值空间的地方。(3)在私募股权资本进入两年内(T=0 和 T=1),可以看到,PE 支持企业的成长性较好,财务杠杆、经营效率得到显著改善。(4)在私募股权资本进入 2 年以后(T=2 和 T=3),PE 对公司的影响减小,除成长性指标(销售增长率)较好外,其余指标没有显著差异。

实证部分对所有变量进行了双侧 1%分位的缩尾处理,并进行了 Wilcoxon 秩和检验结果显示在表 2.3 最后一列,说明结果不受异常值影响。

二、私募股权投资机构对企业的筛选能力

PE 会选择怎样特征的企业?下面从企业的盈利能力、成长性、经营效率、财务杠杆和研发投入等五个方面,利用 Logit 回归模型检验 PE 在尽职调查和筛选过程中所看中的企业特征。企业拥有被 PE 看中的地方,才可能会得到 PE 的投资。

表 2.5　　　　吸引私募股权资本进入的因素的 Logit 回归

因变量	是否有私募股权投资虚拟变量 PE				
	(1)	(2)	(3)	(4)	(5)
ROE	−0.698				
ROS		2.299**			
SaleGR			0.156		
ATurnOver				−0.64***	
R&D					9.177**
Leverage	3.089***	3.314***	1.406**	3.154***	2.400***
EmpTreat	0.023	0.017	0.024	0.033	−0.019
Firm Size	−0.197*	−0.124	0.123	−0.225**	0.075
Firm Age	0.022	0.034	0.042	0.028	0.023
Constant	−0.002	−1.476	−3.34***	0.637	−2.780**
观测值	610	615	422	615	429

注：表中自变量为 PE 进入前 2 年时的数据。括号内为 t 值，***、**、* 分别表示在 1%、5%、10%水平下显著。

由表 2.5 中的模型(2)和(5)可知，销售净利率(ROS)和研发投入(R&D)越大的企业越容易获得私募股权投资。PE 选择销售净利率显著更高的企业进行投资，是因为高盈利率才能为企业赢得生存和扩张的空间。PE 选择研发投入高的企业，这与其通常热衷于投资创新性行业一致，创新型企业的研发成本一般较高。模型(4)表明 PE 会选择资产周转率差的企业，可能是目标企业一般处于产品开发期和初创期，研发形成的无形资产比较大，导致企业资产周转率较差有关，一般高研发投入企业的资产周转率均较差，也可能是传统行业企业本身经营效率较差。

由表 2.5 中模型(1)到(5)的财务杠杆系数均在 1%显著性水平为正，说明 PE 非常注重选择财务杠杆高的企业。为什么私募股权投资青睐此类企业呢？根据经典的资本结构权衡理论，一方面财务杠杆可以带来税盾效应(利)，另一方面也会带来财务困境的直接成本和间接成本(弊)。企业选择不同的资本结构是在负债带来的利和弊之间进行权衡。另外代理理论认为，财务杠杆有助于减少管理层的代理成本。按照权衡理论和代理理论，对于高研发投入的科技型企业来说，均不会采用高负债①。那么，据以解释此类企业高财务杠杆的理论可能就是不对称信息理论。在投资者和企业管理层存在信息不对称的条件下，运用财务杠杆向投资者传递好

① 对于科技型企业来说：(1)此类企业可利用抵税的息税前利润(EBIT)较少；(2)管理层和股东往往是重合的，代理成本不存在或者较低；(3)研发类企业的有形资产较少，财务困境成本较大。因此高研发投入的科技型企业不应采用高负债。

消息,外部投资者将公司杠杆水平的增加视为管理层信心的一个可靠信号,称为债务的信号传递理论(Wang 等,2003)①。从本章的实证数据看,科技类中小型企业会被 PE 资本所选择,负债率起到了传递信号的作用。同时高负债率也表明企业急需资金,需要外部股权资本进入以降低负债率。

由模型(2.1)和(2.3)可知,私募股权投资家对企业当前的成长性和权益净利率没有显著的要求。PE 进入前的企业正处于起步期或者成长初期,刚开始将大量的资金投资于项目,还没有稳定的现金流入并且存在着融资约束,所以不可能有显著的高额回报率。在 Logit 回归模型中,我们加入了控制变量包括员工薪酬情况、公司的资产规模和公司的年龄等。总结回归分析的结果,本书认为,私募股权投资机构的"筛选眼光"具体体现在正面选择指标和负面选择指标两类:所谓正面选择指标即该指标值越大,PE 越可能投资;负面选择指标即该指标值越小,PE 越可能投资。

正面选择指标包括销售利润率(ROS)、研发投入(R&D)。也就是说,具有更多研发创新投入、更高销售利润率的企业,更可能被 PE 选中。

负面选择指标包括资产周转率(Aturnover)、规模(Size)、资产负债率(Leverage)。也就是说,规模更小、资产周转率更差、负债率更高的企业,更可能被 PE 选中。

那么私募股权选中了具备上述特征的企业,是否意味着在投资之后,私募股权资本将针对上述负面指标改造、提升企业价值呢?

三、PE 投资后对公司的价值增值方式

在与创业企业家签订投资契约之后,PE 是否会发挥投后增值作用呢?即 PE 是否会积极参与企业的经营管理、制定战略决策、完善公司治理、改善资本结构、安排管理层激励机制、提供潜在供应商、客户、业务合作伙伴和关键高管的网络关系等等,来帮助企业快速成长?本节利用倾向性得分匹配方法(PSM),比较有 PE 支持的企业和无 PE 支持的企业的差异性。

表 2.6　　私募股权支持企业在投资前两年和投资后两年的数据回归分析

因变量	模型(1) 权益净利率 (ROE)	模型(2) 销售净利率 (ROS)	模型(3) 资产周转率 (ATOver)	模型(4) 杠杆比率 (Lev)	模型(5) 销售增长率 (SGR)	模型(6) 研发投入 (R&D)
PE	0.333***	0.175***	0.428***	0.067	0.120	−0.000
Post	0.035***	0.010**	0.020	0.020*	0.006	0.002

① Wang, C. K., Wang, K., Lu, Q.. Effects of Venture Capitalists' Participation in Listed Companies. *Journal of Banking and Finance*, 2003, 27(10): 2015−2034.

续表

因变量	模型(1) 权益净利率 (ROE)	模型(2) 销售净利率 (ROS)	模型(3) 资产周转率 (ATOver)	模型(4) 杠杆比率 (Lev)	模型(5) 销售增长率 (SGR)	模型(6) 研发投入 (R&D)
PE * Post	0.038***	0.007	0.083***	−0.046***	−0.034	−0.002
EmpTreat	0.007***	0.002***	0.016***	0.0005	0.018***	0.000
Leverage	0.285***	−0.04***	0.326***		0.508***	0.001
Firm Size	−0.10***	0.011**	−0.49***	−0.127***	0.082*	−0.002
Firm Age	0.019***	−0.01***	0.147***	0.041***	0.004	−0.003**
Constant	1.082***	0.181***	4.118***	1.485***	−0.747	0.098***
Ind & Y	Yes	Yes	Yes	Yes	Yes	Yes
观测值	1 482	1 488	1 488	1 488	1 308	1 144
Adj. R^2	0.650	0.792	0.863	0.775	0.297	0.784

注：***、**、* 分别表示在1%、5%、10%水平下显著，Ind & Y 表示行业与年度虚拟变量。

(一)倾向性得分匹配方法(PSM)

为了检验PE的投后增值能力，不能直接比较有PE支持企业和无PE支持企业的差异性，必须控制住PE投前的筛选能力和选择性所带来的偏误。本章利用倾向性得分匹配方法(propensity score matching，PSM)来构建控制组以减少选择性偏误，并且利用倍差方法(DID)来控制筛选能力带来的差异，进而得到真正的PE投后增值效应。

本章根据行业(Wind一级行业代码确定)、省份以及盈利能力等多维指标，为每一个有PE支持的企业匹配一个无PE支持的企业。双尾t检验(t=0.533)和Wilcoxon秩检验(z=0.159)表明匹配后控制组和处理组在PE入股前的盈利能力没有显著性差异。本章将虚拟变量PE、Post和PE * Post加入回归模型，其中PE * Post是研究主要感兴趣的变量，目的是观察私募股权投资后的增值能力效应。

表2.6报告了倾向性得分匹配后的回归结果。表中模型(1)和(2)报告了盈利能力方面的结果。PE * Post与权益净利率显著正相关，表明私募投资家的投后增值能力显著提高了权益净利润率，增加了3.8%，相比投资前增幅13.3%①，而销售净利率没有显著改善。

由模型(3)的PE * Post与资产周转率的显著正相关表明，PE投资后显著提高了企业的经营效率，每年总资产周转率增加了8.3%，相比投资前增幅8.37%。

① 在私募股权投资没有进入的前一年，平均权益利润率(ROE)为28.54%，所以对于PE进入前，PE进入后企业权益利润率增值了3.8%/28.54%=13.3%。

模型(4)的 PE * Post 与财务杠杆比例的显著负相关表明，私募股权投资后显著减少了 4.6%的负债率，相比投资前降幅 7.78% 。模型(5)和(6)分别是从成长性和研发投入方面的实证结果。PE 投入后企业没有显著增加/减少研发方面的投入。

总之，PE 在投后实施的增值服务使目标企业的经营效率大幅提高，负债率显著下降。由杜邦分析公式(权益净利率＝销售净利率×资产周转率×杠杆比例)可知，因为经营效率的提高，并且超过了负债率下降的幅度，使得权益净利率得到了显著提升。

(二)工具变量方法——识别私募投资后的价值增值

虽然倾向性得分匹配方法控制了选择性问题，有利于验证私募股权投资机构的投后增值效应，但该方法不能捕捉到和控制一些不可观测变量的影响。譬如某优异的公司不仅是因为可观测到的财务指标好而被 PE 选择，也可能是因为该公司拥有强领导力和执行力的团队、能抓住发展机会等不可观测的因素，才导致企业在接受 PE 后获得更多增值、发展更快。在这种情况下，表 2.5 揭示的 PE 投后增值能力可能会被夸大。

因此，下面本章利用工具变量方法控制不可观测变量的影响，以验证 PE 的投后增值作用。我们将 PE 入股企业时的前一年该公司所在省份的上市公司首次公开发行即 IPO 数目(IPON)作为 PE 的工具变量。之所以选择该工具变量 IPON，是因为其与该省份私募股权/风险资本的供给和需求相关，但与私募投资支持公司的具体财务指标无关。中国各省某年的上市公司 IPO 数目往往显示了该地区的经济实力以及创新能力，这会导致该地区对私募股权投资需求的显著增加。一个公司是否能够上市可以作为这个公司是否能够获得 PE 投资的预测指标，而且 IPO 是 PE 退出的最佳方式，可以让 PE 获得高额的收益并带来更好的声誉。如果某个企业越可能上市，那么该企业就越可能吸引 PE 机构的投资。因此 IPON 与某企业是否被 PE 选中具有一定的相关性，同时与企业财务业绩无关，所以是个比较好的工具变量。①

表 2.7　　筛选与增值分析的工具变量两阶段最小二乘回归

Panel A:第一阶段 Logit 回归		Panel B:第二阶段最小二乘回归						
因变量	虚拟变量 PE	因变量	ROE	ROS	ATOver	Leverage	SaleGR	R&D
IPON	0.013***	$\hat{PE}$	−0.54***	−0.40***	−0.031	0.407***	−0.277	−0.011**
Post	0.202*	Post	0.143***	0.090***	0.026	0.020*	0.062	0.005**
EmpTreat	−0.004	$\hat{PE}$ * Post	0.038***	0.007	0.083***	−0.046***	−0.034	−0.002

① 本章利用 PE 入股企业时的前一年该公司所在省份的 IPO 数目(IPON)作为引入 PE 的工具变量，是参考了 Guo 和 Jiang(2013)的文章。

续表

Panel A:第一阶段 Logit 回归		Panel B:第二阶段最小二乘回归						
Leverage	1.168***	EmpTreat	0.005***	0.001	0.016***	0.000	0.017***	0.000
Firm Size	−0.043	Leverage	0.911***	0.422***	0.362***		0.832***	0.014
Firm Age	−0.009	Firm Size	−0.122**	−0.006	−0.50***	−0.127***	0.070*	−0.002
Constant	Yes	Firm Age	0.020***	−0.001	0.107***	−0.005	0.001	−0.003**
观测值	1488	Constant	1.230***	0.124*	5.068***	2.200***	−0.679	0.096***
		Ind& Year	Yes	Yes	Yes	Yes	Yes	Yes
		观测值	1 482	1 488	1 488	1 488	1 308	1 144
		Adj. R2	0.650	0.792	0.863	0.709	0.297	0.784

注：***、**、* 分别表示在1%、5%、10%水平下显著。

表2.7报告了两阶段最小二乘法估计的结果。Panel A 表明 IPON 与 PE 有1%水平的显著正相关性，说明 IPON 是统计上非常合适的工具变量。Panel B 展示了第二阶段回归结果。PE * Post 与权益净利率、经营效率显著正相关，与杠杆比例显著负相关。这些结果与表2.6的结果一致。

因此，通过两阶段最小二乘回归模型控制了私募股权投资机构的选择性、以及潜在不可观测变量的影响之后，可以推断 PE 的投后增值能力使得企业的经营效率显著提高，显著降低了企业的负债率，并获得了更高的权益净利率。

四、私募股权投资机构对公司的总体增值效应

表2.8　　私募股权投资机构的总体增值效应

因变量	模型(1) 权益净利率 (ROE)	模型(2) 销售净利率 (ROS)	模型(3) 资产周转率 (ATOver)	模型(4) 杠杆比率 (Lev)	模型(5) 销售增长率 (SGR)	模型(6) 研发投入 (R&D)
PE	0.313***	0.181***	1.098***	−0.116***	0.101	−0.004
EmpTreat	0.007***	0.002***	0.016***	0.0005	0.018***	0.000
Leverage	0.272***	−0.045***	0.301***		0.512***	0.001
Firm Size	−0.099***	0.011**	−0.490***	−0.134***	0.080*	−0.002
Firm Age	0.014***	−0.027***	0.041	0.025***	0.002	−0.003**
Constant	1.125***	0.393***	4.746***	1.924***	−0.691	0.106***
Ind & Y	Yes	Yes	Yes	Yes	Yes	Yes
观测值	1 482	1 488	1 488	1 488	1 308	1 144
Adj. R^2	0.636	0.790	0.861	0.705	0.298	0.784

注：***、**、* 分别表示在1%、5%、10%水平下显著，回归样本与表2.6、表2.7一样，依旧是利用倾向性得分匹配方法(PSM)之后所得到的样本。

将 PE 的筛选眼光和增值能力综合考虑，表 2.8 报告了 PE 对被投企业的总体增值效应。由表 2.7 中的模型(1)和(2)可知，有 PE 支持的企业相比无 PE 支持的企业有显著更高的盈利能力，而高的盈利能力是由于模型(3)和(4)显著高的经营效率和降低财务杠杆的结果①。由模型(5)和(6)可得，从综合效益来看，PE 支持的企业并没有更高的成长性和创新性。成长性没有显著差异的可能原因是样本偏误所导致的，因为这里分析的样本均为中小板上市公司，本身具有较好的成长性。创新性没有显著差异，不过 PE 在选择目标时就选择了高研发投入的企业。

第五节　筛选和增值作用的结论

以 2004～2012 年间的 638 家中小板上市公司为样本，本章界定其中 283 家有私募股权资本支持，实证检验了我国私募股权投资机构的筛选眼光和增值服务能力。

通过研究企业在接受 PE 投资前后的五个维度指标即盈利能力、经营效率、成长性、财务杠杆和创新能力等之后，我们发现：(1)私募股权投资机构偏好于选择注重研发创新投入、具有成长潜力(正面选择指标)、高债务杠杆比率和经营效率差(负面选择指标)的企业，而并不注重投资前企业的盈利性；(2)在利用倾向性得分匹配方法控制了 PE 投前的筛选能力和选择性偏误后，发现目标企业在被 PE 投资之后的经营效率大幅提高，超过了财务杠杆率的下降幅度，获得了显著较高的股东利润率；(3)相比无 PE 支持的企业，有 PE 支持的企业总体上在盈利能力、经营效率、财务杠杆方面显著更好，其中较高的盈利能力是由于投后增值的作用(因为投前并没有高盈利能力)，而经营效率和财务杠杆的改善是由于筛选眼光和增值能力二者共同作用的结果——即私募投资家通过选择经营效率差和高杠杆比率即具有所谓“负面选择指标”的企业，在投后进行了明显改善，从而实现了企业价值提升。本书采用了倾向性得分匹配方法(PSM)和工具变量方法来解决反向因果和遗漏变量问题，发现上述三条结论仍然稳健。

本章的主要发现，可以总结为图 2.2 所示。

从学术研究来说，该结论与西方学者的研究基本一致，如 Chemmanur 等(2011)认为风险资本对被投资企业带来的全要素生产率提升来自筛选和监督两方面，但是他们的研究样本是美国统计局的长期研究数据库(Longitudinal Research Database，LRD)，该数据库包含了美国制造业中的私有企业，VC 支持企业仅是其中的一部分，这样可以比较 VC 支持的私有企业与非 VC 样本企业支持的私有企业，从而更能说明 VC 支持的效果。而本章内容仅比较了在我国深圳证券交易所

① 根据杜邦分析法，降低财务杠杆使得公司盈利能力下降，但是由于公司资产周转率提高幅度高于财务杠杆率下降幅度，公司盈利能力(ROE)是上升的，同时被投企业财务杠杆率的下降，降低了企业经营风险。

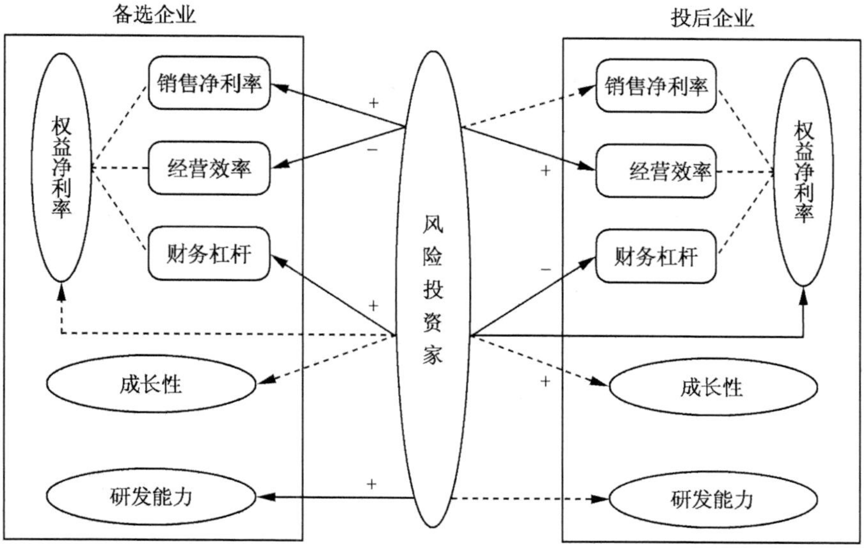

注：向左实线箭头表明 PE 投前筛选企业时关注的指标；向右实线箭头表明 PE 投后增值的指标；正号（+）和负号（−）表示方向，即正向关系和负向关系。表中实线箭头表示存在显著关系。虚线箭头表示关系不显著。

图 2.2　PE 对企业的投前筛选和投后增值的指标间的逻辑关系

中小板上市的企业中存在 PE/VC 支持与非 PE/VC 支持的差异，等于说是在成功实现了上市的好企业来看，其中有无私募股权的差异。即使没有私募股权的存在，这些样本企业也是好企业。因此，本章的研究结果可认为是对 PE/VC 作用的比较谨慎的一个估计，相对于全部的私有企业来说（即包括未能上市的样本企业），私募股权的作用应该更强一些。

本章的研究结论具有理论和现实意义。首先，目前国内少见有将 PE 机构的事前筛选能力和事后增值服务能力进行区别的研究。对于 PE 在投前筛选阶段应注重哪些指标？在投后增值阶段又侧重于改善哪些指标？以及二者之间存在什么逻辑关系？即投前、投后指标之间的构稽关系是什么？对这些问题的回答，有助于理解 PE 机构的投资与运作，掌握 PE 机构的运作机理，并厘清 PE 与被投资企业的关系。

其次，本章的结论对于亟待引入 PE 资本的创新创业企业管理层亦有一定的启示。创业企业了解了 PE 投前筛选着重的指标，可以有针对性地吸引资本；掌握 PE 投后擅长于改善的指标，可以配合提升企业价值。

最后，可以形象地把本章的内容总结为一个比喻：PE 的价值到底是充当企业的伯乐，能够发现“千里马”？还是 PE 的价值是充当企业的“军师诸葛亮”，能够手把手地指导企业？本章对此给出了明确的回答：PE 既是“伯乐”、也是“诸葛亮”！

在我国当前的创新创业浪潮中，这一论断无疑有助于加深对私募股权资本作用的认识。

当 PE 资本为被投企业实现价值增值之后，就来到了资本市场上。实现最为惊险地一跃，就是首次公开发行(IPO)。

第三章　企业上市前为何引入私募股权投资者

第一节　创业板推动了私募股权发展

自 2009 年我国资本市场创业板推出以来，相对主板较低的进入门槛使得许多企业有了上市机会，也给予私募股权资本一个更为便捷的退出通道。于是大量私募股权基金支持的企业选择在创业板上市，但我国创业板上存在 PE 支持的企业往往引入 PE 的时间较短，这种现象逐渐形成了 PE 投资领域中的专有名词“Pre-IPO 投资”。本书通过对 2009～2012 年底前已申报创业板发审委审批核准的 494 家次招股说明书申报稿的手工整理[①]，发现其中 274 家在申报前的两年之内引进了私募股权资本，占比 55.47%。而所有上市之前引进私募股权资本的 351 家申报企业中，私募股权投资者的平均持有时间仅为 2.32 年。这和西方成熟市场文献的研究差别很大。美国风险投资基金在退出之前持股企业的时间一般为 5～6 年，而对生物科技等行业企业的持股可能长达 5～10 年(Landstrom，2009)。专注于重组的私募股权基金投资的并购案例中，私募股权基金持股企业的平均时间为 6 年甚至更长(Kaplan and Strömberg，2009；Blenman 和 Reddy，2014)。

由于 Pre-IPO 投资项目动辄十数倍的年化收益率十分火爆，引发了我国全社会广泛的关注。原本仅作为面向少数特定投资者私募的 PE 投资工具，甚至出现了大众趋之若鹜的现象，一时社会用“全民 PE”的形容词来指称普通大众广泛地参与 PE 投资中的热潮。在这一热潮中终于出现了“PE 腐败”的问题，它是指 PE 机构为了获得企业上市前投资项目、为尽早推动所投资企业上市而向权力机构实施贿赂、收买等腐败行为，这一现象引起了舆论界和监管层的高度关注。

那么，我国创业板企业为何在筹划上市前的短暂时间内引入了私募股权投资者？活跃的上市前短期私募股权投资者(Pre-IPO Private Equity，后文简称 PrePE)到底会给企业带来什么样的影响？与西方 PE 投资者相对较为长期的持股相比，造成国内 PE 投资者短线入股企业的差异化行为的制度原因是什么？在本书课题研究的彼时，还鲜有文献对这些问题进行过深入的论证。本章通过对招股说明书的手工整理，得到了我国创业板企业上市前私募股权投资者持股的详细数

---

① 包括通过核准已上市、通过核准尚未上市、未通过核准公司。详见本章表 3.1 的描述性统计。

据。利用这些数据，本章从企业申请发行核准及上市过程的角度，围绕上述问题展开讨论，以图揭示企业在上市前引进短期私募股权资本的动机和结果。

创业企业引进私募股权资本的好处，国内外文献一般认为主要是私募股权资本能够带来企业需要的资源、提升企业的价值，在上市时能够起到对公司资质的“认证”作用，从而降低发行抑价，减少企业的融资成本。遵循这种思路，我们对 PE 持股企业影响 IPO 抑价率的问题进行了计量检验，发现结果恰恰相反，PE 持股的企业有显著较高的 IPO 抑价率。但是，我们发现，PE 投资者能够显著提高持股企业的过会核准通过率，这里的“会”指的是首次发行前参加证监会创业板发行核准委员会的审核会议。很多企业在首次过会被否决后引进了 PE，再次过会就得以顺利通过(例见本书附表 3.1)。为了对上述现象的原因进行探索，我们继续考察了 PE 持股后对企业治理结构、上市后业绩及股价表现的影响，发现 PE 持股企业上市后业绩和股价表现都没有显著改善，但是会较多地实施股权激励，并在上市前更多地更换财务负责人。同时，创业企业在引进上市前私募股权的时候，更愿意引进有声誉的和国有的私募股权机构，而这些私募股权机构对持股企业的核准通过率的影响更加显著。

综上所述，本章认为，中国创业板企业引进的 PE 和国外成熟市场中传统的 PE/VC 机构在被投资企业上市过程中扮演的角色是不同的。由于持股时间很短，他们并没能改变企业的财务业绩，甚至因为入股价格较低还损害了公司的长期价值；他们通过股权激励和更换财务负责人等方式影响了公司治理结构，同时也增加了公司的风险和不确定性；但是，他们却可能通过与证监会发审部门的“关系”资源影响了过会时的核准结果。这就是 PE 在发行过程中给企业带来的最大利益，可能是创业板企业愿意引进 PE 的最大原因。

进而本章认为，西方成熟市场中被称为“创业企业孵化器(Enterprise incubator)”的 PE/VC 基金之所以在中国有异化成所谓“突击入股”的 Pre-IPO 投资的危险倾向，根本原因在于中国创业板市场目前采取的核准发行制。这种管制制度导致了一级市场供不应求的客观现状，破坏了成熟市场中金融中介机构、创业企业、投资者之间“三方”博弈的均衡结果——对拟上市创业企业来讲，最需要的认可不是来自投资者，而是来自证监会发审委。对 PE 机构来讲，最能证明自己的不是给投资企业带来价值增值、从而在创业企业和投资者之间形成的“声誉”，而是能带领企业顺利通过发行审核这一关键环节的“另类声誉”。这种机制的异化造成了“创租”(McChesney，1987)的后果，增加了创业企业的融资成本、鼓励了私募股权机构的游说活动，诱使私募股权基金放弃给予企业增值、进行长期价值投资的核心理念，纷纷转向上市前短期投资、并急于把企业推向上市，这和我国借发展私募股权基金改善中小企业融资环境、推动产业转型的初衷是背道而驰的。鉴于此，我们提出了降低上市门槛，建立退市制度等改革建议。

本章在以下方面做出了贡献:(1)对我国创业板市场中企业上市前引入私募股权资本的原因提出理论和实践上合理的解释。企业之所以选择 PrePE 的融资方式,是对“提高核准通过率、顺利发行”与“发行抑价率较高、融资成本较大”的利弊二者权衡之后的结果。这一观点提供了一个从企业融资角度认识私募股权投资行为的视角;(2)立足于中国创业板的实际情况,本章区分了长期私募股权投资者和短期私募股权投资者,并选取后者作为主要研究对象,而不同于以往文献考察所有的 PE 机构[①];(3)通过手工整理上市公司的招股说明书搜集了数据,严格界定了各类私募股权投资者,使得样本和结论更加科学;(4)较为细致地研究了 PE 机构持股企业的行为特征,以及持股后对企业经营业绩、治理结构等的影响,补充了国内文献在该问题上的不足。

第二节　PE 持股与 IPO 抑价

本章将公司上市前的股东分为:(1)企业内部人包括管理层、员工及其有关联关系的股东;(2)IPO 上市前两年内引进的上市前短期私募股权投资者(PrePE);(3)IPO 前已经持股两年以上的长期私募股权投资者(LongPE);(4)其他投资者包括天使投资者、战略投资者和其他公司投资者等。

之所以采用两年为时间界限来区分两类私募股权投资者:一方面是因为税收政策的原因。持股两年以上的股权投资者可以享有税收优惠,而持股不到两年的股权投资者则没有税收优惠[②]。因此,持股两年以上属于国家政策所鼓励的长期股权投资者,而持股不到两年、不享受国家税收优惠的投资者为短期私募股权投资者;另一方面,根据笔者对实务界人士(包括创业板发行企业和保荐机构等)的访谈,他们普遍认为两年是个比较合理的界限。另外,在西方私募股权领域,持股不到 2 年的投资基金,一般称为“短线炒作者”(quick flipper),可参见 Blenman and Reddy (2014)[③]。

---

① 在作者可检索的范围内,公开发表的国内外文献中只有 Arikan and Capron(2010)、Ber and Yafeh(2007)等少数几篇文献讨论了风险投资/私募股权与企业在 Pre－IPO 阶段的问题,但实际上他们定义的“Pre-IPO VC backed firms”是“VC 持股的公司”(如 Arikan and Capron2010, pp. 1270; Ber and Yafeh, 2007, pp. 26).并没有区分投资年限。

② 根据 2007 年我国财政部国家税务总局《关于促进创业投资企业发展有关税收政策的通知》,我国创业投资企业采取股权投资方式投资于未上市中小高新技术企业两年以上(含两年)的,可按其对中小高新技术企业投资额的 70%抵扣该创业企业的应纳税所得额。

③ Blenman, L., and N. Reddy. 2014. Leveraged buyout activity: a tale of developed and developing economies. *Journal of financial management, markets and institutions* 2 (2): 157－184.

一、PE 机构持股与首发融资成本

(一)上市过程中的声誉机制:PE 机构的"认证效应"和"逐名效应"

新股发行一级市场上的信息不对称,使拟上市公司在首次公开发行时常常要承受昂贵的融资损失(Ritter and Welch,2002;Ljungqvist,2007;徐浩萍和罗炜,2007;朱红军和钱友文,2010 等),公司引进私募股权资本是否能减少信息不对称性、从而减少 IPO 抑价率呢?大量学术文献关注了这一问题。

一种代表性的学术假说是"认证(certification)效应"。即认为私募股权机构具有甄别企业质量的能力,PE/VC 持股等于向市场传递了企业质量的信号,因此降低了抑价程度。提出 PE 认证效应的种子文献如 Barry 等(1990)、Megginson and Weiss(1991)等。后续得到了 Brav and Gompers(1997)、Wang 等(2003)等的实证结论的支持和发展。

另一种针锋相对的学术假说就是"逐名(grandstanding)效应"①,即认为年轻的风险投资机构在资本回收和建立新基金的双重压力下,有较强的动机把尚未培育成熟的公司过早地推向证券市场,导致风险投资基金持股的企业有更高的抑价水平和上市后经营业绩恶化。逐名效应的种子文献是 Gompers(1996),之后这种观点得到了 Lee 和 Wahal(2004)等的实证研究支持。

实际上,笔者以为,若把这些观点统一到私募股权投资行业的核心竞争力——"声誉"上时,认证效应和逐名效应两种假说并不是冲突的。在成熟的证券发行市场中,当发行人和外部投资者对公司质量拥有不同信息的时候,第三方认证可以降低信息不对称性,避免走向 Akerlof(1970)所说的"柠檬市场"。作为财务投资者的私募股权资本是 IPO 市场中重要的第三方力量。Sahlman(1990)提出了风险资本的"声誉"概念。之后大量研究表明,好的声誉对于想要在市场上获得正统地位的风险投资家/私募股权投资家来讲是非常关键的(如 Gompers,1996;Black 和 Gilson,1998;Davila 等,2003)。私募股权机构的声誉能为创业企业带来积极的影响,譬如吸引顾客、供应商和有才能的管理人员。好的声誉赋予私募股权机构更大的市场势力,即使他们所做的融资安排评估价值稍微低一些,也更容易被创业企业家接受(Hsu,2004 等)。

也就是说,成熟的 PE 机构通过甄别目标企业质量、帮助企业改善经营业绩和公司治理、提高企业价值,从而使得他们在与创业企业家、有限合伙人、资本市场投资者等的长期博弈过程中建立了"声誉"。在得到认可后,他们能够为所持股企业在上市时提供"认证"作用,降低了融资成本。

---

① 关于 grandstanding 的中文翻译,就笔者所见,存在"逐名""哗众取宠""躁动"等诸多译法。本书采用"逐名"的译法。

反之，刚成立的PE机构本身缺乏声誉资本，为了建立名声急于把未成熟的企业推向上市，因此年轻的PE机构不仅不能起到认证作用，而且会被资本市场投资者索要更高的IPO抑价，作为更高风险的补贴(Chemmanur等，2011)。在私募股权行业处于成长初期的国家里，年轻的私募股权机构往往体现的是逐名效应而非认证效应，如在法国资本市场(Bruton等，2010)[①]和我国内地资本市场(陈工孟等，2011)上均曾出现这种现象。

(二)声誉机制被破坏：发行人和投资者的不同待遇

一方面，我国创业板IPO发行实行的核准制，本质上是一种管制制度。在规则经济学中，政府管制可能会改变市场化发行中声誉机制的作用。监管者通过对企业设置上市门槛，造成了国内IPO市场上"发行难、上市易"的现状，一级市场始终处于供不应求的买方市场状态。也就是说监管者剥夺了投资者"用脚投票"的权利，使其在博弈中永远处于弱势地位。结果，成熟市场中PE机构的"认证"作用不适用于国内情况。正如陈工孟等(2011)的研究发现，私募股权投资的认证功能在不同市场上有不同的表现，在美国市场上体现出认证功能，在中国内地主板、中小板和香港创业板市场上却不具备认证功能。

买方市场中上市资源的稀缺性决定了创业企业的强势地位。为了能够争取到创业企业的青睐，在拟上市企业中建立好的"声誉"，帮助企业尽快上市成为私募股权投资行业的核心竞争力。而且国内的私募股权机构成立时间普遍较短，据本章统计，将其持股企业推向创业板上市的时间为截止日期，国内短期PE机构成立时间均值为4.05年，持股超过2年以上PE机构的成立时间均值为7.36年。年轻的PE机构将持股企业尽快推向上市是一个理性选择：上市成功，则可以成为后续融资时的炫耀资本；上市不成功，也没有什么声誉损失。

综上所述，由于中国特殊的新股发行制度安排，PE机构的声誉机制被异化，他们没有通过甄别企业质量、帮助改善经营业绩和公司治理、提高企业价值的内在激励，但有着"逐名"的动机。对于创业企业来讲，引进PE机构的行为相当于在上市前低价出让部分股权，这必然会降低企业的长期价值，增加企业股权结构的不确定性，因此本章提出假设3.1：

假设3.1：引入上市前短期私募股权投资者会增加企业创业板IPO时的融资成本。

---

① Bruton, G. D., Filatotchev, I., Chahine, S., & Wright, M.. (2010). Governance, ownership structure, and performance of IPO firms: the impact of different types of private equity investors and institutional environments. *Strategic Management Journal*, 31(5).

第三节 PE 机构持股与 IPO 核准审核通过率

一、核准制下发行市场中形成“另类声誉”机制

核准制下一级市场供不应求的客观现状，破坏了成熟市场中金融中介机构、创业企业、投资者之间“三方”博弈的均衡结果——对拟上市创业企业来讲，因为只要能顺利通过审核，就不用担心新股认购不足、发行失败的情况出现，所以其最需要的认可不是来自资本市场上的投资者，而是来自证监会发行审核委员会(简称发审委)。对于 PE 机构来讲，最能证明自己价值的不再是给投资企业带来价值增值，而是能带领企业顺利通过证监会发审委审核这一关键环节的“声誉”。

那么企业创业板上市前引进的这些 PrePE 机构是否有能力帮助企业顺利通过发行审核呢？如果可以，他们这种能力的来源和本质是什么呢？

二、声誉的本质和来源

核准制的本质是一种管制制度。管制不仅破坏了市场主体原有的博弈关系，造成市场主体行为的异化，更重要的是，这种异化会在新的博弈关系中形成平衡并固化下来。上市前入股的 PE 机构就是管制经济的特殊产物，他们逐渐成为利益集团收取“租金”的方式。

Stigler(1971)提出利益集团相互竞争的结果通常是：政府的管制常常使得具有特定组织优势的利益集团获得竞争优势。例如，生产者对立法过程的影响较之消费者有明显优势。因为生产企业往往比消费者具有更多的同质性，而且生产企业数量相比消费者更少，更容易花较少的成本组织起来。因而最后政府管制的结果必然有利于生产者，消费者作为弱势集团的利益容易受到侵害。McChesney(1987)提出“创租(rent creation)”的概念即主动设立形成新的经济租金，意即政府官员利用手中的权力干预市场为某些市场主体创造寻租机会。贺卫和王浣尘(2000)、朱相平(2009)等分别对政府创租的成因和动机进行了相关的分析[①]。

结合中国 IPO 市场的发行核准制可以看出，无论监管者出于何种动机，准入限制的这种管制制度都可能造成“创租”。这种管制给予证监会官员和发审委的成员很大的裁决权，也给予“政治关联”(political connection)以发挥作用的空间(Yang，2013；Boubakri 等，2012；Piotroski 和 Zhang，2014)。这种“创租”行为的受益者之一便是各种中介机构，因为某些中介机构掌握了重要的“关系”资源，成为寻租游戏中的胜利者。如 Liu 等(2013)指出，创业企业能够通过内部管理层和外部

---

① 可参见刘煜辉和熊鹏(2005)对“抓手”理论的阐述，以及朱红军和钱友文(2010)关于“租金分配观”的解释。

PE机构的“政治关联”影响审核通过率和发行后的股价表现。因为在中国年轻的创业板发行市场上，PE机构相对于创业企业有着明显的组织优势和资源优势。作为财务投资专家，他们有着行业经验、地域集中优势等，很多PE机构及其合伙人与承销商甚至证监会有着各种基于工作经历、人脉关系、地缘关系、圈子关系等等的联系①。在这种环境下，一些寻租的PE机构并不参与风险投资的早期阶段，更不参与创业企业的培育过程，只是在创业企业进入IPO运作的前夕，运用其特殊的权力突击入股，上市后攫取资本收益。这种行为严重地破坏了资本市场的公平和公正原则，也严重侵害了创业者的利益。类似的“寻租股东”通过权力与资本的交易，以各种方式直接或间接影响着企业IPO的重要关键环节，来攫取资本寻租的高额回报，严重地损害了创业板市场提倡的“创业带来财富”的核心价值观（吴晓求，2011）。

综上所述，核准发行制度赋予监管机构影响资源配置的权力，客观上会诱导各类金融中介加强“游说”活动。在这种制度设定下，即使理性的PE机构也会放弃长期价值投资的理念，转而充当Pre IPO“掮客”的角色。它们利用自身的所谓“声誉”，实质是各种“关系资源”向那些希望进行首次公开发行融资的企业提供所谓的“上市便利”或者“便捷通道”，并收取类似于地租的中介费。因此本章提出假设3.1：

假设3.2：引入短期私募股权投资者能够提高企业创业板发行上市的核准通过率。

第四节 创业板企业背后的私募股权样本与描述

一、数据来源与样本定义

（一）数据来源

本章的研究样本是2009年9月17日至2012年9月28日期间向中国证监会递交了创业板首次公开发行招股申请书的494家公司，根据WIND数据显示，截至2012年9月28日，证监会一共审理了503份创业板上市申请。但是为了避免重复，对于多次申报过会的公司，如果审核结果是相同的（如徐州燃控科技股份有限公司两次申报都为“通过”；如安徽铜都阀门股份有限公司两次申报都为“取消审

① 例如，持股九洲电气（300040.SZ）7.70%、持股紫光华宇（300271.SZ）1.87%、持股唐山汇中仪表股份有限公司（A12134.SZ）4.76%的北京信捷和盛企业咨询有限责任公司的总经理和实际控制人为胡建军，他的履历惹人注目：1964年12月出生，1990年8月，进入财政部预算管理司工作。1996年，调入中国证监会发行监管部，任审核一处副处长，从事公司发行、上市的审核工作。2001年从证监会离职创办上海丰银投资管理有限公司。2002年至今，担任信捷和盛总经理、天润控展董事长。

核”或“未通过”等)，则按照首次申报时间合并为一个样本统计。如果首次申报结果为“取消审核”或“未通过”，二次申报结果为“通过”，则按两个不同样本统计。经这样处理后，最终纳入统计的有效样本为494家。在这494家公司中，包括已经成功上市的355家上市公司、通过核准但处于发行等待期的46家公司、以及未通过核准的93家公司。其中私募股权资本的持股比例和入股时间、是否担任管理层及董事、专利申请情况等数据来自上市公司的招股说明书或其申报稿，并经作者手工整理。其他财务数据、市场交易数据、主承销商信息等来自国泰安CSMAR数据库，并经WIND数据库核对补齐。

本章数据整理采用的是Matlab7.0软件，统计回归主要用Stata11.0软件。为了减轻异常值的影响，对连续变量的最小和最大的2%观测值进行了Winsorize处理。

(二)样本统计口径

目前国内已有文献在界定及统计一家上市企业的私募股权资本投资者时，一般直接采用如WIND、CSMAR等数据库里经过整理的“前十大股东持股情况”数据，然后根据股东名称中出现“投资”“创业投资”“风险投资”“创投”“有限合伙”等关键词进行筛选，从而确定为私募股权或风险资本持股。我们在手工整理数据时，发现这样的处理是经不起推敲的，严重者会导致得到完全相反的结论。原因有以下三点：

(1)在本章统计的494个样本公司中，共有975家PE机构上市前持有这些公司股份。其中544家(占比55.79%)的持股比例在5%以下，很多并不位于“前十大股东”之列。如果不把这些机构统计上，将有很多家上市公司本来属于“PE持股”，但被划归为“非PE持股”。

(2)除上述PE机构之外，另外还有众多机构的名称或简介资料中含有“投资”“创业投资”“创投”等关键词。但是通过查阅招股说明书的股东情况说明，发现这些所谓的创投机构实际上是公司创始人或高管团队创办的企业或者与他们有着密切的关联关系，其中有的投资公司是企业为了对员工进行股权激励而设立的持股主体①。这些机构并非独立的私募股权/风险投资机构，应当排除在统计口径之外。

(3)有些机构的名称中并不含有“创投”等上述关键词，但是通过翻阅招股说明书中股东介绍部分的文字，可以看到这些机构的主营业务就是股权投资，此类公司也应包括在私募股权机构内②。

---

① 比如天源迪科(300047.SZ)，翻阅其招股书可以看到公司持股12.86%的第四大股东为“天泽投资”。虽然名称上是经营投资业务，但实际是公司部分员工的持股主体，其资金来源是个人资金或股权激励。类似的案例不胜枚举，如特锐德(300001.SZ)的大股东“青岛德锐投资有限公司”；上海佳豪(300008.SZ)的大股东“上海佳船投资发展有限公司”；新宁物流(300013.SZ)的大股东“苏州锦融投资有限公司”；力源信息(300184.SZ)的第二、第三、第四大股东“融冰投资”“听音投资”“联众聚源”等。

② 如持股泰胜风能(300129.SZ)9.04%的股东涌金实业(集团)有限公司；持股台基股份(300034.SZ)25%的股东富华远东有限公司；持股宝利沥青(300135.SZ)4.17%的合肥天安集团有限公司等。

经过逐个手工整理招股说明书，分析其中的股权结构、股东背景文字资料后，本章认定为私募股权投资者的依据是：在企业招股说明书的股东情况文字介绍中，主营业务描述文字中只要出现以下的关键字句："股权投资""风险投资""创业投资""资产管理""投资管理"等，并且该机构实际上与上市公司的创始人/实际控制人以及高管团队无任何关联关系，也并非公司员工作为主要股东的持股主体，那么该股东就属于私募股权投资者。

二、描述性统计

表 3.1 给出了私募股权投资者持股创业板公司的情况，在 494 家创业企业中，274 家引进了 PrePE，140 家引进了 LongPE，非 PE 资本持股的企业有 143 家，分别占比为 55.47%、28.34%和 28.95%。另外，可以看出核准通过公司（包括已上市和待上市）中引进 PrePE 资本的比例为 62.15%，高于未通过核准公司的比例 44.09%。

表 3.1　　申请创业板上市公司引进私募股权投资者的情况统计

	PrePE	LongPE	PE	Non PE	All
已上市公司	202	98	256	99	355
各类公司占比	56.90%	27.61%	72.11%	27.89%	100.00%
私募股权机构数	527	180	707		
平均每家公司私募股权机构数	2.61	1.84	2.76		
核准通过待上市公司	31	11	36	10	46
各类公司占比	67.39%	23.91%	78.26%	21.74%	100.00%
私募股权机构数	71	27	98		
平均每家公司私募股权机构数	2.29	2.45	2.72		
核准未通过公司	41	31	59	34	93
各类公司占比	44.09%	33.33%	63.44%	36.56%	100.00%
私募股权机构数	107	63	170		
平均每家公司私募股权机构数	2.61	2.03	2.88		
全部公司	274	140	351	143	494
各类公司占比	55.47%	28.34%	71.05%	28.95%	100.00%
私募股权机构数	705	270	975		

续表

	PrePE	LongPE	PE	Non PE	All
平均每家公司私募股权机构数	2.57	1.93	2.78		

注：表中符号分别代表不同类别的公司：上市前两年内引进的短期私募股权资本持股(PrePE)、持股超过两年的长期私募股权资本持股(LongPE)、拥有私募股权资本持股(PE)、非私募股权资本持股(Non PE)等。

表3.2给出了私募股权投资者持股创业板公司的特征。可以看到，PrePE机构和LongPE机构在诸多方面表现出较为明显的不同之处。截至所持项目申请上市时，PrePE机构的平均成立时间为4.05年，持股比例为5.14%，持股时间为1.48年，有37.75%的私募股权机构在目标公司中担任董事或监事，这些指标都显著小于LongPE机构的均值。从私募股权机构的背景来看，PrePE机构中有22.84%为"有声誉"的机构，显著高于LongPE机构14.07%的均值。PrePE机构中有7.71%为国有背景、6.29%为外资背景，国有和外资机构的比例均显著低于LongPE机构。也就是说，两类不同类型的私募股权机构在选择业务时是有不同偏好的，或者创业企业在上市前选择引进私募股权机构的时候是有偏好的，博弈结果是"有声誉"的PE更容易投资短期内会上市的项目。

表3.2　私募股权投资者在创业板公司中的持股及介入公司治理特征的均值统计

	PrePE	LongPE	PE
成立时间(年)	4.05***	7.36	4.90
持股比例(%)	5.14***	8.96	6.20
持股时间(年)	1.48***	4.50	2.32
担任高管公司数(%)	2.14	3.75	2.58
担任董、监事公司数(%)	37.75***	49.81	41.07
有声誉的PE机构数(%)	22.84***	14.07	20.41
国有背景PE机构数(%)	7.71***	14.66	9.63
外资背景PE机构数(%)	6.29***	13.16	8.18
样本数	705	270	975

注：1. 表中对PrePE样本和LongPE样本相比进行了非参数Mann-Whitney检验，表中的*、**、***分别代表10%、5%、1%水平下显著。2. 本章将PrePE机构分为"有声誉"和"无声誉"两类，即如果该机构在持股企业上市前两年排名"(清科)中国大陆私募股权投资机构10强"

或"(清科)中国大陆创业投资机构 20 强"①,则被认为是有声誉,否则为没有声誉。3. 由于我国财政部和国资委在 2009 年专门发布了一个规定,要求所有在境内公开上市发行的企业,若其发起人股东中有国有股东,则该国有股东必须将其所持 10%的股权转移给全国社会保障基金持有(见《境内证券市场转持部分国有股充实全国社会保障基金实施办法》(财企[2009]94 号)。在该文件颁布后,所有上市公司都必须披露其发起人股东的性质,若为国有股东,则标注为"SS(State-own Shareholder)"。由于所有创业板公司的发行上市均是在该文件实施以后,因此我们获悉了所有创业板公司发起人股东的身份性质。

表 3.3 给出了私募股权投资者持股创业板公司的风险特征和公司治理特征。从平均值来看,相较于非私募股权持股的公司,短期 PE 持股公司的总资产规模较小、总资产收益率较低、总资产周转率较低、拥有和正在申请的专利数较多、大股东持股比例较低、管理层和董事会规模较大。而与短期 PE 和非 PE 公司呈现不同状况的是,长期 PE 持股公司显示出了一些特征:如成立时间较长、流动比例较低、资产负债率较高、高级职称和高级财务管理人员数量较多、管理层平均薪酬较高等。这一方面说明长、短期 PE 投资者对持股企业的影响有必要进行区别考察,另一方面也说明短期 PE 投资者对持股企业的影响方式和途径,有其独特的原因和表现。

表 3.3　　私募股权投资者持股企业上市前一年公司特征的均值统计

N=355	PrePE	LongPE	PE	NonPE	All
Panel A. 公司风险特征					
成立时间	10.49	11.90***	10.82**	10.00	10.58
总资产(万元)	31 163.25**	39 256.41***	32 996.51***	39 711.32	34 907.44
总资产收益率%	17.21**	16.00***	16.93***	19.67	17.52
总资产周转率%	104.40**	99.07**	103.19***	117.93	107.43
流动比率%	268.21	212.54**	255.60	310.40	271.35
资产负债率%	37.74	41.85*	38.67	38.09	38.50
营业利润/总利润%	92.12	91.93	92.07	91.58	91.93
研发费用/营业收入%	6.52	5.01	6.17	6.19	6.18
公司拥有及正在申请的专利数	26.04*	30.81**	27.13**	20.49	25.22
Panel B. 公司治理特征					
大股东持股比例	54.78**	54.45*	54.70**	59.85	56.18

① 目前清科中国创业投资年度排名是国内影响力较大的 PE/VC 机构排名体系,该排名从投资、管理、融资、退出等各方面进行全面考察,选择管理资本量、新募集基金资本量、投资案例的个数、投资资本量、退出案例个数、退出金额和回报水平等作为重要的参考指标。详见清科网站 www.zero2ipo.com。

续表

N=355	PrePE	LongPE	PE	NonPE	All
管理层人数	18.52**	18.68	18.55**	17.04	18.17
董、监事会人数	12.02***	12.65***	12.16**	11.02	11.87
高级职称人数	5.68	7.65*	6.12***	5.54	5.98
高级财务管理人员人数	1.70	2.10**	1.79	1.68	1.71
管理层年龄	43.30	45.12	43.71	43.96	43.77
管理层薪酬(万元)	14.52	16.47*	14.95	13.92	14.69
最近两年是否更换财务负责人	0.37	0.21	0.34	0.30	0.33

注:1. 表中分别对 PrePE、LongPE、PE 样本统一和 NonPE 样本相比,进行了非参数 Mann-Whitney 检验,表中的*、**、*** 分别代表 10%、5%、1%水平下显著。2. 高级专业职称包括教授、主任医师、高级工程师、高级研究员等;高级财务管理人员包括高级会计师、高级经济师、高级审计师、注册会计师、美国特许金融分析师(CFA)等。3. 鉴于证监会关于招股说明书中强制披露"最近两年内高级管理人员变动情况"的规定,使我们得到了关于各类企业在上市前两年是否更换财务负责人这一重要信息①。

表 3.4 给出了私募股权投资者持股创业板上市公司的新股发行特征。从平均值来看,相比非 PE 持股公司,PrePE 持股公司雇佣的承销商声誉较高、网下配售中签率较低、首日抑价率、首日换手率、经市场指数调整后的首日抑价率、以及上市后首 5 日的异常回报率均显著较高。而与非 PE 持股公司相比,LongPE 持股公司的区别仅在发行数量和发行市盈率方面。这也再次说明了在新股发行上市过程中,短期私募股权持股可能给公司带来了更多影响。

表 3.4　　私募股权投资者持股公司的发行特征的均值统计

N=355	PrePE	LongPE	PE	NonPE	All
发行股份(万股)	2 272.52	2 547.10**	2 334.65*	2 129.43	2 283.06
发行市盈率(倍)	71.13	63.45*	69.40	72.97	70.30
实际募资(亿元)	7.86	7.48	7.78	7.17	7.62
发行费用(亿元)	0.50	0.44	0.49	0.45	0.48
承销商声誉	1.35**	1.00	1.27**	1.00	1.20
网下配售中签率%	2.55*	3.20	2.70	3.68	2.94

① 本书作者在和 PE 实务界人士访谈中,发现向被投资企业推荐和介绍财务总监,是 PE 机构面临较多的一个任务。

续表

N=355	PrePE	LongPE	PE	NonPE	All
网上申购中签率%	0.91	0.83	0.89	0.93	0.90
上市首日抑价率%	49.12*	39.54	46.95	36.52	44.33
上市首日换手率%	74.70*	69.05	73.42	72.18	73.11
市场调整首日抑价率%	46.79*	38.69	44.96	35.62	42.61
上市后5日内异常回报率%	45.95**	36.80	43.88*	31.48	40.76
上市后10日内异常回报率%	42.96**	31.32	40.32*	29.43	37.58

注:本章根据市场份额指标衡量第t年的承销商声誉,即如果一个承销商t−2至t−1年间的市场份额位列所有承销商前十名,则记为1,否则记为0。

第五节 PE持股是否是降低了上市融资成本

一、引入上市前短期私募股权是否降低了新股折价率

为了检验假设H3.1,本章首先建立多元回归模型,对样本中已上市的355家公司就融资成本与私募股权资本持股的关系进行实证分析。首先采用普通OLS回归分析方法,并对残差项进行稳健异方差调整,以确保参数估计是有效一致估计量。具体的计量模型如下:

$$\begin{aligned} Underpricing = &\beta_0 + \beta_1 \mathrm{PrePE} + \beta_2 LongPE + \beta_3 PE + \beta_4 Log(History) \\ &+ \beta_5 Log(Size\_1) + \beta_6 ROA\_1 + \beta_7 Underwriter + \beta_8 OfferingP/E \\ &+ \beta_9 Lottery + \beta_{10} Log(Volume) + \beta_{11} Industry + \beta_{12} Year + \varepsilon \end{aligned} \tag{3.1}$$

(一)研究设计

1. 因变量

参考以往文献,本章用上市首日抑价率(Underpricing)指标衡量首发融资成本[①]:

① 在稳健型检验中,本章选取下列三个指标衡量首发融资成本,回归结果没有发生显著性改变。市场回报调整后的首日抑价率($Adj\text{-}underpricing$=上市首日抑价率−当日市场指数回报率);融资总成本包括抑价和发行费用两部分,即 $Total\text{-}cost = 上市首日抑价率 + \frac{每股实际发行费用}{发行价}$;上市5日内的非正常回报($Underpricing5 = \sum_{t=1}^{5}$ 上市第 t 日的非正常回报)。

$$Underpricing = \frac{\text{上市首日收盘价}}{\text{发行价}} - 1$$

2. 主要解释变量

上市前私募持股哑变量(PrePE),即有 PrePE 持股的公司该变量为 1,否则为 0。

3. 控制变量

除了长期私募持股哑变量(LongPE)和私募股权持股哑变量(PE)之外,本章还选取两类控制变量:解决信息不对称性和与风险相关的公司本身资质的变量(b~f)、反映投资者情绪的市场因素变量(g、h)。

(1)长期私募持股哑变量(LongPE),即有 LongPE 持股的公司该变量为 1,否则为 0。以及私募股权持股哑变量(PE),即有 PE 持股的公司该变量为 1,否则为 0。

(2)公司历史(History):一般认为公司成立时间长,说明公司的运营稳健,该变量应与抑价率负相关(Megginson 和 Weiss,1991;徐浩萍和罗炜,2007 等)。不同公司的创立时间相差较大,为了使其尽可能接近正态分布,本章对该变量取自然对数处理。

(3)上市前一年的公司总资产(Size_1):一般认为公司规模越大,公司的信息会披露越充分,风险越小,该变量应与抑价率负相关(Beatty 和 Ritter,1986;刘煜辉和熊鹏,2005 等)。同样地,本章对该变量取自然对数处理。

(4)盈利能力(ROA_1):一般认为公司上市前一年的总资产收益率越大,盈利能力越强,风险越小,该变量应与抑价率负相关(如 Johnson 和 Sohl,2008)①。

(5)承销商声誉哑变量(Underwriter):即按照承销家数计算。如果在承销创业板该上市企业前两年,承销家数排在业内前十名的为 1,否则为 0。国外文献大多数认为承销商声誉能够发挥认证作用,从而降低信息不对称程度,降低抑价率(如 Beatty 和 Ritter,1986;Ljungqvist,2007 等)。但国内文献对于承销商声誉是否能降低抑价率的问题尚有争论。郭泓和赵振宇(2006)认为国内的承销商声誉不能起到认证作用,但徐浩萍和罗炜(2007)认为只要选取正确的承销商声誉衡量指标,承销商的声誉越高,其承销的 IPO 公司抑价率越低。

(6)发行市盈率(OfferingP/E):由于中国新股发行定价制度进行过多次改革,对首发市盈率的限制条件也在不断变化②,导致国内文献对于该变量如何影响 IPO

---

① 有些文献也选用了公司的资产负债率来反映公司风险,本章没有选用是出于两方面的考虑:首先多数财务指标都存在一定程度的相关性,因此在选取财务指标做回归时,要采取审慎选择的态度,而相对于资产负债率,总资产收益率是反映公司质量的综合指标。另外在稳健型检验中,加入了资产负债率、总资产周转率等一系列财务指标,发现系数并不显著,且对解释变量的显著性不产生显著影响,反而降低了模型整体的显著性。

② 例如 1990~1999 年间审批制时期限制市盈率不高于 13 或 15 倍,2000~2001 年间上网定价时期则没有限制;2001~2004 年间通道制时期则限制市盈率不高于 20 倍等。

抑价率一直有争议。刘江会(2007)用1993～2004年的数据研究认为发行市盈率与IPO抑价率正相关;但熊维勤等(2007)用1998～2004年的数据研究认为该变量与IPO抑价率负相关。2009年新股发行制度改革以来,证监会取消了对发行市盈率的各种限制,向成熟市场进一步靠拢。国外文献一般都认为发行市盈率越高,意味着公司质量越好,因此发行市盈率应与抑价率负相关(Ljungqvist,2007)。同样地,本章对该变量取自然对数处理。

(7)网下配售中签率(Lottery):Ritter和Welch(2002)认为资本市场之前的发行热销(hot issue)会影响之后发行新股的IPO抑价。本章选用网下配售中签率作为资本市场新股"热销"程度的代理变量,一般认为网下配售中签率指标越低,表明一级市场越是存在热销,该变量应与抑价率负相关(刘煜辉和熊鹏,2005;郭泓和赵振宇,2006等)。

(8)上市日A股总交易量(Volume①):Loughran和Ritter(2002),Ljungqvist等(2006)分别提出了IPO抑价的投资者情绪解释,认为二级市场上投资者的情绪会影响IPO抑价。本章对新股上市当日A股总交易量取自然对数处理,作为二级市场情绪的代理变量,该变量应与抑价率正相关②。

此外,纳入回归的还包括行业哑变量Industry和年度哑变量Year,其中行业哑变量的取值依据是WIND行业分类。

(二)对IPO抑价率的影响检验结果

为了检验假设3.1,本章分不同样本对方程(3.1)进行回归,结果列于表3.5,其中模型(1)的样本包括PrePE公司和NonPE公司;模型(2—5)的样本包括全部公司。经过对模型中各个变量VIF值的检验,未发现严重的多重共线性。

从表3.5的模型(1—2)可以看出,在控制了公司规模、承销商声誉、发行市盈率、网下申购中签率、二级市场投资者情绪等因素的影响之后,公司引入PrePE持股,会对上市首日抑价率产生显著为正的影响。模型(3)说明,在控制了LongPE持股的影响之后,公司引入PrePE持股会对上市首日抑价率产生显著为正的影响。相反地,LongPE持股对抑价率的影响不显著。模型(4)更加清楚地说明了PrePE和LongPE持股对首日抑价率影响的差异。有LongPE持股并不像PrePE一样能对公司上市首日抑价率产生显著的影响。模型(5)说明,将PE作为一个整体考察的话,其对上市首日抑价率的影响为正但不显著。

也即是说,表3.5的回归结果证明了假设3.1。在上市过程中,上市前引入的短期私募股权投资者并没有起到认证作用,反而增加了企业的发行成本。

---

① 稳健型检验中,本章还采用了上市后5日内A股平均日交易量(Volume5)作为替代变量。

② 国内文献如熊维勤等(2007)使用新股上市首日的换手率作为二级市场情绪指标,我们认为这是存在问题的。因为同一只股票的首日抑价率和首日换手率是同时发生的,并非单纯的因果关系,这种内生性会导致回归模型产生有偏的结果。

表 3.5　　　　上市前 PE 持股对 IPO 融资成本(IPO 抑价率)影响的检验

	Underpricing				
	(1)	(2)	(3)	(4)	(5)
PrePE	0.066* (1.74)	0.065** (1.97)	0.068** (2.04)		
LongPE			0.026 (0.72)	0.016 (0.46)	
PE					0.050 (1.47)
LogSize_1	−0.133*** (−3.20)	−0.120*** (−3.30)	−0.124*** (−3.45)	−0.118*** (−3.29)	−0.121*** (−3.32)
LogHistory	−0.029 (−0.57)	−0.022 (−0.47)	−0.027 (−0.57)	−0.026 (−0.54)	−0.028 (−0.58)
Underwriter	−0.058 (−1.63)	−0.078** (−2.46)	−0.078** (−2.46)	−0.073** (−2.31)	−0.077** (−2.42)
OfferingP/E	−0.267*** (−3.82)	−0.277*** (−4.64)	−0.277*** (−4.63)	−0.269*** (−4.47)	−0.270*** (−4.50)
ROA_1	−0.659* (−1.87)	−0.523 (−1.61)	−0.521 (−1.60)	−0.519 (−1.59)	−0.516 (−1.59)
Lottery	−0.027* (−1.70)	−0.033** (−2.16)	−0.033** (−2.11)	−0.036** (−2.30)	−0.035** (−2.18)
LogVolume	0.187*** (3.33)	0.165*** (3.43)	0.163*** (3.40)	0.165*** (3.46)	0.166*** (3.47)
_cons	−0.833 (−0.61)	−0.438 (−0.38)	−0.358 (−0.31)	−0.416 (−0.36)	−0.457 (−0.39)
Industry	√	√	√	√	√
Year	√	√	√	√	√
调整的 R^2	0.296	0.304	0.303	0.296	0.300
F	7.642	8.168	8.264	7.646	7.916
N	303	355	355	355	355

注:表中为 OLS(Robust)回归结果,系数下方括号内为 t 值,***、**、* 分别表示在 1%、5%、10%的水平下显著。

(三)稳健性检验

作为 IPO 首日抑价率的替换变量，本章继续进行稳健性检验，如采用市场回报调整后的首日涨幅($Adj\_underpricing$ = 首日抑价率 − 当日市场指数回报率)；公司发行股份规模 Size2 作为融资规模的替代变量；用公司招股书上披露的投资风险个数 Risk(该指标可以反映公司的风险)作为公司成立年龄的替代变量；用上市前一年公司净资产收益率 ROE_1 作为盈利能力的替代变量；用网上申购中签率 Lottery2 作为网下配售中签率的替代变量；用上市首日上证指数收益率 Index 作为 A 股总交易量的替代变量等等，检验结果对于主要解释变量 PrePE 均未有显著变化。

一些国内 IPO 方面的文献认为 IPO 融资成本与市场的过度反应共同导致了 IPO 抑价率(韩立岩和伍燕然，2007 等)，因此 IPO 折价率指标本身存在两部分原因导致。为控制资本市场的过度反应也就是新股发行中的投资者情绪因素，我们在表 3.5 中设置了两个反映投资者情绪的代理变量以加强控制这种因素的影响即：网下配售中签率(Lottery)与上市日 A 股总交易量(Volume)。在回归结果中，两个变量的显著性很高，说明它们较好地控制了市场投资者的过度反应情绪①。另外，我们还采用上市 5 日内的非正常回报(Adj_underpricing5)替代首日抑价率，相应地用上市后 5 日内 A 股总交易量(Volume5)替代上市日总交易量，回归结果也并未有显著改变。

(四)自选择问题的检验

PE 机构和创业企业是一个双向选择的过程。Amit 等(1990，1993)从逆向选择的角度解释了企业引进私募股权资本的行为。他们认为由于创业企业家和风险资本家之间存在双向选择问题——资质好的企业不愿意受到风险资本家的限制并与之分享企业利润，相反地，资质较差的企业倾向于接受风险资本。因此风险资本家所选中的企业或是风险高、盈利前景不明显，或是存在着创业企业家自身能力不足。换而言之，风险投资家是被创业企业家所逆向选择的。Franzke(2004)发现风险资本支持的 IPO 企业盈利性和销售收入均较低，但发行融资规模较大。Florin(2005)的研究表明，与未接受风险资本的企业相比，接受风险资本的企业创业者更多在上市后不再担任 CEO 或者离开了主要经营者职位，因此创业者并不看好企业的未来前景。

但是，对于中国的创业板企业和私募股权资本的关系来看，创业板市场中的 PrePE 是在创业企业已经进入 IPO 准备阶段、运用特殊的权力"突击入股"，目的

---

① 当然自从 1970 年代"IPO 抑价之谜"被提出以来，学者们关于该问题的研究至今没有达成共识，所以要绝对排除市场情绪的影响可能是不现实的。对于本章研究问题来讲，可以肯定的是"降低融资成本"不能成为"创业企业上市前为何引入 PE 投资者"问题的合理解释。

是在上市后迅速地攫取资本收益(吴晓求,2011)。这种以迅速上市为目标的操作方式,迫使私募股权机构在选择目标公司的时候必须设定一定的筛选标准,以免入股后企业无法满足创业板上市要求,最终难以脱身。

针对上述两方面情形可能导致的选择问题。本章做了两个检验进行探讨:首先,我们对 PrePE 持股和非 PrePE 持股的企业在上市前三年的主要财务指标进行了对比。如表 3.6 所示,引进 PrePE 的企业总资产较低、负债水平较高,除此之外的其他盈利指标、流动性指标、盈利质量指标等均未有显著差别。也就是说从统计意义上看,吸引短期私募股权入股的企业并非是个"坏苹果",只是当时企业的负债率较高,吸引 PE 入股可能是为了降低负债率①。

表 3.6　　上市前 PE 入股创业企业是否存在自选择现象的检验

	上市前三年总资产	上市前三年总资产回报率(%)	上市前三年资产负债率	上市前三年流动比率	上市前三年经营活动净收益/总利润(%)	专利个数	N
Panel A:均值检验							
PrePE	26 191.144	15.527	0.494	2.391	0.922	37.412	274
非 PrePE	39 490.013	14.335	0.459	2.345	0.909	28.134	217
T 值	−1.726*	1.284	2.005**	0.268	1.201	1.524	
Panel B:中值检验							
PrePE	19 416.189	13.453	0.505	1.803	0.957	17.000	274
非 PrePE	21 910.655	12.630	0.457	1.823	0.950	12.000	217
Mann-Whitney Z 值	−1.338	−0.933	−1.942*	−0.094	−0.539	−2.577**	

另外为了处理可能存在的样本自选择问题,本章采用企业上市前第 3 年的行业市净率(IndustryPB_3)、上市前第三年的年度广义货币供给量 M2 的增长率(Monetary_3)作为工具变量②,检验了自选择对于回归结果的影响。使用两阶段回归的 Roy 模型中的 λ 也不显著,都表明在对 IPO 抑价率影响的问题上,自选择偏差并不显著,这时 OLS 回归的结果是无偏且有效的。

---

① 这与本书第 2 章"筛选与增值"中基于中小板企业的实证研究结论,是一致的。

② 之所以选择上市前第三年的行业市净率(IndustryPB-3)作为工具变量,是将其作为托宾 Q 的一个代理变量,托宾 Q 是公司市场价值对其资产重置成本的比率。上市前第三年当时的行业市净率指标会影响 PrePE 选择入股标的公司的决策,但是不会直接影响公司上市时的 IPO 抑价率。之所以选择上市前第三年的年度广义货币供给量 M2 的增长率(Monetary)作为工具变量,是因为信贷宽松的环境下,PrePE 机构能够募集到更多的资金用于投资,这个变量也会影响 PrePE 选择入股标的公司的决策,但是不会直接影响公司上市时的 IPO 抑价率。

(五)为什么不能起到认证作用

明确 PrePE 持股后对企业的影响,有助于我们更深刻地理解本章假设 3.1 的结果。以往文献研究都支持 PE 对于企业的价值增加作用,认为 PE 投资者在很多方面都与其他投资者显著不同,他们会在以下方面为被投资企业提供帮助:董事会建设、管理层激励、建立商业关系、帮助寻找并聘用合适管理层甚至直接为企业产品寻找销路等等(如 Sahlman,1990;Neus 和 Walz,2005;Cressy 等,2007 等)。Kaplan 和 Stromberg(2001,2009)认为私募股权资本代表着有信息的资本,他们努力甄别、选择和监督被投资的企业。Lerner(2010)采用 OECD 国家的数据,认为 PE 投资推动了宏观经济的增长,特别在行业影响上发现 PE 的投资不仅提高了被投企业的个体价值,而且推动了被投企业所在行业的生产效率提高、技术更新、就业增长等。

但是国内研究却得出了和西方成熟市场相反的结论,赵炎和卢颖(2009)研究了中小板市场上风险资本持股企业的资产总额、主营业务收入、利润总额等财务指标,发现有无风险资本支持两类企业的经营业绩不存在显著差别。谈毅等(2009)认为风投支持的企业在长期经营业绩、股价超额收益等方面显著差于无风投支持的企业。张学勇和廖理(2011)发现在我国中小板市场中相对于非外资背景风险投资支持的公司,外资背景风险投资持股公司的治理结构安排更加合理、具有较好的盈利能力等。

我们给出了 PrePE 持股对公司上市当年的净资产收益率、EPS 增长率、经营活动净收益/总利润(衡量收益质量)、资产负债率、每股分红比例、股价表现(CAR250)影响的检验结果,其中:$\text{CAR250}=\sum_{t=2}^{250}$ 上市第 t 日股价涨幅 $-\sum_{t=2}^{250}$ 上市第 t 日指数涨幅。表 3.7 结果表明,PrePE 持股对上述指标没有任何显著影响①。

表 3.7　　PrePE 持股对企业上市当年业绩及股价表现的检验

	净资产收益率(%)	EPS 增长率(%)	经营活动净收益/总利润(%)	每股分红比例	资产负债率(%)	CAR250	N
Panel A:Caliper<=0.01							
PrePE	7.979	3.242	87.887	0.861	15.144	0.375	70
非 PrePE	8.081	−0.719	88.670	0.918	14.793	0.342	70
t	−0.054	0.805	−1.051	−1.007	0.240	1.061	
Wilcoxon Z	−0.335	−0.700	−0.152	−0.884	−0.213	−1.756*	

① 由于我国证券市场对 IPO 前的公司发起人持股有一年期禁售期的限制,因此在上市后一年内,PE 投资者是无法直接卖出股票的。因此本书分析企业上市后当年的业绩,可以反映 PE 的持续影响。

续表

	净资产收益率(%)	EPS增长率(%)	经营活动净收益/总利润(%)	每股分红比例	资产负债率(%)	CAR250	N
Panel B:Caliper<=0.005							
PrePE	7.770	1.887	90.587	0.908	12.060	0.265	42
非 PrePE	7.436	−2.127	91.430	1.020	12.295	0.326	42
T	0.230	0.615	−1.117	−0.281	−0.981	−0.953	
Wilcoxon Z	−0.017	−1.095	−0.087	−0.797	−1.025	−1.195	

注:为了控制公司本身特征以及自选择行为对企业经营水平的影响,本章采用倾向性评分配对方法①(PSM)对样本进行配对检验。即为所有创业板上市公司中PrePE持股的202家企业配对非PrePE持股的143家企业,在选择方程的基础上,我们使用公司引入PrePE前的公司历史、资本结构、盈利能力、营运能力、收益质量、行业因素等计算相似度(propensity score),把评分差异精度(caliper)分别控制在0.01和0.005的水平,最终配对成功分别为70对和42对。为了提高配对精度,我们在程序设计中采用了贪婪算法,即每个控制组样本只能使用一次。

另外,国外文献研究过PE机构退出后公司业绩的持续性问题(如Holthausen和Larcker,1996;Cao和Lerner,2009;Lerner等,2011)。他们的研究结论认为PE机构退出后,公司的财务绩效能够持续超越同行业,呈现了业绩的持续性,股票也具有持续超越证券市场指数的收益率,因此结论是PE给目标企业带来的是持续竞争优势。为回答PE机构给目标企业带来的业绩持续性问题,我们另外检验了PrePE持股对公司上市后第二和三年的影响,结果依然是没有一致的显著性。

还有一些文献关注了PE持股对提升公司治理水平的影响。Sahlman(1990)首先研究了私募股权投资者参与被投资公司日常管理,并介入董事会的现象。Brav和Gompers(1997)认为私募股权投资者会变革企业治理结构,以便帮助企业表现更好。Baker和Gompers(2003)发现风险资本持股公司的管理层及董事会构成显著区别于内部人持股的公司。Dai(2007)通过比较风险资本和对冲基金的投资,发现风险资本一般获得了企业控制权和董事席位。相反,对冲基金很少参与董事会,并在投资后不久即套现退出。Suchard(2009)发现风险资本支持的公司有更

① 倾向性评分配对法(propensity score matching)是Rosenbaum and Rubin(1983)年首次提出的,主要目的是综合衡量对比组间各个特征变量的可比性。该方法需要借助逻辑回归结果对多个特征变量进行综合评分,然后根据评分从控制组(untreatment group)挑选出可比个体的情况。该方法可以减少单个特征变量筛选的偏差以及主观选择特征变量的主观偏差,因此较Megginson and Weiss(1991)的行业和发行规模简单配对的做法更加科学。Heckman and Todd(2009)认为,处理组(treatment group)样本的选择概率(又称倾向性评分)是经典的自选择模型和配对模型的核心问题。Heckman and Navarro(2004)及Heckman and Vytlacil(2007)证明,给定倾向性评分,无论选择的处理组样本数比率大于还是小于全样本中它们出现的概率,基于选择样本的配对模型和自选择模型都是稳健的。

多的独立董事，风险投资家用他们的关系网络来雇佣有行业经历的董事和管理层，从而提升公司治理水平。Campbell 和 Frye（2009）研究发现在首次公开发行时私募股权持股企业的治理结构更优，并且高质量私募股权机构更多使用股权激励、进行更严格监管，但是这种效应会随着私募股权资本的退出而消失。

借鉴 Baker 和 Gompers（2003）的思路①，本书给出了 PrePE 持股对上市当年大股东持股比例、高管持股比例、高管薪酬、股权激励实施情况、以及上市前两年内是否更换财务总监（CFO）的检验结果。表 3.8 结果表明，PrePE 持股对投资企业的股权激励情况有显著为正的影响，同时更会促使企业在上市前的短时间内更换财务总监。这种上市前核心管理层人员的变动可能被外部投资者认为是加大了公司的投资风险。

表 3.8　　PrePE 持股对企业上市当年公司治理的影响

	大股东持股比例（%）	高管持股比例	管理层薪酬（万）	是否实施股权激励	股东大会召开次数	是否更换CFO	样本企业
Panel A：Caliper＜＝0.01							
PrePE	58.459	0.409	261.502	0.327	2.878	0.368	70
非 PrePE	58.569	0.430	270.418	0.233	3.087	0.253	70
T	－0.064	－0.671	－0.500	1.928*	－1.093	2.734***	
Wilcoxon Z	－0.260	－0.774	－0.797	－1.920*	－0.729	－2.716***	
Panel B：Caliper＜＝0.005							
PrePE	55.782	0.441	221.802	0.345	3.034	0.412	42
非 PrePE	56.000	0.467	224.620	0.298	3.099	0.278	42
T	－1.094	－0.181	－0.657	1.800*	－0.074	2.796***	
Wilcoxon Z	－1.081	－0.344	－0.480	－1.537	－0.767	－2.612***	

注：表中的配对方法和结果参考表 3.7 注释。由于 PrePE 是被投企业上市前两年内引入的，对上市当年的公司治理变量的检验能够反映 PrePE 的影响，而且由于信息披露的原因，公司只披露上市后的薪酬数据、股东大会次数等。

二、引入上市前短期私募股权是否影响了证监会过会时的核准结果

（一）研究设计

为了检验假设 3.2，本章建立多元回归模型，对 494 家样本公司就核准通过与

---

① 这里治理结构代理变量的选择还参考了南开大学公司治理研究中心课题组（2003）建立的中国上市公司治理状况评价指标体系。该研究将公司治理核心特征分为“股东权益与控股股东”“董监事与董监事会”“经理层”“信息披露”“利益相关者”等五个方面。基于数据的可得性，本章主要考虑了前三个方面的指标。

否与上市前私募股权持股的关系进行实证分析。我们采用二值响应回归方法，并对残差项进行稳健异方差调整，以确保参数估计是有效一致估计量。具体的计量模型如下：

$$Approval = \beta_0 + \beta_1 \mathrm{Pre}PE + \beta_2 LongPE + \beta_3 PE + \beta_4 Log(History) + \beta_5 Log(Size\_1) + \beta_6 ROA\_1 + \beta_7 Underwriter + \beta_8 Log(Risk) + \beta_9 Log(Patent) + \beta_{10} Log(Index) + \beta_{11} Industry + \beta_{12} Year \tag{3.2}$$

(1)因变量。核准结果虚拟变量(Approval)：即样本公司核准通过则该变量为1，否则为0。

(2)主要解释变量。上市前私募持股哑变量 PrePE，即有 PrePE 持股的公司该变量为1，否则为0。

(3)控制变量。主要考虑信息不对称性和与风险相关的因素。①招股说明书披露的企业风险因素个数(Risk)，取对数处理。2009 年新股发行制度改革以来，证监会关于发行制度改革的导向是强调“建立完善的信息披露体系，淡化盈利能力等实质性核准”。因此公司的信息尤其是风险因素披露得越充分[①]，通过核准的概率越大。②代表核心竞争力的公司拥有专利个数(Patent)，取对数处理。在对证监会发审委出具的否决意见进行梳理的过程中，我们发现公司拥有专利的详细情况经常会被提及，专利数量过少或者权利不完整等往往是形成否决意见的原因之一。因此公司拥有的专利数越多，通过核准的概率越大。③公司过会当日的上证综指(Index)，并取对数处理。二级市场的表现或多或少会影响监管层的心理。二级市场表现越好，过会企业通过核准的概率越大，反之亦然。

另外的控制变量还包括长期私募持股哑变量 LongPE、私募持股哑变量 PE、公司历史的对数 History、上市前一年的公司总资产 Size_1、盈利能力 ROA_1、承销商声誉哑变量 Underwriter 之外、行业哑变量 Industry、年度哑变量 Year 等。

(二)核准通过与否的检验

为了检验假设 3.2，本章分不同样本对方程(3.2)进行回归，结果列于表 3.9，其中模型(6)的样本包括 PrePE 公司和 NonPE 公司；模型(7～10)的样本包括全部公司，因有少数企业的个别自变量缺失，实际使用的样本为 479 家。经过对模型中各个变量 VIF 值的检验，未发现严重的多重共线性。

从表 3.9 中的模型(6—7)可以看到，在控制了公司历史、规模、风险因素、专利数、承销商声誉、发行市盈率等因素之后，公司若引入了 PrePE 持股对过会核准通过的结果，会产生显著为正的影响。模型(8)说明，在控制了 LongPE 持股的影响

---

① 比较注册制的审核要点在 2019 年以来，科创板首先实行注册制改革。上交所审核委员的主要关注点之一就是招股说明书中揭示的风险因素，发行企业对招股说明书修改的重要内容就是补充了企业的风险因素。参见祁豆豆，“提质增效科创板发行审核悄然进阶 2.0”，《上海证券报》2020 年 5 月 6 日。

之后，公司引入 PrePE 持股仍然会对核准结果产生显著为正的影响。模型(9)说明，LongPE 持股对核准结果有微弱的负的影响，但不显著。模型(10)说明，作为一个整体 PE 机构持股会对核准结果产生显著为正的影响。

也就是说，表 3.9 的回归结果证明了假设 H3.2。在企业申请上市过程中，引入的短期私募股权投资者有着显著不同于长期私募股权投资者的作用，PrePE 的入股能够提高被投企业的核准通过率。

表 3.9　　PrePE 资本对核准通过率的影响检验

	Approval				
	(6)	(7)	(8)	(9)	(10)
PrePE	0.360** (2.26)	0.425*** (2.98)	0.410*** (2.85)		
LongPE			−0.201 (−1.30)	−0.239 (−1.59)	
PE					0.338** (2.26)
LogHistory	0.225 (0.93)	0.130 (0.58)	0.173 (0.77)	0.136 (0.61)	0.059 (0.26)
LogSize_1	0.242 (1.41)	0.343** (2.12)	0.353** (2.14)	0.357** (2.14)	0.339** (2.08)
ROA_1	1.363 (0.97)	2.380* (1.79)	2.302* (1.72)	2.160 (1.62)	2.431* (1.84)
Underwriter	0.019 (0.13)	0.088 (0.64)	0.096 (0.69)	0.123 (0.90)	0.098 (0.71)
LogRisk	0.351 (1.45)	0.259 (1.18)	0.277 (1.27)	0.258 (1.20)	0.236 (1.07)
LogPatent	0.033 (0.45)	0.055 (0.82)	0.047 (0.71)	0.068 (1.07)	0.074 (1.13)
LogIndex	−0.516 (−0.44)	0.634 (0.61)	0.644 (0.62)	0.370 (0.36)	0.629 (0.61)
_cons	0.165 (0.02)	−9.787 (−1.21)	−10.015 (−1.23)	−7.574 (−0.94)	−9.550 (−1.19)
Industry	√	√	√	√	√
Year	√	√	√	√	√

续表

	Approval				
	(6)	(7)	(8)	(9)	(10)
*chi*2	23.312	33.789	36.189	24.606	30.840
Log likelihood	−177.021	−216.238	−215.447	−219.459	−218.201
*Pseudo R*2	0.058	0.066	0.069	0.052	0.057
N	405	479	479	479	479

注：表中系数右方括号内为 z 值，*** 表示在 1%的水平下显著，** 表示在 5%的水平下显著，* 表示在 10%的水平下显著。

（三）稳健性检验

我们用公司发行规模（Size2）作为融资规模的替代变量、用上市前一年公司净资产收益率（ROE_1）作为盈利能力的替代变量、用过会日前 20 个交易日的上证指数回报率（Return）作为上证指数 Index 的替代变量等，检验结果对于主要解释变量 PrePE 均未有显著变化。

（四）自选择问题的检验

自选择问题的讨论参见前文的表 3.6。另外，我们采用企业上市前 3 年的总资产、资产负债率、行业市净率、LongPE 哑变量等作为工具变量，检验了自选择对于回归结果的影响。发现在对企业在证监会发审委的核准通过率影响问题上，自选择偏差并不显著，此时 OLS 回归的结果是无偏且有效的。

（五）不同背景 PE 的核准结果①

在本章前文的文献综述部分，提出了核准发行制度赋予监管机构影响资源配置权力的观点，认为 PE 机构会利用自身的“关系”资源向那些希望进行首次公开发行融资的企业提供上市便利，并获取自身利益。如果这一假说成立，可以推论的是，不同背景 PE 机构的游说能力是不同的。在中国创业板市场上的 PE 机构中，一定是国有背景的、声誉较好的 PE 机构更有可能拥有“关系”资源的优势，而外资背景的 PE 机构可能在这方面能力较弱。基于此，本章采用 PE 机构的“声誉”和“国有”“外资”背景作为“关系”的代理变量，对假说 3.2 进一步检验。

① 这一小节中的 PE 机构均为上市前引入的短期私募股权机构即 PrePE。

表 3.10　　　　不同背景 PE 资本对核准通过率的影响检验

	Approval			
	(11)	(12)	(13)	(14)
ReputablePE	0.862***			0.925***
	(3.13)			(3.28)
StatePE		0.802**		0.893**
		(2.19)		(2.35)
ForeignPE			0.211	0.499
			(0.54)	(1.24)
LogHistory	1.044**	0.734*	0.798*	1.102**
	(2.51)	(1.77)	(1.87)	(2.56)
*LogSize*_1	0.087	0.202	0.156	0.123
	(0.33)	(0.81)	(0.62)	(0.47)
*ROA*_1	0.601	1.537	1.163	1.051
	(0.24)	(0.64)	(0.51)	(0.41)
Underwriter	0.010	0.141	0.196	−0.066
	(0.04)	(0.55)	(0.78)	(−0.23)
LogRisk	0.638*	0.677*	0.693*	0.611
	(1.65)	(1.78)	(1.92)	(1.51)
LogPatent	0.012	−0.044	−0.040	−0.024
	(0.08)	(−0.29)	(−0.27)	(−0.16)
LogIndex	−1.787	−1.834	−1.353	−1.935
	(−0.91)	(−0.96)	(−0.77)	(−0.91)
_*cons*	9.225	9.116	5.817	9.849
	(0.61)	(0.63)	(0.43)	(0.61)
Industry	√	√	√	√
Year	√	√	√	√
*chi*2	45.832	28.404	24.874	45.484
Log likelihood	−61.014	−63.109	−64.892	−58.716
*Pseudo R*2	0.219	0.192	0.169	0.248

续表

	Approval			
	(11)	(12)	(13)	(14)
N	193	193	193	193

注：考虑到目的是为了检验 PrePE 机构影响审核通过率的途径，表中模型(11－14)使用的样本是仅引进了 PrePE 机构(包括既引进 PrePE 又同时引进 LongPE)(即无长期 PE)的 193 家样本企业。在稳健型检验中，我们使用了引进 PrePE 机构的全部 274 个样本，结果没有发现显著变化。

表 3.10 中展示了回归结果。和无声誉 PE 机构相比，有声誉 PE 机构能够显著提高持股企业的核准通过率。同样地，和非国有的 PE 机构相比，国有 PE 机构能够提高持股企业的核准通过率。与此相反，和非外资的 PE 机构相比，外资 PE 机构则不能显著地影响持股企业的核准通过率。这一结果印证并发展了 Liu 等(2013)的结论：也即是说，若按照 PE 机构的声誉、国有、外资等背景来衡量其拥有的关系资源，有声誉、国有 PE 机构可认为拥有更多的"关系"资源，它们能够显著提高持股企业的过会核准通过率，而其他缺少"关系"资源的 PE 机构则不能提高持股企业的核准通过率。

至此，表 3.10 进一步证明了假设 H3.2 即提高在中国证监会新股发审委的核准通过率，可能成为企业引入短期私募股权资本的一种解释。

第六节　结论与启示

本章立足中国创业板市场的现状，界定了具有中国特色的私募股权资本的概念和种类，通过对上市企业招股说明书的手工整理，得到了创业板企业在上市前两年内引入的短期私募股权投资者的持股数据。然后我们对创业企业引入此类私募股权资本的原因进行了探讨，结果发现：(1)与非 PE 持股企业相比，PE 投资者并没有从经营绩效和新股的股价表现上提升企业的价值；(2)在公司治理方面 PE 持股企业会提高管理层的股权激励比例，更倾向于在上市前更换财务负责人；(3)PE 持股企业的上市首日抑价率显著较高；(4)在证监会的新股发行审核环节，PE 持股企业的核准通过率显著较高，并且声誉较高、国有 PE 机构持股的企业有更高的审核通过率。

本章认为，当前短期持股并快速退出的私募股权投资机构是现行我国证券发行审核制度体系之下"一条巨大 IPO 利益链上的众多寻租者"之一[①]。在我国私募股权行业发展的初期(2009～2012)，很多 PE/VC 基金放弃了进行长期投资、着重

① 郑斐，"中国股票发审背后的秘密：搞定 11 个关键人就行"，财新《新世纪周刊》2013－01－28。

对被投资企业进行价值增值的理念，纷纷转向上市前(Pre-IPO)投资。这种做法无法形成PE机构的核心竞争力和行业内的差异化格局，不利于我国新生PE行业的成长。成熟市场中被称为“企业成长导师”“企业转型大师”等美誉的私募股权基金反而被异化成企业上市前“临门一脚”的炒作投机者。进行上市前私募股权投资的现象，不仅增加了创业企业的发行抑价也即显性融资成本，也助长了PE机构的游说活动，并造成了PE腐败问题的盛行[①]，对于真正着重于长期投资的PE机构，反而不利于形成良好的行业发展环境，实际上也增加了企业的隐性融资成本。虽然PE机构可能带来审核通过率的提升，但其入股的过程不可避免地摊薄了公司的股本稀释了创业者的收益。对于创业企业来说，相当于必须以低价出让部分股权来购买通过审核的“地租”。这种现象和我国发展私募股权基金的初衷，完全是南辕北辙的[②]。

要从根本上解决上述问题，就必须重构创业板的上市发行审核制度，积极推进注册制。注册制以信息披露为中心代替实质性核准，并且为配合注册制的实施，实现以下配套制度改革：(1)降低上市门槛。允许更多的中小企业能够公平合理地获得上市融资发展的机会；(2)尽早推出创业板的退市制度。注册制等于放开了市场进入的进口，迅速高效的退出制度就等于放开了市场退出的出口，这样有进有退，才有利于资本市场的推陈出新和循环进化，同时也迫使市场投资者高度关注上市企业的风险，提高投资者的经验和能力。这样经过一个学习曲线的过程，创业板市场的各个参与主体终究会逐渐走向成熟，创业板市场的发展才能更加健康。

本章的局限在于：私募股权资本是通过何种途径、在哪些方面进行“包装”，从而显著地影响了中国证监会发审委的核准结果的，这是非常具有现实意义的问题。当然可以理解的原因是，深入了解PE机构的关系资源以及游说活动，是非常困难的，需要更大的勇气和精力，进行社会调查和案例研究[③]。

---

① 2010年，腐败成为国内PE行业内的一个现象。谁有“关系”，谁就能拿到Pre-IPO项目，进而一夜暴富。这种PE公司具有的“关系”(其实主要就体现在本章分析的创业板发审委的高审核通过率上)比PE和品牌都更重要的局面，造成了中国PE业内的腐败。

② 国内著名的PE机构、东方富海投资有限公司董事长陈玮曾说，“很多投资机构，不在企业的成长性和行业上下功夫，而在企业能否上市上下功夫，这就背离投资公司的本源了。参见庞华玮，“PE大跃进：不追成长只追上市”，《中国经营报》2010/6/26。

③ 我国证监会发审委委员被寻租并被曝光违法犯罪的丑闻并不鲜见：A. 2017年曝光的“冯小树案”中，冯小树曾任职深圳证券交易所，也是发审委的兼职委员，在他担任两届发审委委员的短短3年时间里，通过内幕交易将三百万元的本金在股票市场中炒作增值到2.48亿元。中国证监会没收了全部违法所得并处以罚金2.51亿元，终身禁入证券市场。B. 更早期的案例如2004年“王小石”案，王小石是中国证监会发行监管部发审委工作处的副处长，他以亲友名义与人在深圳合伙拥有一家名叫深圳九富投资顾问有限公司的公司，以财经公关为名，而主要“业务”之一是向谋求在国内上市的企业“出售”证监会发审委委员名单。王小石被判处有期徒刑13年。C. 2016分管发行工作的原证监会副主席姚刚、原证监会发行监管部审核一处处长、创业板发行监管部副主任李量都已落马。李量被指为乐视网等9家公司IPO提供帮助，共计接受贿赂693.6万元，等等。

随着我国资本市场的发展，本书的相关研究结论也在相应的监管政策中得到体现(参见本书第 13 章的总结阐述)。2018 年 3 月 2 日，证监会发布《上市公司创业投资基金股东减持股份的特别规定》，建立创业投资基金所投资企业上市减持期与上市前投资期限长短反向挂钩的机制，在统一一年的锁定期后进入减持期。减持期内，按反向挂钩机制执行减持比例限制，以缩短减持的时间要求。

具体规定是：(1)截至发行申请材料受理日，投资期限不满 36 个月的，在 3 个月内减持股份的总数不得超过公司股份总数的 1%。(2)截至发行申请材料受理日，投资期限在 36 个月以上但不满 48 个月的，在 2 个月内减持股份的总数不得超过公司股份总数的 1%。(3)截至发行申请材料受理日，投资期限在 48 个月以上的，在 1 个月内减持股份的总数不得超过公司股份总数的 1%。对 PE/VC 基金的主要要求是：对早期中小企业和高新技术企业的合计投资金额占比基金投资规模的 50%以上。对于并未标明为“创业投资基金”的股权投资基金，根据实质重于形式的原则，也一并适用。这些规定体现出监管层对 PE/VC 上市前投资期限的引导作用。

第四章　认证效应与市场力量：私募股权在 IPO 市场上的作用*

“价值发现—价值创造—价值实现”是私募股权的投、管、退三部曲。本章研究在价值实现过程中，私募股权对创业板企业 IPO 折价的影响。通过将首日折价率分解成一级市场的“内在折价率”和二级市场的“市场反应率”，可以解决传统首日折价率所隐含的市场有效前提条件可能不成立的问题。本章的研究发现，私募股权对创业板企业 IPO 折价具有双重作用：一方面私募股权具有认证作用，可以缓解企业与投资者之间的信息不对称，私募股权支持企业具有显著较低的“内在折价率”；另一方面私募股权具有市场力量，能够吸引更有声誉的承销商、更多的投资者和分析师关注，私募股权支持企业具有显著较高的“市场反应率”。在此双重作用中，市场力量的作用占据主导地位，从而私募股权支持企业的 IPO 首日折价率较高。

第一节　私募股权在 IPO 市场中的作用是经典的争议话题

在过去的四十多年中，国外学者对私募股权机构在企业发展过程中的作用进行了大量研究，总体上可以总结出筛选、融资、监督和认证等四大功能，即作为投资者筛选企业，作为股东为企业发展提供资金，作为董事或高管人员监督甚至直接参与企业的经营活动，作为中介机构以自身的声誉为担保向资本市场传递企业价值信号。首次公开发行(IPO)是企业发展过程中的关键环节，也是私募股权常用的退出方式。那么作为被投企业上市前的特殊股东，私募股权对企业 IPO 定价效率产生了何种影响呢?

关于私募股权在企业 IPO 定价的作用，文献的研究结果并不一致。除了以英、美制度为背景提出的监督认证作用和逐名效应外，在日本(Hamao，2000)和德国(Franzke，2001)的股票市场中，风险投资持股企业的 IPO 折价率往往更高。Bruton 等(2010)发现，私募股权在英国和法国发挥的作用并不相同，在英国表现为认证作用，在法国则表现为逐名效应，他们将这一结果解释为制度环境的作用。上述研究表明，在大陆法系国家(以银行为中心的金融体系)与在普通法系国家(以

* 本章主体内容参考了李曜、王秀军发表于《财经研究》2015 年第 2 期的论文，本书作者进行了修改。

资本市场为中心的金融体系)中,私募股权的地位和作用存在较大差别。因此,于新股发行市场上的私募股权认证功能和监督功能并非在各国普遍存在。

关于私募股权在我国 IPO 市场上的作用,国内研究文献也存在分歧。有的支持认证作用和监督功能,如张学勇和廖理(2011)、李玉华和葛宇翔(2013)等,但更多的则是否定之,如寇祥河等(2009)、陈工孟(2011)、汪炜等(2013)等。还有一些文献认为私募股权持股反而会显著提高新股折价率,如李曜和张子炜(2011)、宋芳秀和李晨晨(2014)等。无论是支持抑或是否定认证作用,上述文献存在以下问题:第一,均以传统首日折价率或者 5 日折价率等短期指标作为因变量;第二,大多以中小板上市企业作为研究样本。

采用传统首日折价率的前提是二级市场首日收盘价为合理定价,因此折价率可以检验一级市场定价是否偏离理性价值。但我国新股上市首日定价存在情绪因素(韩立岩和吴燕然,2007),同时一级市场定价因新股发行审核制度等定价也并不理性(刘煜辉和熊鹏,2005),因此需要构造新的变量来反映市场定价效率,而且最好能够设置两个变量来分别刻画一级市场的定价效率和二级市场的定价效率。

与现有研究不同,为了解决传统首日折价率所隐含的市场有效的前提条件可能不成立的问题,本章将首日折价率分解为一级市场的"内在折价率"(Intrinsic Underpricing)和二级市场的"市场反应率"(Market Reaction)两个部分,就私募股权对首日折价率的影响效应提出了新的解释。从图 4.1 中可以看到,与没有私募股权支持的企业相比,有私募股权支持的企业传统首日折价率更高,二级市场的"市场反应率"也更高,但一级市场的"内在折价率"更低。

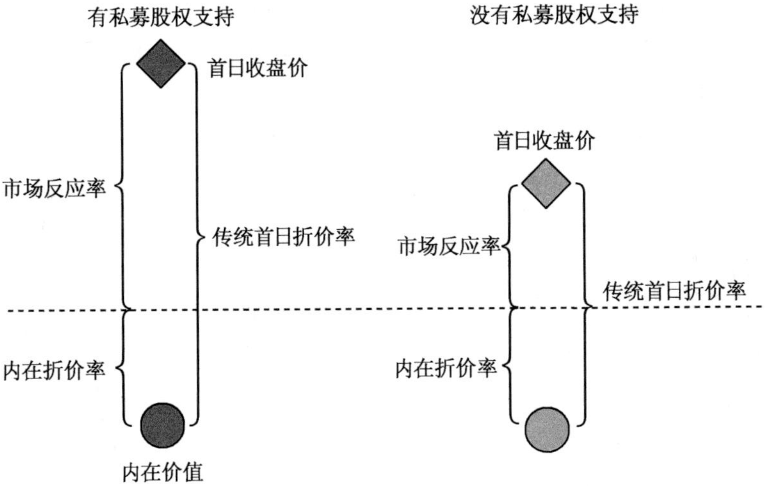

注:图中形状"○"表示新股发行价,形状"◇"表示新股上市首日收盘价,虚线表示股票的内在价值。黑色表示有私募股权支持,淡灰色表示没有私募股权支持。

图 4.1　内在折价率、市场反应率与传统首日折价率

本章的贡献主要体现在:第一,在中国 IPO 制度改革和私募股权迅速发展的背景下,研究私募股权对创业板企业 IPO 定价效率的影响,有助于认识新兴市场国家制度背景下私募股权机构的真正作用;第二,本章设计了反映二级市场合理定价水平的内在价值指标,并构造了一级市场的"内在折价率"和二级市场的"市场反应率"两个指标,有效地解决了现有文献的不足,这为准确认识私募股权在我国新股发行市场中的作用提供了一个合理的分析框架。

第二节 改进传统 IPO 折价率以度量私募股权支持效应

一、私募股权与传统 IPO 折价率

现有针对西方成熟资本市场的研究表明,私募股权支持的公司 IPO 折价与没有私募股权支持的公司具有显著差异。关于私募股权支持对被投企业 IPO 折价的影响,存在不同的理论解释且研究结果并不一致。"认证效应假说"指出,私募股权具有认证和监督功能。私募股权积极地参与被投资公司的管理,增强了公司的内部监督,降低了信息不对称性,从而降低了 IPO 折价程度。Megginson 和 Weiss (1991)根据行业类别和发行规模进行匹配样本,证明了有私募股权支持的公司 IPO 首日折价率显著低于无私募股权支持的公司。他们认为,私募股权投资者的介入向市场传递了信息,减少了公司在 IPO 时的信息不对称,从而降低了 IPO 折价。Barry 等(1990)的研究表明,私募股权投资者之所以能够降低 IPO 折价,是因为它们对公司具有监督作用,并且私募股权基金的成立时间越久、持股比例越高、介入目标公司董事会越久,IPO 折价幅度会越小。

另一种观点是"逐名效应假说"。该假说认为私募股权为追求声誉效应可能促使被投企业尽早公开上市,但提早上市需要以 IPO 折价为代价,从而私募股权支持会提高被投企业的 IPO 折价程度。Gompers(1996)发现,历史较短的私募股权机构为了建立良好声誉,更倾向于让所投资的公司尽早上市。Lee 和 Wahal (2004)发现,私募股权支持公司 IPO 的折价率高于没有私募股权支持的公司,而且较高的折价率会吸引未来较多的资金流入私募股权基金,从而验证了逐名效应假说。

还有一种"市场力量假说"。该假说指出私募股权投资者与各个 IPO 市场参与者如证券承销商、机构投资者和分析师等存在着长期的合作关系,这些关系使私募股权支持的企业吸引了更多的关注,从而这些企业的股票在上市后获得更高的估价,提高了新股的发行折价率。Chemmanur 和 Loutskina(2006)发现,私募股权支持企业在新股发行时会吸引高资质的承销商和机构投资者参与,并吸引更多的投资者和分析师关注该股票的二级市场价格。因此,私募股权支持企业的股票获

得更高的市场估价。

与国外文献相比，国内关于私募股权在企业 IPO 过程中角色和功能的研究则刚起步，相关文献较少。寇祥河(2009)发现，私募股权在美国市场上具有认证功能，而在中国内地的中小板和中国香港创业板市场上却不具有认证功能。陈工孟等(2011)发现，私募股权对不同市场上的中资企业 IPO 抑价率具有不同影响：有风险投资支持的大陆中小板和香港主板市场上的中资企业具有较高的 IPO 抑价率，而风险投资对在美国上市的中资企业则没有显著影响。李曜和张子炜(2011)发现，在我国创业板市场上有私募股权支持的企业具有较高的 IPO 抑价率，从而不支持认证效应假说而支持逆向选择假说，即认为私募股权支持的是资质较差、估值较高的企业。汪炜等(2013)认为在我国创业板市场上，私募股权既不发挥认证作用，也不存在逐名效应，而是具有市场力量即私募股权持股能够显著提高新股上市首日的收盘价，从而增大首日折价率。

二、传统 IPO 折价率衡量私募股权支持效应是否合理

IPO 折价率是新股在二级市场上的首日收盘价与发行价之间的差价比率，它不仅受新股发行价的影响，也受二级市场首日收盘价的影响。因此使用 IPO 折价率来检验私募股权的支持效应，隐含着两个前提条件：第一，默认一级市场有效。即私募股权能够通过筛选、监督和认证等机制，缓解所支持企业和投资者之间的信息不对称，使新股发行价定价准确；第二，默认二级市场有效。即二级市场的首日收盘价能够合理反映企业股票的内在价值。在这两个前提条件均满足的条件下，股票发行价格和上市首日收盘价之间的价差越小，信息不对称程度就越低，定价就越准确。

在中国的新股发行制度下，第一个前提条件无法满足。在西方发达资本市场中，股票发行采用注册制，不存在行政准入门槛，发行定价的市场化程度较高。而在我国股票一级市场中，股票发行长期采用核准制，行政管制色彩较浓，新股成为一种稀缺资源，无法实现真正的市场化定价。同时，第二个前提条件也无法满足。Morris(1996)及 Duffie 等(2002)指出，在新股上市初期存在卖空限制的条件下，当理性投资者对企业股票价值存在异质信念时，股票均衡价格反映的只是大部分乐观投资者的估价，与内在价值相比存在一个溢价。Chemmanur 和 Loutskina (2006)在研究私募股权支持企业的 IPO 折价问题时，认为股票市场并不是充分有效的，股票上市首日收盘价并不能反映企业的真实价值。韩立岩和吴燕然(2007)和 Liu 等(2009)从投资者行为的角度研究发现，在中国资本市场中投资者情绪是 IPO 企业的股票首日收盘价和折价率的重要影响因素。因此，在发行定价受行政管制和首日收盘价受市场情绪影响的双重作用下，首日折价率不再是一个能够反映股票市场定价效率的指标，用它来检验私募股权的作用，缺乏说服力。

参考 Chemmanur 和 Loutskina(2006)①和 Gao(2010)②的研究，本章将首日折价率分解成一级市场的"内在折价率"和二级市场的"市场反应率"，分析私募股权对企业首次发行定价和首日收盘价的影响。

(1)IPO 首日折价率分解。将首日折价率分解成一级市场的"内在折价率"(Intrinsic_UP)和二级市场的"市场反应率"(MarketR)，其中"内在折价率"是内在价值与发行价的差异率，Intrinsic_UP＝(IV－OP)/OP×100%；"市场反应率"是上市首日收盘价与内在价值的差异率，MarketR＝(CP－IV)/IV×100%。其中 OP 表示股票发行价，IV 表示每股内在价值，CP 表示首日收盘价。参考 Purnanandam 和 Swaminathan(2004)的做法，本章采用倾向得分匹配方法和同行业市盈率方法来估计公司 IPO 时的每股内在价值。

(2)公司 IPO 时的每股内在价值计算。①倾向得分匹配方法。即为每个新股发行公司(称为目标公司，Target)，匹配一个至少已经在创业板上市一个季度的企业(称为配对企业，Match)，然后根据市盈率指标计算目标企业的内在价值。目标企业的每股内在价值为 $IV=\left(\frac{P}{Earning/Shares}\right)_{Match}\times(Earing/Shares)_{Target}$。

其中，$\left(\frac{P}{Earning/Shares}\right)_{Match}=\frac{\text{配对企业股票在目标企业上市日的收盘价}}{\text{配对企业在目标企业上市前一年的净利润额/配对企业股票总数}}$，表示配对企业在目标企业上市日的市盈率；$(Earning/Shares)_{Target}=\frac{\text{目标企业上市前一年的净利润额}}{\text{目标企业 IPO 前股票总数}}$，表示目标企业在上市前一年的每股净利润额；②同行业市盈率方法。我们还按照 Wind 三级代码同行业市盈率(P/E)的中值来估计 IPO 企业的每股内在价值，以此作为本章的稳健性检验。

三、研究假设

认证效应假说(Megginson 和 Weiss，1991)指出，私募股权具有认证和监督功能，它们持有目标公司股份，参与公司治理和管理，更多地行使了内部人的职能。私募股权缓解了内部人与外部投资者之间的信息不对称，从而降低了 IPO 折价程度。监督效应假说(Barry 等，1990)指出，私募股权能够筛选出好的企业，并通过帮助和监督企业实现企业增值，所以有 PE 支持的企业具有较低的 IPO 折价率。在股票发行市场上，私募股权参与本身就能够起到信息传递作用，使询价机构合理准确定价。因此，本章提出假设 4.1：

假设 4.1：有私募股权支持的企业 IPO 具有更低的"内在抑价率"，支持私募股

---

① Chemmanur, T. J., and E. Loutskina. 2006. The role of venture capital backing in initial public offerings: Certification, screening, or market power? SSRN working paper.

② Gao, Yan. 2010. What comprises IPO initial returns: evidence from the chinese market. *Pacific Basin Finance Journal*, 18(1), 0－89.

权的认证效应假说。

行为金融理论认为，投资者对IPO企业的前景过于乐观会导致新股的二级市场价格过高(韩立岩和吴燕然，2007；Liu等，2009)。私募股权与IPO市场上各个主要的参与者包括证券承销商、机构投资者和分析师等有着长期关系(Chemmanur和Loutskina，2006)，这些关系使私募股权持股的公司能够吸引更有声誉的承销商、更多的机构投资者、更知名的证券分析师等的关注，从而使二级市场交易更加活跃，使被投资企业的股票获得更高的定价，股票价格偏离其内在价值的程度就更大。因此，本章提出假设4.2：

假设4.2：有私募股权支持的企业上市首日“市场反应率”更高，支持私募股权的市场力量假说。

进一步地，如果假设4.1和假设4.2都能成立，那么到底哪种效应在我国资本市场上占据主导？私募股权对IPO首日折价率具有怎样的影响？本章以首日折价率作为因变量，考察私募股权的认证效应还是市场力量究竟是谁占据主导地位。

第三节　私募股权支持企业的上市样本与描述统计

一、样本与数据

本章的样本是2009年10月30日至2012年11月26日在深圳交易所创业板首次公开发行上市的355家公司。之所以样本期间截至2012年11月26日，是因为之后我国新股发行处于暂停阶段，直到2014年1月才重新启动，这与本书第三章的样本是一致的。私募股权持股数据来自上市公司招股说明书并与Wind数据库进行了交叉核对，其他数据来自Wind和CSMAR数据库。

二、描述性统计

从表4.1中Panel A可以看到，样本中有207家公司得到私募股权资本投资，占全样本的58%。有PE支持的公司上市前资产负债率较低、成长能力较强，而盈利能力与没有PE支持的公司不存在显著差异。从Panel B可以看到，有PE支持的公司上市首日折价率高于没有PE支持的公司，但两者的差异在统计上不显著。此外，有PE支持的公司能够吸引更有声誉的承销商，而且发行规模显著大于没有PE支持的公司。从Panel C可以看到，有PE支持公司的股票“内在折价率”较低，而“市场反应率”较高。在对样本进行前后1%的缩尾处理后，上述结果仍稳健。

表 4.1　　样本描述性统计

	均　值			T 值	Z 值
	全样本	有私募股权支持	无私募股权支持		
Panel A：公司特征					
IPO 公司数	355	207	148		
成立时间(年数)	10.01	10.09	9.88	0.53	0.73
上市前一年 ROA(%)	20.56	20.76	20.27	0.45	0.33
上市前一年资产负债率(%)	38.23	37.11	39.86	−1.69*	−1.36
上市前一年销售增长率(%)	39.16	42.57	34.17	2.51**	2.08**
Panel B：发行特征					
折价率(%)	34.41	36.79	30.92	1.46	0.95
换手率(%)	71.04	70.73	71.50	−0.38	−0.07
发行股份(万股)	2 301.10	2 398.03	2 159.06	1.96**	2.21**
募集资金(亿元)	6.51	6.93	5.90	2.27**	1.65*
发行市盈率	55.79	55.93	55.58	0.14	0.09
网上中签率(%)	1.20	1.17	1.26	−0.54	−0.04
承销商声誉	0.30	0.38	0.17	4.52***	4.40***
Panel C：IPO 抑价率分解					
内在折价率(%)	63.61	49.79	82.94	−2.69***	−1.76*
市场反应率(%)	20.79	27.61	11.25	1.75*	2.11**

注：统计检验采用双尾 t 检验(T 值)和 Wilcoxon 秩和检验(Z 值)。***、** 和 * 分别表示在 1%、5% 和 10% 水平上显著。如果在公司上市前一年，作为主承销商的证券公司在中国证券业协会中排名前十，则为高声誉的承销商，承销商声誉取值为 1，否则为 0。

第四节　两种折价率与私募股权支持作用的实证检验

一、私募股权与 IPO 内在折价率、市场反应率和首日折价率

为了检验假设 4.1 和假设 4.2，本章建立了如下的多元回归模型对 IPO 内在抑价率、市场反应率和首日折价率与私募股权持股之间的关系进行计量分析：

$$Intrinsic\_UP = \alpha_0 + \alpha_1 PE + \alpha_2 X + \varepsilon_1 \tag{4.1}$$

$$MarketR = \beta_0 + \beta_1 PE + \beta_2 X + \varepsilon_2 \tag{4.2}$$

$$UP=\gamma_0+\gamma_1 PE+\gamma_2 X+\varepsilon_3 \quad (4.3)$$

式 4.1 中解释变量 PE 为 IPO 企业是否有私募股权支持的虚拟变量，如果有私募股权持股，则 PE 取值为 1，否则为 0。参考现有相关文献（刘煜辉和熊鹏，2005；曹凤岐和董秀良，2006；刘江会，2007；李曜和张子炜，2011；Cao 等，2013），选取了以下控制变量：(1)发行规模（OfferSize）。一般来说，公司股票发行规模越大，信息披露越充分，发行定价越准确，该变量应与内在抑价率负相关。由于不同公司的股票发行规模差别较大，本章对该变量取自然对数。(2)公司年龄（Age），用公司成立日与上市日之间的间隔年数来表示。一般来说，公司成立时间越长，运营越稳健，不确定性越小，该变量应与内在抑价率负相关。(3)承销商声誉（Underwriter_Rep）。本章对每家上市公司主承销商的声誉进行界定，根据在公司上市前一年的中国证券业协会对国内证券市场上承销商承销总金额的排名，将排在前十位的定义为具有高声誉的承销商，Underwriter_Rep 取值为 1，否则为 0。现有文献指出，承销商声誉能够发挥认证作用，从而缓解信息不对称，降低内在抑价率。(4)盈利能力（ROA）。公司上市前一年的总资产收益率越大，盈利能力越强，风险越小，该变量应与内在折价率负相关。(5)发行市盈率（P/E）。一般来说发行市盈率越高，公司质量越好，该变量应与内在折价率负相关。(6)网上申购中签率（Lottery）。以网上申购中签率作为"热销"程度的代理变量，网上申购中签率越低，表明一级市场存在热销，该变量应与内在折价率负相关。(7)上市首日换手率（Turnover）。传统 IPO 折价率会考虑二级市场情绪的影响，本章以上市首日换手率作为二级市场投资者情绪的代理变量。(8)行业虚拟变量（Industry）和年度虚拟变量（Year）。式(4.2)和式(4.3)中的解释变量同样是虚拟变量 PE，控制变量与式 4.1 中也相同，但影响效应不同。

表 4.2 报告了私募股权对公司 IPO 内在折价率、市场反应率和传统 IPO 折价率影响的回归结果。由表中列(1)可知，在控制其他影响因素后，私募股权支持可以显著降低 IPO 内在折价率，使创业企业平均减少了约 25%的发行定价低估损失，说明私募股权能够显著缓解信息不对称，起到认证作用。假设 4.1 得到了验证。控制变量回归结果表明，首发市盈率较高的公司风险较小，新股发行的内在折价率较低。另外，换手率对内在折价率具有显著影响，说明二级市场情绪指标对一级市场定价也有影响。

由表 4.2 列(2)可知，在控制其他影响因素后，私募股权支持显著提高了新股的首日收盘价，从而二级市场反应率上升。那么私募股权支持如何提高市场反应率呢？是不是因为私募股权能够吸引更多的机构投资者和证券分析师关注以及更有声誉的承销商参与呢？将在下文中对此做出解答。控制变量回归结果表明，作为投资者情绪指标的换手率显著提高了二级市场反应率，这应该与我国新股上市初期的投资者大多数是散户有关。

表 4.2　　私募股权对内在折价率、市场反应率和首日折价率的影响

	(1)	(2)	(3)
	Intrinsic_UP	MarketR	UP
PE	−0.249** (−2.42)	0.208*** (3.06)	0.052** (1.97)
Ln(OfferSize)	−0.161 (−1.04)	0.088 (0.88)	−0.067* (−1.68)
Ln(Age)	−0.155 (−1.46)	0.129* (1.79)	−0.013 (−0.35)
Underwriter_Rep	0.277 (0.51)	−0.046 (−0.49)	−0.004 (−0.13)
ROA	0.670 (1.06)	−0.278 (−0.57)	0.207 (1.53)
P/E	0.002 (0.76)	−0.002 (−1.30)	−0.001 (−0.78)
Lottery	4.852 (1.54)	−5.696*** (−2.73)	−2.322*** (−3.15)
Turnover	0.827*** (2.97)	0.154** (2.80)	0.830*** (15.00)
Intercept	0.042 (0.08)	−0.114 (−0.31)	0.276** (1.96)
Industry 和 Year	控制	控制	控制
Adj. R^2	0.147	0.131	0.530
F 值	3.49***	4.02***	26.11***
样本数	240	240	240

注:括号内为 t 值。

由列(3)可知,如果不将首日折价率分解为内在折价率和市场反应率,那么可以得出私募股权支持不能降低反而显著提高我国创业板公司 IPO 折价率的结论(陈工孟等,2011;李曜和张子炜,2011)。与没有私募股权支持的公司相比,当采用传统 IPO 折价率指标时,引入私募股权机构使创业企业平均遭受了 5.2%的额外融资损失。但私募股权对公司 IPO 折价率的影响效应是经由一级市场的认证效应和二级市场的市场力量共同作用的结果,二级市场的市场力量大于一级市场的认证效应,因而私募股权支持提高了首日折价率。控制变量回归结果表明,发行规模较大、承销商声誉和首发市盈率较高的公司风险较小,首日抑价率较低。中签率较低说明股票处于热销状态,从而首日折价率较高。二级市场首日换手率较高说明投资者情绪高涨,从而折价率较高。

二、私募股权市场力量假说的进一步论证

(一)统计分析

由表 4.3 可知,私募股权能够吸引更有声誉的承销商和更多的机构投资者参与一级市场的股票发行、更多的机构投资者参与二级市场的股票交易以及更多的分析师关注。相对于没有 PE 支持的企业,有 PE 支持的企业在一级市场上能够多吸引 5 家机构投资者和 11 个配售对象参与网下询价配售,而且在上市初期多吸引 5 家机构投资者参与该企业股票的二级市场交易,上述结论均显著。不过有私募股权支持的企业受到更多的分析师关注,但在统计上与没有私募股权支持的企业不存在显著差异。

表 4.3　有私募股权与没有私募股权支持的企业受投资者和证券分析师关注的差异

	有私募股权支持企业	没有私募股权支持企业	差　异
承销商声誉	0.384	0.167	0.217*** (4.52)
网下申购询价家数	64.49	59.37	5.12* (1.87)
网下有效配售对象	61.22	50.25	10.97** (2.27)
上市后一个季度机构投资者数	17.49	12.45	5.04** (2.30)
上市后一个季度关注企业的分析师人数	6.27	5.38	0.89 (1.59)

注:网下申购询价家数和网下有效配售对象来自新股发行公告,上市后一个季度机构投资者数根据 Wind 数据库计算得到,上市后一个季度关注企业的分析师人数根据 CSMAR 分析师预测数据库计算得到。

表 4.3 的结果支持私募股权的市场力量假说,但是没有控制其他的可能影响因素,如受到更多的机构投资者和分析师关注,可能是因为承销商的良好声誉向市场传递出企业质量优秀的信号。我们在下文中将进一步控制相关影响因素并进行回归分析。

(二)多元回归分析

参考现有相关文献,引入以下控制变量:(1)公司规模(Size)。一般来说,公司规模越大越可能吸引机构投资者投资和分析师关注。(2)承销商声誉(Underwriter_Rep)。承销商声誉能够发挥认证作用,降低信息不对称程度,向市场传递企业质量的信号。(3)发行市盈率(P/E)。一般来说,发行市盈率越高,公司质量越好。(4)网上申购中签率(Lottery)。以网上申购中签率作为"热销"程度的代理变量,网上申购

中签率越低,表明一级市场存在"热销"。(5)上市首日换手率(Turnover)。作为二级市场投资者情绪指标,首日换手率也可能影响机构投资者和分析师的决策。(6)行业虚拟变量(Industry),机构投资者和分析师可能更倾向于关注某些行业。

表4.4的结果显示,在控制了公司规模、承销商声誉、一级市场中签率和二级市场换手率等因素后,相对于没有PE支持的企业,有PE支持的企业在一级市场多出4.4家的机构投资者和10个配售对象参与了网下的询价配售,而且多吸引了4.2家机构投资者近期参与二级市场的新股交易。虽然有PE支持企业受到更多的分析师关注,但在统计上与没有PE支持企业之间不存在显著差异。综合表4.3和表4.4的分析,结论是PE能够吸引更有声誉的承销商和机构投资者参与一级市场的股票发行、以及更多的机构投资者在上市初期参与二级市场的股票交易,从而支持了PE的市场力量假说。由此,假设4.2得到了验证。

表4.4 私募股权支持与投资者关注

	(4)	(5)	(6)	(7)	(8)
	承销商声誉	网下申购询价家数	网下有效申购户数	机构投资者数	分析师人数
PE	0.216*** (4.53)	4.41** (1.99)	10.04** (2.39)	4.19** (2.02)	0.73 (1.44)
Underwriter_Rep		0.73 (0.31)	−3.85 (−0.82)	1.15 (0.52)	0.30 (0.56)
Size	0.053 (1.24)	−1.76 (−0.97)	1.27 (0.31)	0.83 (0.50)	1.01** (2.27)
P/E	−0.001 (−0.91)	0.60*** (11.46)	0.78*** (7.04)	0.32*** (5.95)	0.09*** (7.88)
Lottery	−0.960 (−0.49)	−536.71*** (−5.74)	−720.06** (−3.89)	60.58 (1.05)	96.78*** (3.95)
Turnover	−0.182 (−1.32)	21.25*** (4.04)	48.19*** (5.19)	14.65*** (2.75)	3.99*** (2.95)
Intercept	0.304 (0.94)	25.35* (1.84)	−38.95*** (−1.52)	−26.33* (−1.93)	−11.50*** (−3.12)
Industry	控制	控制	控制	控制	控制
Adj. R^2	0.08	0.45	0.29	0.19	0.26
F值	2.76***	21.65***	14.77***	3.22***	6.19***
样本数	355	351	355	355	355

由前文的表 4.2 中的列(3)结果可知,PE 对传统 IPO 折价率具有两种作用机制:一种是认证效应,即在一级市场新股定价时发挥认证作用,降低企业 IPO 折价率;另一种是市场力量,即在二级市场上吸引更多的机构投资者和分析师关注,提高企业 IPO 折价率。综合来看,在中国的创业板市场上,私募股权的市场力量占据主导。

三、稳健性检验

一般来说,私募股权与被投资企业之间存在内生关系(Megginson 和 Weiss,1991;Lee 和 Wahal,2004),私募股权家会按照他们的标准来选择被投资企业。为了消除自选择的影响,本章采用 Heckman 两步法进行了估计,结果是稳健的此处省略了汇报表格。此外,本章还考察了私募股权对新股上市后 5 日的内在折价率和市场反应率的影响,检验结果是稳健的。

第五节　结论与启示

本章研究了私募股权对我国创业板企业 IPO 折价的影响。结果发现,私募股权对企业 IPO 折价率在一级市场和二级市场上存在两种截然不同的影响:一方面,私募股权对一级市场上的新股发行定价具有认证作用,能够缓解企业与外部市场投资者之间的信息不对称,降低内在折价率和 IPO 折价率;另一方面,私募股权还具有资本市场的力量,能够吸引更有声誉的承销商、更多的机构投资者和证券分析师的关注,提高二级市场的反应率和 IPO 折价率。综合上述两种作用,市场力量占据主导,结果在我国创业板市场上,私募股权的存在显著提高了其所支持企业的 IPO 首日折价率,这一结论与陈工孟等(2011)、李曜和张子炜(2011)等人的研究发现一致。但不同的是,以往的研究文献基本上是采用传统首日折价率指标,并没有考虑私募股权的市场力量。本章采用指标分解的方法,辨识出私募股权兼具认证效应和市场力量的两种作用,而且发现后者的作用占据主导。

本章的结论对创业板市场参与者和监管者具有重要的现实意义。对创业企业而言,在选择私募股权资本进行融资时,应清醒地认识到资本的双重作用:一是 PE 资本在新股发行过程中确实可以发挥信息传递和认证作用,使发行定价更接近企业的内在价值,从而减少企业的发行损失;二是 PE 资本更具有市场力量,能够吸引更多的投资者参与二级市场交易,使首日收盘价更高。对监管者而言,PE 资本持有的创业板股票在上市首日和初期存在市场反应过度的现象,这可能与创业板市场的投资者结构有关,应优化创业板投资者结构。[①]

---

① 参见深圳证券交易所金融创新实验室发布的《创业板五周年投资者结构与行为分析报告》,2014—10。

本章也为后续研究提出了以下话题:第一,私募股权与承销商以及新股发行中的询价机构如基金、券商、保险公司等,是否存在长期稳定的伙伴关系?这种联盟关系降低了新股的信息不对称程度?第二,私募股权在二级市场上的市场力量是否更容易引起中小投资者的过度反应,从而导致新股上市首日和初期的非理性交易更多、定价更高?上述第一个问题将在第五章中进行讨论。

第五章　认证效应和市场力量的再研究
——基于 PE 与券商联盟的角度*

本章继续对私募股权与 IPO 市场定价效率的问题进行研究，着眼于前一章发现“私募股权在新股发行中具有市场力量”的结论，我们不禁要询问：这种市场力量来自哪里？

本章提出这种市场力量来源于私募股权（PE）与承销券商之间可能存在的合作联盟关系，这种关系构成了市场力量，并对 PE 参股公司在 IPO 定价效率上产生了重要影响。我们对创业板市场上 IPO 公司背后的私募股权投资者与承销券商之间的合作次数进行统计，将存在 2 次及以上合作次数的“PE—券商”界定为联盟关系，并延续第四章的做法同样将新股首日折价率分解成一级市场的“内在折价率”和二级市场的“市场反应率”。研究发现：与其他有 PE 持股但与券商无多次合作关系的新股公司、以及无 PE 持股的新股公司相比，存在“PE—券商合作关系”的新股发行价格更接近于公司的内在价值，结果显现为此类企业的新股发行内在折价率最低；且该类公司在上市首日具有更高的市场价格，表现为新股的上市首日市场反应率最高。上述证据表明：PE 与券商的合作关系有助于提高新股在一级市场上的准确定价，并在二级市场上产生了投资者的过度反应。

第一节　PE 与券商的联盟产生了新股上市的市场力量

私募股权能够发挥价值增值作用的重要原因之一是 PE 被认为具有网络关系资本，其与政府、银行、券商、同业等都具有重要关联①，甚至在中国 PE 被认为可能拥有政治资源。PE 拥有的这些关联关系构成了重要的社会资本（梁上坤等，2015）②。其中，PE 与券商的关系值得重点关注。因为研究 PE 与券商的联盟关

---

* 本章主体内容来自李曜、宋贺发表于《财经研究》2016 年第 7 期的论文，本书作者进行了修订。

① PE 与政府引导基金进行合作投资，比如中国最大的 PE——深圳创新投资集团就和全国各地方政府引导基金合作设立投资基金；PE 与银行进行投贷联动机制，比如美国硅谷银行的运营模式。硅谷银行与上海浦东发展银行合资成立上海浦发硅谷银行的运营特征就是银行和 PE/VC 机构合作，进行投贷联动；PE 与同业组成联合投资，则是十分普遍的现象；PE 具有政治关联，比如中国很多 PE 被认为具有政治关系、能够帮助企业通过 IPO 审核等。上述 PE 通过关联关系形成社会资本，均有现实案例支持。

② 梁上坤，金叶子，王宁，等. 企业社会资本的断裂与重构——基于雷士照明控制权争夺案例的研究[J]. 中国工业经济，2015，(4)：149－160.

系，既可以理解 PE 的社会资本，探究 PE 价值增值机制的来源；又可以分析新股的发行定价效率，进一步思考“新股折价”这一金融学经典问题的成因。由于新股发行过程中信息全部公开披露，新股公司的股权结构、发行价格和市场定价、聘用的承销商等均可观察，对 PE 与券商在新股发行过程的联盟关系十分方便进行研究。本章提出以下问题：1. 在新股发行中，PE 和券商存在着长期合作关系吗？2. 如果问题 1 的答案是确定的话，这种结盟关系对新股的定价有何影响？

近年来研究 PE 支持企业 IPO 定价的论文较多出现，特别是在我国新生的创业板市场中 PE 支持的发行企业占据一半以上，不断有论证 PE 对创业板新股定价效率的文献（如李曜和张子炜，2011；汪炜等，2013；李曜和王秀军，2015 等），西方文献提出认证说、逐名说、市场力量说等，分别从 PE 的不同特征角度来解释 PE 持股企业的 IPO 定价效率。“认证说（certification）”认为 PE 作为专业的金融投资机构，其参股公司这一信息本身就说明被投资公司具备一定的投资价值，向资本市场其他投资者传递了信号，降低了投资者与被投资公司之间的信息不对称（Chemmanur 和 Loutskina，2006；Megginson 和 Weiss，1991）；“逐名说（grandstanding）”认为 PE 特别是年轻的 PE 为追求声誉效应而尽可能早地推动企业上市，但提早上市需要以 IPO 折价为代价（Gompers，1996；Lee 和 Wahal，2004）。“市场力量说（market power）”认为 PE 作为经验丰富的投资者，能够在二级市场上吸引更多的投资者关注其参股的公司，从而发挥市场力量（Chemmanur 和 Loutskina，2006）。

一种建立在我国创业板市场数据基础上的实证研究（李曜和王秀军，2015）发现：一方面，私募股权对一级市场上的新股定价具有认证作用，能够缓解企业与投资者之间的信息不对称，降低新股的内在折价率和 IPO 折价率；另一方面，私募股权还具有市场力量，能够吸引更有声誉的承销商、更多的投资者和分析师关注，提高新股的市场反应率和 IPO 折价率。

但是，PE 的一级市场认证效应和二级市场关注效应究竟是如何产生的呢？一种猜测的解释逻辑是，私募股权会与承销商、询价机构（基金、券商、保险公司等）等结成长期稳定的伙伴关系，这种伙伴关系降低了新股的信息不对称程度，并进一步提高了新股上市后的市场定价。

在 2009 年 10 月 30 日至 2012 年 11 月 26 日我国创业板市场运行的头三年期间，共有 123 家私募股权机构参股了 207 家公司成功上市，承销保荐机构家数为 62 家，其中有 14 家私募股权机构与同一家券商保荐机构合作过两次及两次以上。我们认为，PE 与保荐机构之间存在着长期稳定的伙伴关系。因为一家企业的 IPO 只有一次，但是作为企业股东的 PE 却是新股发行市场上的常客。作为一种金融机构，PE 会特别重视建立自己的声誉。那么 PE 会协助被投企业选择什么样的券商呢？它是在被投企业的每次发行中更换券商、还是保持与一家券商的长期合作关系呢？如果保持长期合作关系，这种伙伴关系对被投资公司的 IPO 发行定价效率和首日折价率会造成何种影响呢？进一步地，PE应该与券商保持长期稳定的伙伴关系吗？

本章的研究发现是：在内在折价率指标上，PE与券商存在合作关系的企业＜PE与券商不存在合作关系的企业＜无PE持股企业。在市场反应率指标上，PE与券商存在合作关系的企业＞PE与券商不存在合作关系的企业＞无PE持股企业（见图5.1）。这说明私募股权兼具认证效应和市场力量两种作用。在一级市场上，PE的认证作用使得新股内在折价率降低，定价更为有效；在二级市场上，PE的市场力量使得新股上市后更为投资者关注，市场反应率更高。综合二者，市场力量的作用占据主导，使得PE持股企业的传统折价率显著更高。当PE与券商存在长期稳定合作关系的时候，PE的认证力量和市场作用都得到了提升，表现为存在联盟关系的PE持股企业拥有最低的内在折价率和最高的市场反应率。

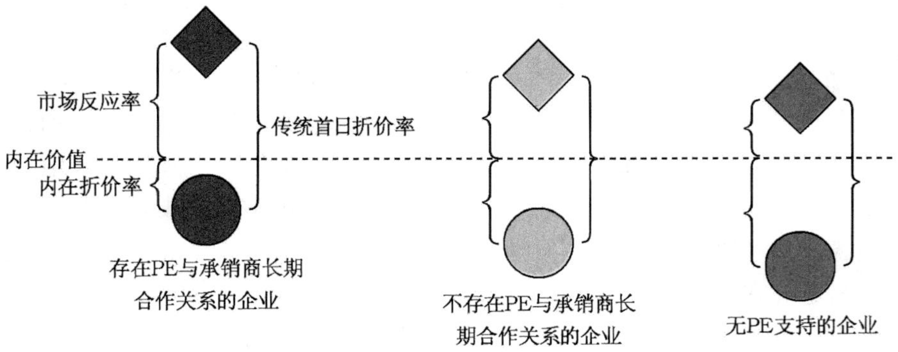

注：图中"圆形点"（○）为新股发行价，"菱形图形"（◇）为新股上市首日收盘价，虚线代表股票的内在价值。因此虚线与圆形点之间的距离表示发行价对内在价值的偏离，即一级市场定价效率＝内在折价率；菱形与虚线之间的距离表示IPO首日收盘价对内在价值的偏离，即二级市场反应率＝市场反应率。深黑色图形（左边的图形）表示与承销商存在长期合作关系的PE支持企业，淡灰色图形（中间图形）表示与承销商无长期合作的PE支持企业，淡黑色图形（右边的图形）表示无PE支持企业。内在价值的计算方法参见下文。

图5.1 不同类企业的新股折价率

第二节 私募股权与其他机构的合作关系：综述与假说

一、私募股权与IPO折价率

Megginson和Weiss（1991）指出由于PE具有认证效应，向资本市场传递了公司合理价值的信号，减少了首日折价率，起到了降低了信息不对称的作用。因此有

PE 支持的公司 IPO 首日折价率显著低于没有 PE 支持的公司。Barry 等(1990)的研究发现私募股权参股公司的持股比例越高、PE 合伙人服务被投企业董事会的时间越长且投资该公司的 PE 数目越多，则 IPO 的首日折价率越低。

Nahata(2008)的研究认为年轻 PE 具有逐名效应。他们发现成立年限较短的私募股权急于建立自身声誉以获得基金筹资，其所参股的公司上市时成立时间显著较短、并具有显著较高的 IPO 首日折价率。汪炜等(2013)认为我国私募股权不存在这种现象，无论私募股权持股与否、私募股权的声誉高低，都无法对公司的发行定价产生显著影响。该结论得到陈工孟等(2011)的支持。而 Lee 和 Wahal (2002)的研究另辟蹊径，提出有私募股权支持的公司首日 IPO 折价率之所以显著高于对比公司，是因为私募股权具有一定的市场力量，能够吸引到二级市场中更多的投资者关注。

Chemmanur 和 Loutskina(2006)则采取将 IPO 首日折价率进行分解的方法，即把传统折价率分解为两个指标——内在折价率(内在价值/发行价格－1)和市场反应率(首日收盘价/内在价值－1)，发现有 PE 持股的公司在“内在折价率”指标上更低，而在“市场反应率”指标上更高。李曜和王秀军(2015)借鉴了 Chemmanur 和 Loutskina 的方法，以我国创业板上市公司作为研究样本，发现 PE 持股的公司在上市首日具有显著较低的“内在折价率”和更高的“市场反应率”，并且后者的效应大于前者的效应，结果两相综合后，PE 持股公司在上市首日/初期表现出更高的 IPO 抑价率。

二、私募股权与其他机构的合作关系

关于私募股权与其他机构的合作关系，学术文献主要是研究 PE 同业之间的联合投资(syndicated investment)。私募股权机构之间进行联盟主要出于以下三个动机(Lindsey，2008)：第一，联盟使得年轻的私募股权机构能够实现集思广益，投资失败的概率会大大降低；第二，联盟能够有效缓解年轻 PE 与成熟/富有经验 PE 之间的信息不对称；第三，联盟能够通过不同 PE 之间的能力互补、信息共享和相互监督作用等，实现对被投资企业的价值增值。Das 等(2011)形象地将 PE 的联合投资比喻成“钻石打磨”的过程，并指出联盟对投资收益、成功退出率和退出时机选择等都存在着有利的影响。

我国对私募股权投资机构间联盟关系的研究起步较晚。陈敏灵等(2014)发现 PE 机构的声誉越高，联盟的规模就越大。当面临复杂性较高的创业项目时，高声誉 PE 将会比低声誉 PE 能够联合到更多的投资伙伴。唐霖露和谈毅(2015)指出联盟能够显著地提高成功退出率，但并不能显著实现被投企业的价值增值，对公司上市后的经营状况也没有显著影响。

上述文献对 PE 的联盟关系研究主要集中于同业之间的联合投资。在前人研究的基础上，本章着重探讨私募股权与券商保荐机构之间的合作关系及其对 IPO 抑价率的影响。

关于新股发行中的承销商与其他机构之间的合作关系，现有文献主要是研究承销商利用与其他机构（如基金公司、上市公司）、高管等的关系来进行利益输送，并未见到针对承销商与 PE 机构之间关系的文献。Ritter 和 Zhang(2007)认为新股发行中的主承销商为了谋取私利，倾向于使用自主配售权来回报与其有某种经济利益关系的合作伙伴。在我国的新股询价制度下，券商保荐机构虽不具备新股的自主配售权，但是能通过专业知识、私有信息等来影响机构投资者的询价行为和获配概率。孙淑伟等(2015)发现，我国 IPO 配售中的保荐机构将发行企业的敏感信息提供予与其联盟的基金公司，使得基金公司能够重点参与收益率较高的新股发行并因此获得丰厚的收益，而反馈给券商的回报则是基金通过租用券商的交易席位而使得券商获得高额的证券交易佣金。

由于私募股权通过参与被投企业的日常营运管理来行使内部人的职能，具有企业的内部信息，从而降低了企业内部人与外部投资者的信息不对称程度（Megginson 和 Weiss，1991；Barry 等，1990），那么若 PE 机构和承销商建立起合作关系，PE 的私有信息就能够帮助承销商进行准确定价，从而使得新股发行价格更接近于企业的真实内在价值。因此，本章提出假设 5.1：

假设 5.1：若存在 PE—券商合作关系的 PE 持股公司，其新股内在折价率降低。并且由于 PE 的认证作用，新股的内在折价率按由低到高排序为：存在 PE—券商合作关系的 PE 持股公司＜不存在合作关系的 PE 持股公司＜无 PE 持股公司。

私募股权的"市场力量"（Chemmanur 和 Loutskina，2006）能够显著提高 PE 持股企业在二级市场上的关注程度，从而提高 PE 持股企业在上市首日的市场反应率。当主承销商与 PE 存在长期合作关系时，PE 的市场力量将得到进一步加强。私募股权与主承销商之间保持长期的合作关系，能够缓解新股发行的信息不对称，向市场投资者传递新股发行质量良好的信号，从而吸引更多的机构投资者在二级市场上交易该新股。但也亦有可能二者之间保持长期合作会引致"串谋"风险（Ritter 和 Zhang，2007；孙淑伟等，2015），私募投资家为了追求声誉敦促企业尽可能早日上市（Lee 和 Wahal，2004），与长期合作的主承销商联合，将质量不合格的公司推上市，从而使得主承销商获得承销佣金、私募股权则实现退出。但是，我国新股发行上市后原始股东存在着一年锁定期的限制（对于控股股东则为 3 年的限售期），新股上市后私募股权持有股份将面临一年的锁定期。因此，为帮助质量不合格的企业实现尽早上市，对于面临锁定期的私募股权机构来说并不具备吸引力，因为企业还要被市场检验一年，PE 才可能变现退出①。而且学者之前的研究发现：在我国私募股权的“逐名效应”并不成立（江炜等，2013）。因此综上所述，本章提出假设 5.2：

假设 5.2：若存在 PE—券商合作关系，PE 持股公司的新股市场反应率提高。并由于 PE 的市场力量作用，新股的市场反应率按由低到高排序为：无 PE 持股公司＜不存在合作关系的 PE 持股公司＜存在 PE—券商合作关系的 PE 持股公司。

第三节　研究私募股权联盟关系的模型与变量

为了解决传统首日折价率所隐含的市场有效前提条件可能不成立的问题，本章将首日折价率分解为一级市场的“内在折价率”（intrinsic underpricing）和二级市场的“市场反应率”（market reaction）两个部分，通过设置两个变量来分别刻画一级市场和二级市场的定价效率。

一、每股内在价值计算模型

为了计算新股发行的内在折价率和市场反应率，首先应当估算新股的每股内在价值。采用 Chemmanur 和 Loutskina（2006）的计算方法来估算，具体步骤如下：

第一步：使用倾向得分匹配方法寻找匹配公司：我们为新股发行企业匹配一个至少已经在创业板上市一个季度的企业，考虑到不同行业之间的公司价值存在较大差异，因此使用同行业的匹配公司作为目标公司的配对参照系，行业划分准则为 Wind 的一级行业分类准则。

第二步：计算每股内在价值、内在折价率、市场反应率和传统首日折价率。本节采取两种方法来计算公司 IPO 时的每股内在价值。方法一：计算每股内在价值，$IV=\left(\frac{P}{EPS}\right)_{Match}*(EPS)_{target}$ 上式中 IV 为每股内在价值，$\frac{P}{EPS_{match}}=\frac{\text{匹配公司在目标公司上市日的收盘价}}{\text{匹配公司在目标公司上市前一年的每股收益}}$，$EPS_{target}$ 为目标公司上市前一年的每股收益。在计算出每股内在价值之后，我们构造三个估值指标：Intrinsic_up＝（IV－OP）/ OP，MarketR＝（CP－IV）/ IV，Underpricing＝（CP－OP）/ OP。其中，OP 为新股的发行价，CP 为新股的上市首日收盘价。Intrinsic_up 为公司的内在折价率，MarketR 为公司的上市首日市场反应率，Underpricing 为公司的传统首日折

---

① 2018 年 6 月以后，根据中国证监会发布的《上市公司创业投资基金股东减持股份的特别规定》（〔2018〕4 号），PE/VC 基金所投资企业上市解禁期与上市前投资期限的长短实行反向挂钩机制。在一年的解禁期之后，每减持 1%需要最短 1 个月、最长 3 个月的期限，所以在解禁期之后的每年内 PE/VC 基金可以卖出的股票为公司总股本的 4%～12%之间。

价率。方法二:采用市销率方法。将上述公式中的每股收益替代为每股销售额来计算公司 IPO 时的每股内在价值,进而计算出 IPO 公司的内在折价率、市场反应率,作为本章的稳健性检验。

二、多元回归计量模型

为了检验假说 5.1 和假说 5.2,对 PE 与券商保荐机构的合作是否与 IPO 内在折价率、市场反应率存在相关关系进行计量检验,本章构建了以下多元回归模型。

$$Intrinsic\_up = \alpha + \alpha_1 PU_{yes} + \alpha_2 PE_{no} + \alpha_3 X + \varepsilon_1 \tag{5.1}$$

$$MarketR = \beta + \beta_1 PU_{yes} + \beta_2 PE_{no} + \beta_3 X + \varepsilon_2 \tag{5.2}$$

$$Underpricing = \gamma + \gamma_1 PU_{yes} + \gamma_2 PE_{no} + \gamma_3 X + \varepsilon_3 \tag{5.3}$$

其中,PU_{yes} 为虚拟变量,若 $PU_{yes}=1$,则代表该上市公司的股东中存在 PE,且该 PE 与券商保荐机构之间存在长期稳定的伙伴关系,否则 $PU_{yes}=0$。PE_{no} 也是虚拟变量,若 $PE_{no}=1$,则代表该公司为无私募股权参股的公司,否则 $PE_{no}=0$。这样的符号设计,使得模型(5.1—3)的截距项反映的指标值是属于有 PE 股东、但 PE 与券商无长期合作关系的一类样本公司,对应的则是本章假设 5.1 和 5.2 的不等式关系中的中间类型企业。所以这样设计模型的,就可以通过观察主要解释变量的回归系数来看出三类企业的区别。另外,X 代表其他控制变量。

三、控制变量的选取

借鉴相关的文献(如朱红军等,2011;李曜和王秀军,2015),本章选取了以下变量作为控制变量:(1)发行规模(size):以新股的实际募集资金总额的对数来代表发行规模。(2)发行企业历史(age):即新股公司成立至上市之间的间隔年份(一年按 360 天处理)。(3)公司资产规模(scale):以新股上市前一年总资产的对数衡量。(4)公司的成长性(growth):以公司上市前一年营业总收入的增长率来代表。(5)财务杠杆(leverage):取公司上市前一年的资产负债率。(6)盈利能力(roe):取公司上市前一年的净资产收益率。(7)新股发行市盈率(IPOpe)(8)市场指数收益率(return_mar30):使用公司上市前 30 天的上证指数累计收益率作为市场投资热情的代理变量。(9)新股发行中签率(lottery):以新股的网上发行中签率作为股票是否“热销”的代理变量。(10)新股发行至上市的滞后日期(delay):新股发行日至上市日之间的间隔天数。(11)承销商声誉(underwriter_rep):根据新股上市前一年中国证券业协会对国内承销商承销总金额的排名,将排在前十位的定义为具有声誉的承销商,underwriter_rep 取值为 1,否则为 0。(12)行业虚拟变量(industry)和年度虚拟变量(year):对不同行业的划分采用 Wind 所制定的一级行业划分标准。在设定行业虚拟变量时,为了避免由于某个行业样本个数较少从而导致统计检验量存在偏误的问题，对样本个数较少的行业进行了合并①。

第四节 私募股权与券商在新股发行中合作关系的描述统计

一、数据来源及说明

本章以 2009 年 10 月 30 日到 2012 年 11 月 26 日之间在我国创业板成功上市的 355 家公司作为研究对象②。样本的 IPO 定价、筹资金额等数据和保荐机构情况等来源于 Wind 数据库，公司上市前后的财务数据主要来自 CSMAR 数据库和 RESET 数据库。

二、数据统计描述

表 5.1 对私募股权与承销保荐机构之间是否存在长期稳定的伙伴关系进行了统计和定义。

表 5.1　　*PE* 与承销保荐机构合作次数统计

	符合该情况的 *PE* 个数	符合该情况的公司个数	样本定义
支持的企业上市仅 1 次或支持企业上市超过 2 次但每次均使用不同保荐机构的 *PE*	117	158	$PU_{yes}=0$ (或 $PU_{no}=1$)
支持的企业上市多次且与同一家承销商合作过 2 次及 2 次以上的 *PE*	12	49	$PU_{yes}=1$
无 *PE* 支持的公司	—	148	$PE_{no}=1$
总　计	129	355	—

其中私募股权与保荐机构具体的合作情况（属于 $PU_{yes}=1$ 的样本）如表 5.2 所示。

---

① 合并原则是因日常消费、公用事业及可选消费的样本量过低，会对统计检验结果产生较大偏误，且均为非周期行业，因此给予合并。

② 之所以时间截至 2012 年 11 月 26 日，是因为我国新股发行在此之后经历了我国资本市场史上最长的 1 年多的暂停阶段，直到 2014 年 1 月才重新启动。本章的数据未包含 2014 年 IPO 重启之后的数据。

表 5.2　　　　私募股权公司与券商保荐机构合作情况一览表

PE①	合作最多的券商	合作次数	PE 支持企业 IPO 次数
广发信德投资管理公司	广发证券	4	5
国信弘盛创业投资有限公司	国信证券	9	9
金石投资有限公司	中信证券	7	7
平安财智投资管理公司	平安证券	2	2
海通开元投资管理公司	海通证券	2	2
软银中国创业投资有限公司	平安证券	2	2
上海涌铧投资管理有限公司	国金证券	2	3
	平安证券	4	
深圳市创新投资集团有限公司	长江证券	2	18
	国信证券	3	
深圳市达晨财信创业投资有限公司	华泰联合证券	2	5
深圳市盛桥投资管理有限公司	平安证券	2	2
深圳市松禾资本管理有限公司	广发证券	2	3
苏州国嘉创业投资有限公司	东吴证券	2	2
苏州亿文创新资本	东吴证券	2	2
中科招商投资管理集团有限公司	平安证券	2	7
总计	—	49	69

表 5.3 列示了实证所涉及的主要变量和样本数据的统计描述，其中关于私募股权与券商保荐机构之间是否存在长期稳定合作关系的定义，与表 5.1 保持一致。

---

① Wright 和 Lockett(2003)曾经指出在联合私募股权中，主私募股权机构是联合中最活跃的投资机构，并负责邀请其他投资机构形成联合投资。主私募股权机构耗费了更多的时间对项目进行监管、并负责联合投资成员间的协调与沟通。考虑到同一家公司可能存在多个 PE 投资者，且在 IPO 时存在多家承销商进行承销这一现象，文中以主私募股权(LeaderPE)和主承销商(Leader Underwriter)进行统计。为了以示稳健，在判断一家企业是否为存在 PE 与券商联盟关系的企业时，我们不仅以 LeaderPE 与主承销商的联盟合作进行判断，还同时以非 LeaderPE 与主承销商的联盟合作进行判断，并对联盟进行重新定义，结果依旧稳健。

表 5.3 **变量统计描述**

变量名	PU_{yes} Mean	PU_{no} Mean	PE_{no} Mean	$PU_{yes}-PU_{no}$ T值	$PU_{no}-PE_{no}$ T值	$PU_{yes}-PE_{no}$ T值
Panel A:公司特征						
Growth	0.453	0.412	0.338	0.624	1.943*	2.135**
Leverage	0.371	0.372	0.406	−0.036	−1.681*	−1.150
Scale	19.698	19.622	19.545	0.694	0.950	1.297
Size	20.208	20.086	20.035	1.202	0.743	1.769*
Roe(%)	33.887	32.191	35.499	0.701	−2.266**	−0.705
Age	8.867	9.849	8.955	−1.083	1.460	−0.100
Panel B:发行特征						
Delay(day)	12.091	11.396	11.741	1.219	−0.937	0.580
Return_mar30	0.003	−0.010	−0.017	1.003	0.772	1.511
Underwriter_rep	0.273	0.144	0.037	1.718*	2.787**	4.333***
IPOpe	54.017	52.774	50.582	0.261	0.710	0.813
Lottery(%)	1.237	1.169	1.303	0.267	−0.774	−0.268
Panel C:IPO 抑价率分解						
Underpricing	0.280	0.273	0.247	0.124	0.630	0.607
Intrinsic_Up	0.201	0.306	0.454	−0.738	−1.353	−1.627*
Market_R	0.318	0.295	0.092	0.151	2.166**	1.784*

注:统计检验采用双尾 t 检验。***、** 和 * 分别表示在 1%、5%和 10%水平上显著。

从表 5.3 的 panel A 可以发现,在不考虑其他控制变量因素影响的情况下,无论私募股权是否与券商存在合作关系,其所参股的上市公司在成长性、负债率、规模、盈利能力等方面并无显著差异。而有 PE 参股的上市公司平均来看成长性更好,盈利能力较差。从表 5.3 的 Panel B 可以发现,在 PE 与券商保持稳定合作关系的样本中,承销商声誉显著高于不存在稳定合作关系的样本,更显著高于无 PE 参股的样本。从表 5.3 的 Panel C 可以发现,在 PE 与券商保持稳定合作关系的样本中,发行定价更为准确,表现为更低的内在折价率;市场反应更为热情,表现为更高的市场反应率。下面进行多元回归模型分析。

第五节　私募股权市场力量影响新股折价率的实证检验

一、实证分析

表 5.4 报告了模型 5.1～5.3 的回归结果，为节省篇幅，仅给出了省略控制变量的回归结果。

表 5.4　有无 PE 与承销商合作关系、有无 PE 持股对新股定价效率和市场反应的影响

	(1)	(2)	(3)
	Intrinsic_up	MarketR	Underpricing
PU_{yes}	−0.256*	0.213*	0.132**
	(−1.91)	(1.86)	(2.46)
PE_{no}	0.244**	−0.195**	−0.145***
	(2.31)	(−2.20)	(−4.60)
Intercept	−2.462	1.894	5.276***
	(−0.90)	(0.89)	(4.98)
N	252	252	252
Adj. R^2	0.79	0.41	0.69

注：***、**、* 分别表示在 1%、5%、10%水平下显著，括号内数值表示对应系数的 t 统计量。当对样本进行 1%和 99%缩尾处理时，结果仍然是稳健的。

由表 5.4 的模型(1)可以发现，在控制了其他因素的情况下，相比于与承销商不保持长期合作关系的 PE 持股公司，PE 与承销商的长期合作可使得 IPO 的内在折价率显著降低，降低了 26%左右；而无 PE 持股公司的 IPO 内在折价率则显著提高了 24%左右。这表明，PE 的存在可以显著地降低新股发行定价时的信息不对称，使得 PE 持股公司的内在折价率显著较低。并且，通过 PE 与承销商保持长期合作关系，这样的 PE 持股公司与不存在此类合作关系的 PE 持股公司相比，内在折价率显著更低。这说明 PE 不仅存在认证作用，而且 PE 与主承销商保持长期合作关系，进一步强化了认证作用，使得新股的定价更为准确。在新股的内在折价率指标上，由低到高排序为：存在 PE—券商合作关系的 PE 持股公司＜不存在合作关系的 PE 持股公司＜无 PE 持股公司。因此，假设 5.1 得以验证。

由表 5.4 的模型(2)可以发现，在控制其他因素不变的情况下，PE 与承销商保持长期合作关系，使得新股上市首日的二级市场反应率显著高于与承销商不保持长期合作关系的 PE 持股公司，市场反应率高出 21%左右。而无 PE 持股公司的市场反应率最低，比 PE 持股但与券商无合作关系公司的市场反应率显著低 19.5%。这表明了 PE 的确具有市场力量，能够提升新股在二级市场的关注度。并且，与承销商的长期合作关系能够进一步加强 PE 的市场力量，吸引更多的机构投资者参与新股的二级市场交易，从而提升了市场反应率。在新股上市后的市场反应率指标上，由低到高排序为：无 PE 持股公司＜不存在合作关系的 PE 持股公司＜存在 PE—券商合作关系的 PE 持股公司。由此假设 5.2 得以验证。

由表 5.4 的模型(3)可知，对于传统抑价率来说，与承销商保持合作使得 PE 持股公司的传统抑价率比不存在此类合作的 PE 持股公司显著高出 13%左右，这表明了 PE 与承销商的合作关系产生的二级市场力量要大于一级市场的认证效应，从而造成新股的首日传统抑价率显著较高的现象。而非 PE 持股公司的首日传统抑价率显著较低，比与承销商不保持长期合作关系的 PE 持股公司的该指标显著低 14.5%。该结论说明 PE 的认证效应和市场力量的共同作用，提高了新股的传统折价率，PE 的认证效应要弱于市场力量。对于 PE 与券商存在合作关系的公司来说，认证效应要更加弱于市场力量，表现为传统折价率显著更高。

为了进一步解释假设 5.1 和假设 5.2 成立的经济原因，本章对新股发行中的承销商声誉、参与一级市场询价对象个数、有效申购配售对象个数和二级市场机构投资者家数进行对比，结果如表 5.5 所示。

表 5.5　　不同样本组的一级市场和二级市场投资者参与情况比较

	PU_{yes}	PU_{no}	PE_{no}	$PU_{yes}-PU_{no}$	$PU_{no}-PE_{no}$	$PU_{yes}-PE_{no}$
承销商声誉	0.265	0.151	0.054	0.113*	0.098**	0.211***
				(1.82)	(2.82)	(4.33)
发行上市承销费率	0.067	0.063	0.064	0.004	−0.001	0.003
				(1.16)	(−0.498)	(0.757)
网下参与询价对象个数	124.10	112.08	101.86	12.02	10.22	22.24**
				(1.14)	(1.48)	(2.37)
网下有效申购配售对象家数	70.02	58.53	50.02	11.49	8.50*	19.99***
				(1.39)	(1.66)	(3.18)
上市后一季度机构投资者家数	17.18	17.53	12.54	−0.35	4.98**	4.64*
				(−0.09)	(2.09)	(1.73)

注：承销商声誉是根据新股公司上市前一年，中国证券业协会对国内证券市场上承销商承销总金额的排名，将排在前十位的定义为具有高声誉的承销商，Underwriter_Rep 取值为 1，否则为 0；发行上市承销费率是新股发行的承销保荐费用除以发行总融资金额；网下参与询价对象是在网下配售中参与询价的对象；网下有效申购配售对象是在网下配售阶段，最终确认成功申购的询价对象；上市后一季度机构投资者是指新股发行上市一个季度后在定期报告中披露的持有该股票的机构投资者。括号内为均值检验的 t 统计量值，***、**、* 分别表示在 1%、5%和 10%水平下显著。

由表 5.5 可知，PE 选择了与更有声誉的承销商来构建长期合作伙伴关系。相比于无 PE 持股的上市公司，PE 持股能够显著吸引有声誉的承销商。PE 与承销商保持合作关系时，承销费率较高，但该结论在统计上并不显著。在一级市场定价阶段，当 PE 与承销商存在稳定合作关系时，相比于无 PE 持股企业，该存在合作关系的新股能够在一级市场上多吸引 22 家机构参与询价，且有效配售对象家数显著多了 20 家。有 PE 持股公司的询价对象、有效配售对象均显著高于无 PE 持股公司，体现了 PE 在一级市场上的影响力。与无合作关系的样本相比，PE 与券商保持合作关系增加了询价对象和有效配售对象，但结果不显著。在资本市场上市一个季度后观察新股的大股东名单中的机构投资者，相比于无 PE 持股企业，PE 持股企业平均多出了 5 家机构投资者持股，但 PE 与券商合作与否的样本没有显著差异。

下面本章进一步通过回归分析，引入控制变量来考察 PE 与承销商合作关系、PE 持股对新股的承销商声誉、承销费率、一级市场询价对象个数、有效申购配售家数及二级市场投资者等的影响。

参考前人文献，选取以下指标作为控制变量：公司规模（scale）、发行规模（size）、公司盈利能力（roe）、公司负债水平（leverage）、公司成立至上市时间（age）、承销商声誉（underwriter_rep，在表 5.6 的模型 4 中承销商声誉是被解释变量，在模型 5—8 中则作为控制变量）、上市前市场投资者情绪（return_mar30）、时间和行业虚拟变量。

表 5.6　PE 与承销商长期合作与否、PE 持股与否对一级、二级市场投资者参与情况的回归分析

	(4)	(5)	(6)	(7)	(8)
	承销商声誉	网下参与配售对象个数	网下有效申购配售对象家数	承销费率	机构投资者家数
PU_{yes}	0.103**	12.750**	19.34***	0.011***	4.984*
	(2.19)	(2.20)	(3.79)	(5.13)	(1.95)
PE_{no}	−0.057*	−7.452*	−7.908**	−0.007***	−4.018**
	(−1.75)	(−1.77)	(−2.39)	(−6.10)	(−2.31)
Intercept	−1.807***	848.100***	297.500***	0.565***	−41.940
	(−3.03)	(10.97)	(4.98)	(13.43)	(−1.39)
N	355	355	355	355	355
$Adj.R^2$	0.16	0.68	0.52	0.86	0.47

注：***、**、* 分别表示在 1%、5%、10%水平下显著，括号内数值为对应系数的 t 统计量，当对样本进行 1%和 99%缩尾处理时，结果仍然是稳健的。限于篇幅，仅汇报了解释变量的回归结果。

表5.6的结果显示在控制了公司特征变量如公司规模、盈利能力、承销商声誉和市场投资者情绪等的情况下，相对于不存在合作关系的企业，存在PE券商合作关系的PE持股企业能够吸引声誉更佳的承销商，但支付的承销费率高出1个百分点左右。在新股一级市场中平均多吸引13家左右的机构投资者参与询价，网下有效配售家数多出19家投资者，在二级市场上市后一季度，十大股东中机构投资者数目多出5家。相对于无PE持股的企业，存在PE持股的企业(但无合作券商)能够在新股一级市场发行时多吸引7家询价机构，有效配售家数多8家，承销商声誉更好，支付的承销费率高0.7个百分点，且能够在上市一季度后拥有的机构投资者股东多4家。

综合表5.5和表5.6的结果，在新股发行的一级市场上，在PE与承销商之间保持长期合作关系的条件下，PE持股公司能够拥有声誉更佳、承销费率较高的承销商，这类企业获得的收获是：在一级市场上拥有更多的询价机构参与询价、有效申购对象较多，结果是一级市场的发行定价更为准确、定价更有效率，即一级市场内在折价率降低，这支持了假设5.1的成立。另外，相比于无PE持股公司，与承销商不保持稳定合作关系的PE持股公司也能够在一级市场吸引到更多的机构投资者参与询价，有效申购对象也有显著增加，进而表现出较低的一级市场内在折价率。该结果说明PE本身具有一定的“认证效应”。不过，当“PE+券商”确立长期合作模式后，新股的发行获得了更多的询价机构和配售家数，内在折价率更低，定价更为准确。

在新股上市后的二级市场上，在PE与承销商存在合作关系的条件下，PE持股公司能吸引显著更多的机构投资者数量，高于与承销商不存在合作关系的PE持股公司，更高于无PE持股公司。这样的排序结果，说明PE本身具有一定的市场力量，而“PE+券商”的稳定合作模式则进一步强化了市场力量，使得新股的市场反应率更高，这也从事实上支持了假设5.2的成立。

二、稳健性检验

第一，券商直投类私募股权机构具有特殊性。券商直投兼具承销商和私募股权投资者的双重身份，且国内的券商直投往往选择自己股东方的证券公司作为项目的承销商[①]，因此券商直投类PE机构与承销保荐机构之间的关系不属于单纯的伙伴关系。我们将券商直投类PE参股的上市公司从样本中剔除，研究结论保持不变；第二，前文在计算内在价值时使用了市盈率指标作为计算目标公司内在价值的方法，我们使用市销率替换市盈率来计算公司IPO时的每股内在价值，研究结论保持不变；第三，以中小板上市企业作为创业板企业的匹配样本进行配对，研究

① 这可以从本章表5.2的内容中很直观地看出。

结论保持不变;第四,前文表5.1和表5.2中对PE与券商是否存在联盟的定义是以领投的私募股权机构为统计对象①。为了表示稳健,我们把联合投资中的每一家私募股权机构均作为统计对象,而非仅以领投机构作为统计对象,即只要某PE机构和主承销商同时出现在一家新股发行中,即界定为PE和券商存在合作关系,这样对联盟关系进行重新定义后,研究结论保持不变;第五,将联盟关系界定为存在3次及以上合作次数的PE—券商或存在4次及以上合作次数的PE—券商,文章的结论保持不变;第六,使用公司上市前一年承销商股票承销金额占所有承销商股票承销总金额的比例为承销商声誉的代理变量,各变量对因变量的解释能力未发生显著变化;第七,使用新股上市首日换手率作为市场热度的度量指标,研究结论保持不变;第八,分别使用新股上市后5日、10日、20日和30日的收盘价对市场反应率指标进行重新计算,研究结论仍保持不变。

第六节 结论与启示

将被投资企业推上市是私募股权基金的“融资、投资、管理、退出”四部曲中的最后环节,也是决定私募股权基金绩效的重要步骤,对基金利润的最终实现起着决定性作用。私募股权持股企业的新股折价率,成为观察私募股权在退出阶段是否发挥作用和发挥何种作用的主要标志。认证说、逐名说、市场力量说是已有的主要假说。本章提出:私募股权作为一类重要金融机构的社会资本值得关注,其中社会资本之一就体现在PE与券商机构的联盟关系上。在新股发行中,PE与券商的合作联盟关系,对新股的发行定价产生了重要影响。

为了更好衡量新股定价效率,本章采用指标分解的方法,构造了反应一级市场定价效率的内在折价率和反应二级市场定价效率的市场反应率等两个指标,通过统计私募股权与券商保荐机构之间长期稳定的伙伴关系,将新股分为三大类别:与券商存在合作关系的PE持股、与券商不存在合作关系的PE持股、无PE持股;并构造了混合横截面多元线性回归模型对三类企业的内在折价率、市场反应率及传统折价率进行分析。结果显示,在内在折价率指标上,“PE与券商存在合作关系的企业<PE与券商不存在合作关系的企业<无PE持股企业”。在市场反应率指标上,“PE与券商存在合作关系的企业>PE与券商不存在合作关系的企业>无PE持股企业”。本章的结论是:当PE与券商存在长期稳定合作关系的时候,PE的认证力量和市场作用都得到了提升,表现为存在这种“PE+券商”联盟关系的PE持股企业拥有最低的内在折价率和最高的市场反应率。

这一研究的贡献是:(1)私募股权显著提高了我国创业板上私募股权支持企业

---

① 本章所界定的领投私募股权机构,为企业上市前招股说明书中持股比例最大的私募股权机构PE。

的 IPO 首日折价率，这与前人文献如陈工孟等(2011)的研究发现一致。但本章揭示了 PE 导致较高的新股折价率的内在原因：即 PE 的市场力量占据主导作用超过了认证作用，这与李曜和王秀军(2015)的发现一致，本章则进一步指出 PE 的认证效应和市场力量可能来自 PE 与券商的联盟关系。(2)私募股权与承销商保持长期稳定伙伴关系，吸引了更多的询价机构和网下获配投资者，降低了新股的信息不对称程度，在二级市场上拥有更多的机构投资者股东。

本章结论对创业板市场参与者各方均具有借鉴价值。对私募股权机构来说，可以通过与一家券商保荐机构保持长期的伙伴关系，从而更好地发挥认证作用和市场力量，使得私募股权支持的企业在新股发行定价时获得更准确的定价，提高定价效率；同时在二级市场上也可以获得更多的关注和市场价格。对投资者而言，在选择新股投资时，可以挑选那些与券商存在长期合作关系的私募股权所支持的新股公司作为投资对象，以提高盈利的概率①。

① 本书作者对持有新股 3 个月后的市场反应率进行分析，结果显示与券商存在合作关系的 PE 支持公司的收益依然高于与券商不存在合作关系的 PE 支持公司，并高于非 PE 参股的公司，但是该结论在持有新股 6 个月、1 年后逐渐不再显著。

第六章　私募股权对所支持企业高管薪酬的影响*

私募股权在上市公司治理中扮演了何种角色？从高管薪酬的角度，本章探讨私募股权对其所支持的创业板企业上市之后高管薪酬水平和结构的影响作用，特别关注对薪酬理论中的关键指标——薪酬绩效敏感度指标的影响。结果表明：与无 PE 持股企业相比，PE 支持企业的高管总薪酬水平和股权薪酬均显著更高；高管的货币薪酬业绩敏感度较低。即 PE 支持企业的高管股权薪酬水平显著较高，私募股权发挥了对高管股权薪酬的"促进效应"；同时 PE 对传统的管理层货币薪酬治理机制具有"替代效应"；另外控股股东两权分离度会显著影响 PE 作用的发挥。本章揭示了私募股权对所支持企业的一种治理机制以及这种机制在不同股权结构下的变化，为研究私募股权投资的价值增值作用提供了实证支持。

第一节　私募股权影响了被投企业高管的货币薪酬和股权激励

私募股权投资作为一类特殊的机构投资者，被誉为"长期投资者""聪明的钱""企业成长道路上的导师"等。进入创业企业后，PE 作为被投企业的重要股东，通过监督、咨询、认证等不同作用，积极主动参与企业的管理过程，改善公司治理结构以提升价值，最终通过退出实现资本增值。私募股权投资发挥咨询(advising)和认证(certification)作用等，均已有文献阐述，而关于私募股权投资的监督(monitoring)作用的研究文献较少。本章旨在揭示我国私募股权投资机构发挥监督功能的机制。

我国创业板上市企业股东中存在大量私募股权投资者，大约 50%的创业板企业均有私募股权支持①。本章从私募股权支持企业的高管薪酬水平、结构、绩效敏感度等多个视角，研究 PE 影响创业板公司治理的作用机制。在薪酬合约结构复杂性②和会计信息契约有用性③的双重背景下，作为股东的 PE 面临怎样的合约选择？在不同股权结构背景下，PE 又如何通过薪酬合约解决经典的股东—管理层委

---

* 本章主体内容发表于《商业经济与管理》2016 年第 10 期(作者：王秀军、李曜、龙玉)。

① 在本章的样本中，截至 2012 年底，创业板共有 326 家上市民营企业，其中 183 家有私募股权投资者支持，占比达 56%。

② 随着股权激励计划的广泛实施，高管薪酬合约不仅包括现金年薪，也包括股权薪酬，如股票期权和限制性股票。以往的文献往往只关注高管的现金薪酬。

③ 会计信息在企业契约中的作用，孙铮和刘浩(2006)称为会计信息的契约有用性。

托代理问题？回答这些问题，对于打开 PE 增值作用的“黑匣子”具有重要的意义。

经典代理理论提出：将管理层薪酬与企业绩效挂钩是减少管理层代理成本的有效措施，之后的许多文献认为，公司绩效与管理层薪酬是正向相关的。Cao 等(2011)利用 2004～2009 年我国中小板上市公司数据，发现风险投资/私募股权支持企业的经理薪酬绩效敏感度下降了，私募投资者的监督功能对高管薪酬激励机制具有替代效应。而王会娟和张然(2012)利用 2006～2010 年沪深两市主板上市公司数据，发现相比无私募股权投资参与的上市公司，私募股权投资参与的上市公司高管的薪酬业绩敏感度显著更高。上述文献的结论显然是相互对立的。现有的研究仅考察了私募股权介入企业后高管薪酬业绩敏感性的变化，并根据私募股权本身的特征细化实证结果。但是，私募股权影响高管薪酬合约的作用机制尚未得到更深入的探讨主要原因有以下几个方面。

第一，将管理层的货币薪酬与业绩挂钩可以降低代理成本，同时私募股权的监督也可以降低管理层代理成本，那么在私募股权持股的企业中，后者是否可以形成对前者的替代？第二，管理层的薪酬绩效机制在很大程度上依赖于会计数据，如果存在会计信息被管理层操纵的情况，那么由于私募股权的监督更少依赖于会计信息，私募投资者在监管管理层方面可能就更为有效，公司治理上的替代效应就更为显著，传统的薪酬绩效敏感度就会下降。第三，国内现有研究考虑的是私募股权持股企业的高管货币薪酬，而针对高管的股权薪酬或股权激励均未见研究，因此现有文献并不能全面地反映管理层的薪酬合约特征。第四，现有研究没有考虑企业股权结构的影响。

综上所述，本章从以下三个问题入手：第一，在私募股权投资支持的创业板企业中，私募投资者对经理的薪酬总水平和薪酬结构是否存在显著影响？第二，在私募股权支持企业中，高管薪酬的绩效敏感度是提升了、还是下降了？背后的机制是什么？第三，在不同治理环境(股权结构)下的私募股权支持企业中，私募投资者实施监督功能的途径是否不同？效果是否存在差异？

研究发现，创业板企业中的私募股权持股降低了高管货币薪酬的业绩敏感性，发挥了对管理层薪酬治理的替代作用。持股越多的私募投资者，替代效应也越大。当按照控股股东两权分离度的大小进行分类后，在两权分离度较小的企业中，私募股权的监督对薪酬激励的替代作用明显；而在两权分离度较大的企业中，私募股权的替代作用不再显著。后一类企业中，私募投资者显著提高了被投企业高管的股权激励水平。私募股权投资者进入董事会有助于发挥监督职能，而进入管理层则显著地提高了高管的股权激励水平。

本章的贡献主要体现在：(1)从高管薪酬的角度，较完整地考察了包含现金和股权在内的高管总薪酬水平，探索了私募股权投资者改善被投企业治理的路径。(2)提出了私募股权对被投企业高管薪酬的两种作用机制——即货币薪酬激励的替代机制和股权激励的促进机制。(3)考虑了私募股权投资实施监督、发挥治理作用的环境,发现 PE 发挥监督作用是有条件的:在控股股东两权合一的企业中,以发挥货币薪酬的替代机制为主;在控股股东两权分离的企业中,以发挥股权激励的促进机制为主。

第二节 私募股权薪酬治理机制的理论分析和研究假设

在传统股东经理的委托代理关系分析中,有效的薪酬机制被认为是可以降低经理代理成本的重要方法,主要是将经理薪酬与企业绩效挂钩。经济学理论认为最优的薪酬契约应将高管薪酬与公司业绩紧密关联,从而使得高管在追求个人利益最大化的同时实现股东利益最大化。对高管薪酬设计进行的理论建模分析表明,高管权力越大,薪酬对业绩指标具有越高的敏感性,这一结论得到了我国上市公司数据的实证支持。

私募股权是企业一类重要的战略性股东。出于股东利益,私募股权投资家会成为企业重要的监督者,当管理层可能存在较高的代理成本时,投资家就会频繁地监督被投企业。研究发现私募股权的直接监督行为会减弱高管薪酬与绩效的联系,私募股权的监督对高管的薪酬绩效治理机制具有替代效应。

在私募股权支持的创业板企业中,经理的总薪酬水平可能会显著提高。由于薪酬契约由基本工资、年度奖金、股票期权和其他股票类激励(如限制性股票)等四类组成。其中,基本工资和年度奖金是货币薪酬,属于短期目标激励,通常与会计业绩指标相关;股票期权和股票激励则属于中长期激励,与企业市场价值挂钩。首先鉴于会计信息有效性的不足,同时私募股权作为被投企业的特殊股东,会积极主动参与企业的治理和管理,通过监督规范管理层行为,减少代理成本,私募投资者很有可能采取直接监督方式而不是依赖财务指标给予高管相应的激励。所以 PE 持股企业高管的货币薪酬绩效敏感度可能会显著降低;其次 PE 的投资期一般较长,且其自身利益主要体现在退出时的股票市值上,PE 可能对高管股权薪酬给予更多关注,一则提升中长期激励,来确保高管长期勤勉尽职;二则有助于公司价值的长期提升,有利于 PE 资本实现增值退出。因此,本章提出假设 6.1:

假设 6.1:相比无 PE 支持企业,PE 支持企业的高管总薪酬水平特别是股权薪酬显著较高,而货币薪酬的业绩敏感性显著更低。

现有文献考察私募股权投资监督作用大多基于所有权结构分散的英美企业,代理成本主要体现为股东—经理之间的利益冲突。在我国上市企业的所有权比较集中,尤其是在创业板上市公司中①,少数控股股东掌握了企业的控制权,公司治理

① 截至 2015 年第三季度,创业板企业第一大股东持股平均比例为 31.62%,前三大股东持股之和平均达 48.08%。

的核心问题在于控股股东和中小股东之间的利益冲突。在所有权集中的情况下，PE的直接监督作用可能会被弱化，PE监督的替代效应无法发挥，此时更多会通过股票期权计划等来激励高管，以使得经理和股东利益一致。因此，PE的监督作用会受制于被投企业股权结构的影响，故提出假设6.2：

假设6.2：当控股股东两权分离度较低，高管货币薪酬的绩效敏感度较低，PE发挥了替代监督效应；当控股股东两权分离度较高，高管货币薪酬的绩效敏感度不会下降，高管股权薪酬显著更高。

第三节　私募股权薪酬治理机制的实证设计

一、数据来源

本章样本是2009年10月30日至2012年11月26日在我国创业板首次公开发行并上市的企业，共355家。之所以样本期间截至2012年11月26日，是因为之后我国新股发行处于一次长期的暂停阶段，直到2014年1月才重新启动。这与前述各章的样本选取一致。参考现有文献的做法，本章剔除了29家国有企业，最终得到326家民营企业作为研究样本①。

通过手工翻阅创业板企业招股说明书，我们得到企业背后私募股权股东的信息。创业板企业上市前是否有PE持股、PE持股份额、PE背景、入股时间等数据均来自上市公司招股说明书，并经与清科数据库进行了交叉核对。企业管理层的货币薪酬、财务绩效、其他财务数据和公司治理等数据来源于国泰安CSMAR和Wind数据库。我们通过深交所网站的上市公司公告对管理层股权薪酬的数据进行了手工整理，具体做法见下文。

二、主要变量

被解释变量为高管薪酬（分为薪酬总额、货币薪酬、基于股权的薪酬），主要解释变量为PE、企业绩效、PE与企业绩效的交叉变量。高管薪酬包括货币薪酬和股权激励两部分。借鉴现有文献的做法，选择上市公司年报中披露的“薪酬最高的前三位高管人员”（此处仅指货币薪酬），将前三位高级管理人员的薪酬之和取自然对数作为高管货币薪酬的衡量指标。至于股权薪酬，由于企业实施股权激励计划之后，会在随后的公告中披露股权激励计划的详细内容：包括股票期权和限制性股票的公允价值、被授予人、授予数量以及预计未来每年的摊销金额。本章根据公告披

---

① 这是因为国有企业的管理层薪酬机制受到国资委等相关监管部门的政策法规约束，国企高管薪酬并非只是基于企业的绩效（Fan等，2007），与非国有企业的经理薪酬制定存在较大差异。另外，在创业板上市的国有企业比例非常小，355家企业中仅29家为国有控股企业，占比8.17%。

露的这些信息计算出未来年度的高管股权薪酬指标①,并取股权薪酬排名前三的高管股权薪酬之和。根据高管姓名将货币薪酬与股权薪酬进行一一匹配后相加,得到高管薪酬总额,并取排名前三的高管。货币薪酬、股权薪酬、总薪酬均取对数值。

考虑到上市公司实施股权激励计划的业绩目标通常选择净利润和剔除非经常性损益后的净利润以及净资产收益率,本章分别采用资产收益率(ROA)和权益收益率(ROE)来衡量公司的财务绩效。定义虚拟变量 PE 为企业是否在 IPO 之前接受了私募股权投资,若是,则 PE 取 1。文中被解释变量、解释变量及控制变量的描述如表 6.1 所示。

表 6.1　　变量的定义

变量名称	变量符号	具体变量定义描述
高管薪酬	Compensation	前三位高管人员的薪酬总额取自然对数
货币薪酬	Cash_comp	前三位高管人员的货币薪酬取自然对数
股权薪酬	Stock_comp	前三位高管人员的股票薪酬取自然对数
有无私募股权变量	PE	企业获得私募股权资本投资,PE 为 1,否则为 0
企业绩效 1	ROA	企业总资产净利率
企业绩效 2	ROE	企业权益净利率
公司规模	Size	公司总资产取自然对数
财务杠杆	Lev	企业总资产负债率
成长能力	Growth	企业销售收入增长率
董事会规模	BoardSize	董事数量
董事会独立程度	BoardComp	独立董事比例
两职是否分离	Duality	董事长与 CEO 两职位为一人担任,为 1,否则为 0
股权集中度	Top1Shares	第一大股东持股比例

(三)模型设计

借鉴现有文献的做法,本章构建如下主要模型:

$$Compen=\alpha+\beta_1 PE+\beta_2 Perform_{i,t-1}+\beta_2 PE\times Perform_{i,t-1}+\beta_4 X_{i,t}+\varepsilon_{i,t} \tag{6.1}$$

其中 i 表示企业,t 表示年份;因为高管薪酬是根据公司业绩而制定的,特别是货币薪酬部分,所以当期高管薪酬反映的是公司前期业绩。在具体的回归分析中,

① 这里没有直接采用年报中的管理层持股数据,因为无法识别哪些股票是高管作为发起人持有的股票、哪些股票是后来通过经理股权激励计划获得授予的。

我们分别令 Compen 为高管薪酬总额(Compensation)、货币薪酬(Cash_comp)和股权薪酬(Stock_ comp),Perform 表示公司绩效,分别采用资产收益率(ROA)和权益收益率衡量(ROE)。$X_{i,t}$ 是控制变量,回归中还控制了年度变量和行业变量。

第四节　PE 薪酬治理机制的实证结果分析

一、变量描述性统计

由表 6.2 中 Panel A 可知,在创业板上市的 326 家民营企业中,183 家获得私募股权资本(PE)的投资,占比 56.14%。在 111 家企业中控股股东的控制权与所有权分离,占比为 34.05%[①]。在 PE 支持的企业中,控股股东两权未分离的企业占比达到 62.30%,该比例显著更高,说明 PE 更愿意投资两权未分离的企业。在 PE 支持的企业中,更倾向于促进企业实行高管股权激励计划。由表 6.2 中 Panel B 可得,企业前三名高管的全部薪酬(包括现金和股权薪酬)为 218.35 万元,货币薪酬为 123.04 万元,股权薪酬为 94.95 万元。在企业绩效方面,总资产收益率平均为 7.68%,权益净利率平均为 9.90%。

表 6.2　　**相关变量的描述性统计**

Panel A 企业样本分布					
	有 PE 支持企业		无 PE 支持企业		合　计
控股股东非两权分离	114		101		215
控股股东两权分离	69		42		111
合计	183		143		326
实施了股权激励	87		53		140
未实施股权激励	96		90		186
合计	183		143		326
Panel B 主要变量统计分布					
变量	均值	中值	最小值	最大值	标准差
Compensation(万元)	218.35	118.00	19.76	2 110	343.59
Cash_comp(万元)	123.04	109.20	19.76	351.63	64.04
Stock_comp(万元)	94.95	0	0	2 020.00	336.65

① 两权分离度为实际控制人的控制权与现金流权的差额,如果差额为 0,表示控股股东两权未分离,其他表示两权分离。

续表

ROA(%)	7.68	7.34	−37.15	55.89	5.94
ROE(%)	9.90	9.30	−53.23	67.09	8.47
Size(百万元)	1 208.11	954.58	129.53	8 132.73	885.48
Lev(%)	20.43	16.55	1.10	82.63	14.19
Growth(%)	24.45	22.10	−79.08	182.13	30.91
BoardSize	8.28	9.00	4.00	13.00	1.39
BoardComp(%)	37.45	33.33	25.00	60.00	5.33
Duality	0.505	1	0	1	0.500
Top1Share(%)	33.54	31.19	7.59	68.87	12.87

注:由于未进行股权激励的公司其股权薪酬(Stock_comp)取值为 0,故均值以及中值较实施了股权激励的公司样本更小。

二、有无私募股权投资在公司特征方面的统计分析

从表 6.3 中可知,相对于没有 PE 支持的企业,有 PE 支持的企业前三名高管薪酬显著更高,平均薪酬总水平高出 47.05 万元,股权薪酬高出 42.48 万元,货币薪酬高 4.86 万元。其中前两者差异显著,即 PE 股东的存在显著提高了公司高管的薪酬总水平和股权薪酬水平。但两类公司的业绩没有显著差异。在企业其他特征方面,有 PE 支持企业的资产规模、董事会规模、两职合一比例、第一大股东持股比例等均显著更高,但独立董事比例显著更低。

表 6.3　　有无 PE 支持企业的特征及比较

	有 PE 支持	无 PE 支持	差异	T 值
Compensation(万元)	238.946	191.900	47.046	2.307**
Stock_comp(万元)	113.549	71.068	42.481	2.125**
Cash_comp(万元)	125.166	120.309	4.857	1.276
ROA	0.076	0.078	−0.002	0.670
ROE	0.098	0.101	−0.003	0.597
Size(百万元)	1 316.209	1 069.281	246.929	4.733***
Lev	0.205	0.203	0.002	0.317
Growth	0.257	0.251	0.006	0.336
BoardSize	8.447	8.070	0.378	4.595***

续表

	有 PE 支持	无 PE 支持	差异	T 值
BoardComp	0.367	0.384	−0.017	−5.355***
Duality	0.553	0.444	0.109	3.666***
Top1Shares	0.327	0.346	−0.018	−2.387**

三、私募股权与企业高管薪酬业绩的多元统计分析

(一)私募股权投资对企业高管总薪酬水平的影响

从表 6.4 结果看,PE 股东的参与显著地提升了被投企业高管的薪酬,高管薪酬与企业业绩之间存在显著的正相关性,但是薪酬对业绩的敏感性系数大幅下降了。表 6.4 中 Perform 的系数表示无 PE 支持企业的高管薪酬绩效敏感度,Perform 以及 PE 与 Perform 的交互项系数之和,表示有 PE 支持企业的高管薪酬绩效敏感度。表 6.4 的回归结果(1)和(2)表明,当采用 ROA 表示绩效时,总薪酬绩效敏感系数由 1.060 下降为 0.416;当采用 ROE 表示绩效时,总薪酬绩效敏感系数由 0.505 下降为 0.075①,这表明 PE 的存在降低了高管总薪酬与业绩之间的正相关关系,说明 PE 股东对所投资企业的高管薪酬激励机制具有一定的替代效应,发挥了治理作用。

表 6.4　　**私募股权投资与高管薪酬业绩回归结果**

	Compensation		Cash_comp		Stock_comp	
	(1)	(2)	(3)	(4)	(5)	(6)
PE	0.161**	0.159**	0.076	0.064	1.298**	1.281**
	(0.081)	(0.077)	(0.057)	(0.055)	(0.659)	(0.640)
Perform_t−1	1.060***	0.505***	0.579***	0.302***	0.897*	0.504*
	(0.315)	(0.184)	(0.153)	(0.090)	(0.495)	(0.281)
PE * Perform_t−1	−0.644*	−0.430**	−0.348**	−0.169**	−0.747	−0.406
	(0.366)	(0.204)	(0.169)	(0.095)	(0.534)	(0.296)

① 即当 ROA 增加 1 个百分点时,对于无 PE 的企业,高管总薪酬增长 1.060%,而有 PE 的企业,高管总薪酬仅增长 0.416%;即当 ROA 从平均 7.68%增加到 8.68%时,对于无 PE 支持企业的每名高管薪酬增加 30 841 元,而有 PE 支持企业的每名高管薪酬增加 9 940 元;当 ROE 增加 1%时,对于无 PE 的企业,高管总薪酬增长 0.505%,而有 PE 的企业,高管总薪酬仅增长 0.075%。

续表

	Compensation		Cash_comp		Stock_comp	
	(1)	(2)	(3)	(4)	(5)	(6)
LNSize	0.283***	0.283***	0.118***	0.119***	0.084	0.092
	(0.044)	(0.045)	(0.026)	(0.026)	(0.100)	(0.103)
Lev	0.372**	0.323**	−0.106	−0.118	0.221	0.226
	(0.164)	(0.163)	(0.086)	(0.086)	(0.278)	(0.289)
BoardSize	0.019	0.018	0.061***	0.060***	0.028	0.028
	(0.024)	(0.024)	(0.013)	(0.013)	(0.043)	(0.045)
BoardComp	−0.063	−0.058	0.618**	0.615**	0.206	0.199
	(0.560)	(0.561)	(0.294)	(0.295)	(1.022)	(1.060)
Duality	−0.111**	−0.109**	0.044	0.044	−0.065	−0.062
	(0.049)	(0.049)	(0.031)	(0.031)	(0.092)	(0.095)
Top1Share	−0.007***	−0.007***	−0.003	−0.003	−0.024*	−0.025*
	(0.003)	(0.003)	(0.002)	(0.002)	(0.014)	(0.014)
Growth	0.194***	0.193***	0.046*	0.044*	0.065	0.072
	(0.052)	(0.053)	(0.026)	(0.026)	(0.074)	(0.077)
Year	√	√	√	√	√	√
Industry	√	√	√	√	√	√
Constant	9.651***	9.681***	10.63***	10.64***	−2.144	−2.297
	(0.349)	(0.350)	(0.581)	(0.582)	(3.259)	(3.258)
Observations	1 146	1 146	1 146	1 146	798	798
Number of firms	326	326	326	326	287	287

注：表中1、3、5表示以ROA为业绩指标，2、4、6表示以ROE为业绩指标。

控制变量的回归结果表明，企业规模与高管薪酬呈显著正相关关系，企业资产规模增长1%，相应的高管薪酬上升0.28%。高管薪酬与董事会规模和独立董事占比呈显著正相关关系，董事会人数增加1人，高管薪酬增长1.9%；独立董事比例增加1个百分点，高管薪酬减少0.063%。

（二）私募股权投资对高管薪酬结构的影响

在薪酬结构方面，货币薪酬（工资、奖金）和股权薪酬是不一样的，前者一年一定，或者任期内（一般3年以内）发放；后者可以最长延续到10年内可行权，而且行权后的股票可以长期持有。因此货币薪酬是短期激励，效果有限；而股权是长期激励，影响长远。表 6.4 的(3)和(4)说明了私募股权投资对高管货币薪酬的影响，(5)和(6)报告了 PE 对高管股权薪酬的影响。由(3)和(4)可见，PE 对高管货币薪酬绩效敏感机制具有替代效应，PE 与公司业绩的交互项显著为负。

从表 6.4 中(5)和(6)的结果看，与无 PE 支持企业相比较，PE 支持企业的高管股权薪酬显著增加了 2.662 万元($e^{1.298}-1$)，即每个高管显著地增加股权薪酬 8 873 元(因为有三个高管)。就薪酬绩效敏感度来看，股权薪酬的绩效敏感度(0.897/0.504)高于表 6.5 中的货币薪酬敏感度(0.579/0.302)，这与大多数股权激励计划以财务业绩作为股票期权的行权条件或者限制性股票的授予条件是一致的。不过，PE 与 Perform 的交互项虽然为负，但不显著。这说明私募股权的存在并没有降低股权薪酬的绩效敏感度。因此，在股权薪酬的质量上(即敏感度，意即根据更好的企业财务绩效给予经理更大的股权激励价值)，PE 股东没有发挥替代作用；而在股权薪酬的数量上(即不论企业财务绩效如何给予经理股权激励)，PE 股东发挥了促进作用。至此，假设 6.1 得到证实。

(三)不同公司治理背景下的私募股权投资监督作用

表 6.5　不同公司治理背景下私募股权投资对高管货币薪酬和股权薪酬的影响

分　组	Cash_comp				Stock_comp			
	两权未分离的企业		两权分离的企业		两权未分离的企业		两权分离的企业	
	(1)	(2)	(3)	(4)	(5)	(6)	(7)	(8)
PE	0.107	0.09	−0.069	−0.072	−0.005	−0.013	2.513**	2.598***
	(0.067)	(0.066)	(0.106)	(0.103)	(0.648)	(0.613)	(1.051)	(0.975)
Perform_t−1	0.650***	0.368***	0.268	0.065	−0.769	−1.082	4.22	2.686
	(0.175)	(0.106)	(0.317)	(0.170)	(3.061)	(1.890)	(5.230)	(2.974)
PE*Perform_t−1	−0.674***	−0.367***	0.387	0.249	−1.247	−0.825	−7.957	−5.730*
	(0.196)	(0.114)	(0.337)	(0.178)	(3.688)	(2.221)	(5.894)	(3.296)
LNSize	0.0721**	0.0729**	0.204***	0.201***	1.499***	1.500***	0.667	0.699
	(0.030)	(0.030)	(0.050)	(0.050)	(0.376)	(0.376)	(0.576)	(0.573)
Lev	−0.046	−0.049	−0.179	−0.21	1.571	1.693	−0.285	−0.418
	(0.103)	(0.103)	(0.157)	(0.156)	(1.526)	(1.507)	(2.245)	(2.157)
BoardSize	0.069***	0.069***	0.035	0.039	−0.028	−0.028	−0.093	−0.105
	(0.015)	(0.015)	(0.025)	(0.025)	(0.201)	(0.201)	(0.305)	(0.304)
BoardComp	0.764**	0.741**	−0.088	−0.026	−0.357	−0.437	0.301	0.262
	(0.350)	(0.350)	(0.557)	(0.557)	(4.879)	(4.878)	(7.358)	(7.333)
Duality	0.066**	0.065**	0.037	0.035	0.423	0.43	−0.901	−0.874
	(0.030)	(0.030)	(0.051)	(0.051)	(0.411)	(0.411)	(0.639)	(0.637)

续表

分　组	Cash_comp				Stock_comp			
	两权未分离的企业		两权分离的企业		两权未分离的企业		两权分离的企业	
	(1)	(2)	(3)	(4)	(5)	(6)	(7)	(8)
Top1Share	−0.005**	−0.005**	−0.001	−0.001	−0.049***	−0.048**	0	−0.002
	(0.002)	(0.002)	(0.003)	(0.003)	(0.019)	(0.019)	(0.029)	(0.028)
Growth	0.05	0.05	0.039	0.033	2.870***	2.862***	2.560***	2.558***
	(0.031)	(0.031)	(0.050)	(0.050)	(0.578)	(0.578)	(0.856)	(0.853)
Year	√	√	√	√	√	√	√	√
Industry	√	√	√	√	√	√	√	√
Constant	11.550***	11.550***	8.523***	8.542***	−31.110***	−30.880***	−14.67	−14.77
	(0.687)	(0.688)	(1.084)	(1.086)	(8.153)	(8.144)	(11.870)	(11.770)
Obs	768	768	378	378	768	768	378	378
Num of firms	221	221	116	116	221	221	116	116

注：表中1、3、5、7表示以ROA为业绩指标，2、4、6、8表示以ROE为业绩指标。

公司的现有股权结构可能会限制私募股权投资者发挥监督作用。在一个控股股东两权合一的公司里，控股股东和外部股东利益一致，PE的监督、咨询、认证等作用都可以更好地发挥；而在一个控股股东两权分离的企业，作为外部股东的PE的作用可能就会受到限制。PE一般都是作为被投企业的小股东（当然是重要的机构股东，但持股比例一般在20%以内。按业内的行话说，私募股权投资是被投企业的“重要的小股东”），当大股东和小股东之间存在委托代理问题时，PE还能发挥监督作用吗？

表6.5报告了根据控股股东两权分离度将样本划分为两权分离和两权未分离的两个子样本的结果。表6.5的(1)和(2)中，在控股股东两权未分离的企业中，PE与公司业绩的交互项系数在1%的水平上显著为负。这说明在此类企业中，PE的参与能够发挥监督作用，从而体现出替代治理效应。(3)和(4)表明，在控股股东两权分离的企业中，上述交互项系数均不显著，而且公司业绩变量的正相关关系也消失。这说明在此类企业中，PE股东未能发挥替代治理的作用，甚至在该类企业中，传统的经理薪酬业绩敏感关系也不存在（Perform项前的系数不显著），说明该类企业管理层薪酬治理机制的失灵。由表6.5的(5)～(8)列可见，在控制股东两权分离的企业中，PE显著增加了高管股权薪酬水平。PE参与公司业绩（PE * Perform）的交互项不显著，但在股权薪酬的数量上，PE发挥了促进作用。在控股股东两权分离、直接监督成本高的情况下，PE股东转而选择加强股权薪酬的方式来间接实施对管理层的监督和激励。

至此，本章的主要发现如表6.6所示。

表 6.6　　PE 对被投企业高管薪酬治理的作用机制

PE 的监督机制	替代效应(货币薪酬绩效敏感度)	促进效应(股权激励)
PE 支持企业	√	√
(1) 控股股东两权分离		√
(2) 控股股东两权未分离	√	

(四)稳健性检验

为了进一步验证私募股权投资的作用机制,本章进行了三方面的稳健性检验。(1)采用前三名高管的个人薪酬数据替代高管薪酬之和作为被解释变量,发现前文所述的替代效应和促进效应依然存在;(2)在私募股权退出被投企业之后,PE 将无法再实施监督,其作用机制将不复存在①。由于我国《证券法》规定,发起人股东的持股在公司上市一年之内不得流通,私募股权股东持股锁定期以一年为期限②。仅保留 PE 持股企业上市达到完整一年以后的区间样本③,发现替代效应与促进效应不复存在,这恰恰说明是 PE 的作用导致了被投企业高管薪酬机制的变化;(3)进一步构建分别代表 PE 是否参与了管理层或董事会的虚拟变量,得到的结果表明:PE 对高管货币薪酬激励的替代效应仅在 PE 拥有董事会席位的公司中存在,而在 PE 担任管理层的企业不存在这种替代效应。PE 进入董事会有助于发挥监督职能,而进入管理层则显著提高了高管的股权激励水平,这同样说明了 PE 的直接监督发挥了对高管薪酬合约的替代作用。

第五节　结论与启示

私募股权投资对被投企业的价值增值机制,一直是一个谜一样的问题。西方学者曾总结指出:私募股权投资擅长于从债务融资、运营管理、公司治理等方面改革企业,并认为私募投资者拥有社会关系资本,能够提升被投企业的价值。至于私募股权投资改善被投企业的公司治理,主要是私募投资者积极参与企业董事会、对管理层实施薪酬和股权激励、在企业危难时机替换 CEO 等。本书认为,打开私募

① 也可以假设 PE 改变了企业的基因,PE 退出企业后,替代作用和促进作用继续发挥,但是实证结果不支持,说明目前我国的 PE 并未能改变企业的基因,其作用仅局限于 PE 持股期间。

② 这是合理的假定,因为 PE 不是上市公司的控制人也非战略性股东,不用锁定 3 年。根据 2017 年 6 月 2 日证监会发布《发行监管问答——关于首发企业中创业投资基金股东的锁定期安排》,对创投基金的锁定期进行了差异化安排。即符合条件(投资于非上市企业、中小企业和高科技企业占比 50%以上)的创投基金/股权投资基金只按《公司法》的要求,锁定一年。因此,我国的 PE/VC 所持企业股权上市后的锁定期均为一年,之后进入出售期。

③ 举例而言,若公司于 2010 年上市,则把该公司 2010 年和 2011 年的观测值剔除,仅保留 2012 年及以后的观测值。

股权投资进入被投资企业之后的“黑匣子”，是认识私募股权投资作用机制的关键任务，特别是对于中国新兴的私募股权和创业板上市企业之间的关系。

本章揭开了私募股权投资与被投创业板公司关系的“帘幕”，从PE支持企业的高管薪酬与激励的视角，在两个方面尝试探索了PE与其支持的创业板企业之间的关系：一是薪酬水平与结构，即薪酬总量以及基于短期激励的货币薪酬（工资、奖金等）和基于长期激励的股权薪酬（股票期权和限制性股票）；二是薪酬与业绩的相关性也即“薪酬绩效敏感度系数”，以反映高管薪酬是否按照企业绩效予以发放。实证结果表明：(1)PE支持企业与非PE支持企业相比，在高管薪酬总水平和结构上均存在显著差异，无论是现金薪酬还是股权薪酬，均表现为前者高于后者。(2)PE的参与显著提升了被投资企业高管的总薪酬。但与无PE支持的企业比较后，前者的高管薪酬对业绩的敏感性系数显著大幅下降。本章认为这一发现表明企业传统的经理薪酬治理机制——即通过提高经理薪酬绩效敏感度来降低经理代理成本的机制，被PE股东的监督作用替代了，进而我们将这种作用定义为PE的薪酬治理替代效应。(3)当把货币薪酬和股权薪酬区别处理之后，发现与没有PE支持企业相比，PE股东的治理替代效应仅限于高管货币薪酬部分。PE支持企业的高管股权薪酬水平显著上升。即PE在高管的货币薪酬上体现为替代效应、在高管股权薪酬上体现为促进效应。(4)由于中国的PE一般都只是作为被投企业的重要小股东，其作用机制的发挥必然受制于控股股东的特征并深受影响。控股股东对上市公司股权的两权分离度是表征股权结构的关键指标。本章发现在控股股东两权未分离的企业中，PE股东的参与显著降低了高管的薪酬业绩敏感度，这说明PE可以发挥替代效应作用；而在控股股东两权分离的企业中，PE股东的参与不能发挥替代作用，此时高管股权激励的水平显著较高，这说明PE主要发挥对经理股权激励的促进效应。

本章的研究具有重要的理论意义。首先，揭示了私募股权投资参与被投企业内部治理的作用机制，并首次将之总结为“替代效应”和“促进效应”；其次，西方文献提出私募股权投资参与公司治理的结论主要基于所有权分散的英美企业，并不完全适合于股权结构和治理文化不同的新兴市场国家。我国创业板企业的所有权通常集中于少数控股股东手中，本章的分析有助于理解中国私募股权股东的作用，在一定程度上是对揭开私募股权价值增值机制“黑匣子”的努力；第三，综合分析了货币和股权两类薪酬，可以完整地呈现经理薪酬激励的全貌。

第七章　私募股权支持企业的并购绩效*

在创业板实现上市，标志着企业生命周期进入了新阶段，企业发展实现了重大跨越。在成功上市之后，企业往往紧接着发生频繁的并购行为。那么在有私募股权支持的企业中，企业并购行为和绩效有何不同呢？基于 2010～2013 年我国创业板上市企业的并购事件，本章的研究发现，相比于无 PE 支持企业，PE 支持企业在并购宣告后的短期绩效和长期绩效均显著更好。伴随着 PE 持股机构的家数和持股比例的提高，企业的并购绩效上升较为显著，并且高声誉 PE 的影响作用显著优于低声誉 PE。对此现象，本章给出的解释是：(1)PE 股东的存在，缓解了并购中的信息不对称，有利于降低并购溢价。(2)PE 股东的存在，增强了企业内部控制的有效性，有利于并购后的资源整合，从而提高了并购绩效。

第一节　私募股权提高了所支持企业的并购绩效

统计数据显示，在我国创业板 2013 年底前上市的 355 家公司中，在 2010～2013 年间有 189 家公司在上市后完成了 333 起并购事件，平均每家公司 1.8 例。由于在被投企业成功上市后，PE 仅仅从账面上获得退出，由于受制于禁售期，PE 的持股在短期内无法变现。即使在禁售期过了之后，PE 的持股也不是集中卖出的，这是因为集中售出股票会带来负面的流动性冲击（吴超鹏等，2012），同时也受制于国内资本市场的制度限制①。在本章的样本中，在上市 1 年之后仅有 6.8%的私募股权投资者实现退出②，3 年之后仅有 42%的私募股权投资者实现退出，可见在企业上市之后 1～3 年的初期，PE 仍会留在被投企业里继续发挥作用。

为了考察私募股权投资者在企业并购中所发挥的作用，本章以创业板上市企

---

* 本章主体内容基于李曜、宋贺发表于《会计研究》2017 年第 6 期的论文，经本书作者修改。

① 根据 2017 年 5 月 26 日证监会发布《上市公司股东、董监高减持股份的若干规定》，对上市公司大股东、董监高减持股份的比例提出限制性要求，要求上市公司大股东在解禁期后的每 3 个月内通过证券交易所集中竞价交易减持股份的总数，不得超过公司股份总数的 1%。上市公司大股东是指上市公司控股股东和持股 5%以上股东（包括创业投资基金和私募股权基金）。

② 上市公司在定期报告中仅对前十大股东信息进行详细披露，受限于数据来源，只能观测到企业上市之后的前十大股东中是否有 PE。本章的统计原则如下：若上市公司定期报告中披露的前十大股东有 PE，则认为其尚未退出，若前十大股东中不再有 PE，则认为其退出了该企业。因此，PE 的实际退出率应当低于本章统计的退出率，PE 可能因减持而从前十大股东中消失，但仍然持有被投企业股份。

业在2010～2013年所发生的并购事件作为研究对象，着重分析以下三个问题：(1)PE作为专业化的金融机构，对其持股企业的并购绩效将会产生何种影响呢？(2)PE对被投资企业参与度的高低，是否会对创业板企业并购绩效的影响也有所不同呢？(3)不同声誉的PE机构，其所支持企业的并购绩效是否存在差异？

研究结果表明：(1)在并购之后，有PE持股的企业相比于无PE持股的企业，短期绩效和长期绩效均显著较高。(2)随着持股的PE家数和持股比例的增加，有PE支持企业的并购短期绩效和长期绩效随之显著上升。(3)就并购之后的短期绩效和长期绩效来看，高声誉PE的支持作用均显著优于低声誉PE。本章给出的解释原因是：(1)监督功能是重要的原因。PE因为发挥了监督功能，从而降低了并购支付的溢价。(2)并购后的内部控制有效性得以提高是其次的原因。由于PE的监督功能提高了企业内部控制水平，有利于并购后的资源整合。上述机制伴随着PE参与度和PE声誉的提高，影响效果更显著。

与国内外现有文献相比，本章的贡献体现在：(1)弥补了对创业板上市企业并购行为的研究。由于我国创业板企业定位为创业型企业，并购的标的资产亦多为中小型企业，目前尚未见有针对创业板企业并购行为的研究。(2)目前国内外学者多从PE支持企业的IPO抑价率(李曜和宋贺，2016)、投融资效率(吴超鹏等，2012)、技术创新(张学勇等，2016)等角度研究PE对被投企业的价值增值作用，未见有学者关注PE对企业上市后并购行为的影响。本章探讨了PE对企业并购绩效的影响，是对PE价值增值机制的补充；最后，我国学者(陈仕华等，2013)多从主并方、目标方等双方之间的关系等角度出发，来研究“并购是否创造价值”的课题，尚未见到有学者特别关注作为收购方企业重要原始股东之一的PE股东的存在，会如何影响并购绩效。本章是一个弥补。

第二节　私募股权支持企业并购绩效和假设提出

一、有无私募股权投资背景的企业并购绩效

在企业并购中，PE的监督功能会产生如下影响。

(1)降低并购中的信息成本

目标公司出于对自身利益的考虑，需要了解并购方的支付能力以及真实意图。而收购方股东中的PE股东特别是拥有声誉的PE机构，可以向目标方传递出并购方质量良好的信号，降低目标方的抵触和怀疑心理，减少目标方的信息搜寻成本。此外，作为一家专业的投资机构，PE有着深刻的行业洞察力，对收购资产的市场前景和市场地位等做出的判断，可能比收购方管理层更为准确独到。同时，PE合伙人通常具备较强的财务专长和尽职调查能力，能够对目标方的资产、利润、现金流、

税务等进行更为专业的分析和判断，避免掉入并购陷阱。这些都能够降低收购方的信息搜寻和识别成本。

(2)降低并购中的代理成本

从管理层代理成本出发的并购理论认为一项并购行为往往是由于收购方管理层的"帝国构建""自大动机"等发起的(Roll，1986)，因此，并购行为其实体现了收购方管理层的代理成本。但是当 PE 作为收购方股东时，其作为专业金融机构所具备的监督功能，将会限制收购方管理层出于扩大企业规模、浪费自由现金流量的并购行为。吴超鹏等(2012)已经发现私募股权持股的企业会减少过度投资行为，但并未针对并购进行研究。因此，本章认为 PE 股东支持的企业并购更可能是出于实施公司战略的、能够产生协同价值的理性行为。

(3)降低并购中的谈判成本

作为专业金融机构，PE 作为收购方公司的股东是一种对并购方资金实力和发展潜力的认可，对于收购方可以发挥一种"信誉背书"的功能，减少信息不对称的磋商与交流成本，以降低谈判成本。

(4)降低并购支付成本

PE 能够在尽职调查中发挥其专业化的投资优势，帮助收购方企业准确评估目标方的价值，防止因判断失误而支付过高的并购对价，从而导致并购失败(Gompers 等，2009)。

(5)有利于并购后的资源整合

PE 的战略规划和整合能力，有利于增强买卖双方企业管理层和员工对并购成功的信心，起到降低目标方核心管理层和关键员工抵制情绪的作用，从而对收购方产生更强的认同感，加快并购后的资源整合和创造协同价值。

(6)降低整合失败的风险

PE 的监督管理功能可以在并购后继续发挥作用，帮助企业物色到更优秀的管理人员、协助企业制定更合理的人力资源政策、协调企业并购后的文化差异，从而降低并购整合失败的风险(Hellmann 和 Puri，2002)。

综上逻辑分析，本章提出假设 7.1：

假设 7.1：PE 持股企业的并购绩效显著高于无 PE 背景企业的并购绩效。

二、私募股权投资参与度高低影响并购绩效

PE 对企业的参与度主要表现在两个维度——持股机构数量和持股比例。在并购活动中，一家创业板企业中若拥有多家 PE 股东将具备以下优势：第一，实现集思广益。多家 PE 机构可以在协助上市公司对并购目标进行尽职调查时降低并购估值错误的风险；第二，增强目标企业对收购方资金实力的信心；因为 PE 机构具备融资能力，多家 PE 机构显著增强了收购方的资金实力。第三，实现优势互

补、信息共享和相互监督。多家 PE 机构的增值功能可以相互补充，有利于并购后的资源整合（Hellmann 和 Puri，2002）。

伴随着持股比例的提高，PE 对企业的控制权、影响力和话语权也会随之提高，从而增加 PE 的监督增值功能，其所具备的管理能力及资本运作优势也能得到更好地发挥。(1)随着持股比例的增加，PE 越有动力主动参与并购活动。(2)当主并方中 PE 的持股比例和持股家数越高，就越能传递出主并方质量优越的信号，从而更好地缓解并购买卖双方信息的不对称。

总体上看，主并方企业中的 PE 机构数目和持股比例的增加具有优化选择和价值增值的作用。基于此，本章提出假设 7.2：

假设 7.2：对于有 PE 背景的企业来说，随着 PE 参与度的提高，企业的并购绩效也随之提高。

三、不同声誉 PE 支持的企业并购绩效

声誉是 PE 的一项宝贵资产。高声誉 PE 往往具备丰富的投资经验和深刻的行业洞察力，能够对并购标的进行甄别和估值，并提供更为专业化的服务，高声誉 PE 也会花费更多的时间去监督和治理被投公司（Gompers 等，2009），这本质上是为了维护其声誉。因此高声誉 PE 能为创业企业提供更好的增值服务。基于此，本章提出假设 7.3：

假设 7.3：高声誉 PE 支持企业的并购绩效显著高于低声誉 PE 支持企业的并购绩效。

第三节　私募股权支持企业并购绩效的研究变量与模型

一、样本和数据来源

本章将由创业板上市企业作为主并方在 2010～2013 年之间完成的 333 起并购事件作为初始样本，时间期间以并购宣告日为准。按照以下原则对初始样本进行筛选：第一，对于同一家公司在同一年份完成的多起并购，仅保留公司在当年所完成的第一起并购，以降低不同并购事件间的重叠影响；第二，若同一家公司在不同年份发生多次并购，则视为多次样本事件；第三，删除信息不全的并购事件[①]。参照以上筛选规则，最终得到了 174 个样本观测值。并购事件的具体信息来自 Wind 数据库，主并方的财务信息、首日公开发行信息等来源于国泰安 CSMAR 数据库。

---

① 在进行事件研究法计算并购绩效时，窗口期的选择为事件发生日前 150 天至前 30 天，而创业板市场指数的创立日为 2010 年 5 月 31 日，为保证指数有足够的观察日，删除宣告日在 2011 年 1 月 11 日之前的并购。

由于我国上市公司在宣布并购时必须在证券交易所公布并购可行性研究报告，这样从主并方在深圳证券交易所公布的并购可行性研究报告中，我们手工收集整理了目标方企业的财务信息、主并方企业的 PE 参与度信息等。

二、变量选取

(一)被解释变量

根据研究假设，分别构建短期并购绩效和长期并购绩效指标来衡量企业的并购绩效。(1)短期并购绩效：本章以并购宣告日前后 1 天主并方股票的累计超额回报率($CAR(-1,1)$)作为短期并购绩效的度量指标。根据市场模型法对超额回报率进行估算，即 $R_i=\alpha+\beta R_m+\varepsilon$，其中 R_i 为并购方 i 的股票日收益率，R_m 为创业板指数的日收益率，选择并购宣告日前 150 个交易日至前 30 个交易日作为估计窗口期，根据以窗口期数据估计得到的 α 和 β 来计算并购宣告日前 1 个交易日至后 1 个交易日的日超额收益率(以实际值减去预测值得到超额收益率)，将并购宣告日前 1 个交易日至后 1 个交易日的超额收益率累加得到 $CAR(-1,1)$。以 $CAR(-3,3)$ 和 $CAR(-10,10)$ 作为稳健性检验指标。(2)长期并购绩效：借鉴陈仕华等(2013)的做法，本章使用并购首次宣告日前后 1 年总资产收益率的变化($\Delta ROA_{t-1,t+1}=ROA_{t+1}-ROA_{t-1}$)来度量并购的长期绩效，并使用宣告日前后 2 年总资产收益率的平均变化量($\Delta ROA_{t-2,t+2}=[ROA_{t+2}+ROA_{t+1}]/2-[ROA_{t-1}+ROA_{t-2}]/2$)作为稳健性检验指标。

(二)解释变量

(1)企业是否存在私募股权投资背景(PE)：借鉴吴超鹏等(2012)的做法，首先，下载国泰安数据库中披露的创业板企业并购事件发生当年的前十大股东名单，然后将该名单与清科数据库 2009～2013 年的《中国创业投资暨私募股权投资机构名录》进行交叉核对。如果该股东被收录，则认定企业有 PE 背景；若该股东未出现在名录中，但在股东说明中对该股东的主营业务描述为“创业投资”“私募股权投资”“风险投资”等，则认为该上市公司也属于有 PE 支持的企业。(2)PE 参与度(PE-number/shares)：设置“PE 机构家数(PE-number)”和“PE 总持股比例(PE-shares)”两个指标来度量 PE 参与度；(3)PE 声誉(PE-rep)：根据清科数据库所公布“2009～2013 年度中国创业投资暨私募股权投资年度排名”，若并购前一年某 PE 进入了清科 PE/VC 年度榜单的前十名，则认为该并购为高声誉 PE 支持的并购事件。

(三)控制变量

借鉴前人文献(陈仕华等，2013)，选取以下控制变量：(1)并购相对规模(RS)，并购交易金额/主并方并购前一年资产。(2)并购双方是否属于同一行业(SI)，若处于同一行业，则为 1，否则为 0。(3)并购是否是现金并购(Cashpay)，若为现金支付，则为 1，否则为 0。(4)是否聘请财务顾问(Consultant)，若聘请财务顾问，则为 1，否则为 0。(5)主并方的规模(Size)、成长性(Growth)、盈利能力(Roa)、负债结构(Lev)、自由现金流比率(FCF)分别为主并方并购前一年总资产的自然对数、营业收入增长率、净利润/资产、负债/资产、自由现金流/资产。(6)主并方的所有权性质(Character)，若是国有企业，则为 1，否则为 0。(7)主并方的股权结构(Block)，用并购当年主并方第一大股东持股比例来衡量。(8)目标方的盈利能力(Roa_{target})和负债结构(Lev_{target})，分别为目标方在并购前一年的净利润/资产和负债/资产。(9)行业虚拟变量(Industry)和年度虚拟变量(Year)。

三、模型设计

为了检验假设 7.1，本章构建了多元线性回归模型 7.1 来分析有无 PE 背景对企业并购绩效的影响，如式 7.1 所示：

$$CAR/\Delta ROA=\alpha+\beta_1 PE+\beta_2 X+\varepsilon \tag{7.1}$$

其中，$CAR(-1,1)$为短期并购绩效，$\Delta ROA_{t-1,t+1}$ 为长期并购绩效。*PE* 代表企业是否有 *PE* 支持，若企业有 *PE* 背景，则为 1，否则为 0。*X* 代表控制变量。为进一步分析 *PE* 参与度和声誉对企业并购绩效的影响，分别构建如式 7.2—7.3 的模型对假设 7.2—7.3 进行检验：

$$CAR/\Delta ROA=\alpha+\beta_1 PE\text{-}number/PE\text{-}shares+\beta_2 X+\varepsilon \tag{7.2}$$

$$CAR/\Delta ROA=\alpha+\beta_1 PE\text{-}rep+\beta_2 X+\varepsilon \tag{7.3}$$

模型 7.2 是在模型 7.1 的基础上，对于有 PE 支持企业发起的并购事件，将 PE 参与度细分为 PE 机构家数、持股比例等两个指标来进行观察。模型 7.3 是在模型 7.1 的基础上，在有 PE 支持企业发起的并购事件中，观察 PE 声誉对并购绩效的影响。

第四节 私募股权支持企业并购绩效及其机制的实证结果

一、统计性描述

表 7.1　　主要变量的统计描述

Variable	Mean	Min	Max	Sd	Variable	Mean	Min	Max	Sd
$CAR(-1,1)$	0.027	−0.274	0.228	0.069	*Consultant*	0.155	0.000	1.000	0.363
$CAR(-3,3)$	0.039	−0.343	0.448	0.108	*Size*	20.676	18.679	22.566	0.704
$\Delta ROA_{t-1,t+1}$	−0.015	−0.235	0.139	0.045	*Growth*	0.112	−0.918	0.927	0.323
$\Delta ROA_{t-2,t+2}$	−0.067	−0.193	0.070	0.041	*Roa*	0.073	−0.126	0.360	0.053

续表

Variable	Mean	Min	Max	Sd	Variable	Mean	Min	Max	Sd
PE	0.466	0.000	1.000	0.500	*Lev*	0.182	0.010	0.661	0.127
PE-number	0.787	0.000	5.000	1.034	*FCF*	0.020	−0.250	0.305	0.070
PE-shares	4.669	0.000	54.560	7.711	*Character*	0.017	0.000	1.000	0.131
PE-rep	0.126	0.000	1.000	0.333	*Block*	34.515	8.887	65.173	12.778
RS	0.117	0.000	0.935	0.168	Roa_{target}	0.081	−0.774	1.996	0.289
SI	0.764	0.000	1.000	0.426	Lev_{target}	0.611	0.000	7.596	0.777
Cashpay	0.862	0.000	1.000	0.346					

由表 7.1 可知：(1)CAR(−1,1)和 CAR(−3,3)的均值分别为 2.7%和 3.9%，均在 1%的显著性水平下异于 0[①]，这表明并购宣告前后市场对该事件信息的反应显著为正。(2)$\Delta ROA_{t-1,t+1}$ 和 $\Delta ROA_{t-2,t+2}$ 的均值分别为−1.5%和−6.7%，均在 1%的显著性水平下异于 0。这可能是由于并购前后资产的扩张速度超过了净利润的增长幅度导致的现象。(3)46.6%的企业在并购时有 PE 背景，平均每家公司有 0.8 家 PE，PE 持股比例均值为 4.67%，而高声誉 PE 参股的并购案例较少，仅占 12.6%。(4)并购的交易金额占主并方前一年资产规模的 11.7%，大约有 76.4%的并购属于横向并购。86.2%的企业以现金进行支付，15.5%的企业聘请了财务顾问。(5)目标方在并购时的资产收益率均值为 8.1%，最小值为−77.4%，资产负债率均值为 61.1%，最大值为 7.596，这表明部分目标方企业在并购时可能处于亏损和资不抵债的情况，这说明，主并方对目标方的筛选和估值能力尤为重要。

二、私募股权投资对企业并购绩效影响的检验

(一)有无私募股权背景对企业并购绩效的影响分析

基于创业板上市企业并购事件的全样本，运行(7.1)式的回归模型，如表 7.2 的第(1)和第(5)列所示：有 PE 背景企业并购的短期绩效在 5%的显著性水平下高于无 PE 背景的企业 3.2%。就并购的长期绩效看，前者在 10%的显著性水平下高于后者 1%。这验证了本章假设 7.1，即相比于无 PE 支持的企业，有 PE 支持的企业表现出更好的并购绩效。

(二)PE 参与度对企业并购绩效的影响分析

基于有 PE 支持的创业板上市企业完成的并购事件，运行式 7.2 的回归模型，

① T 检验结果显示，CAR(−1,1)、CAR(−3,3)、$\Delta ROA_{t-1,t+1}$ 和 $\Delta ROA_{t-2,t+2}$ 的均值均在 1%的显著性水平下异于 0。

如表 7.2 的第(2)(3)列和第(6)(7)列所示：当采用机构家数作为参与度的度量指标时，PE 机构每增加 1 个单位时，主并方的短期绩效将增加 5.8%，长期绩效将增加 2.3%，上述结论分别在 5%和 1%的水平下显著。这表明 PE 家数的增加会提高主并方的并购绩效。当使用持股比例作为参与度指标时，PE 持股比例每提高一个单位，企业并购的短期绩效和长期绩效将分别显著提高 0.4%和 0.2%。

(三)PE 机构声誉高低对企业并购绩效的影响分析

基于有 PE 支持的创业板上市企业完成的并购事件，运行式 7.3 的回归模型，如表 7.2 的第(4)列和第(8)列所示：高声誉 PE 支持企业的并购短期绩效高于低声誉 PE 支持企业 5%，而长期绩效高于低声誉 PE 支持企业 2.8%，两个结论的显著性水平均为 5%。这说明：高声誉 PE 往往拥有丰富的投资经验和较强的专业技能，能够更好地在并购中发挥作用。

表 7.2　　并购短期、长期绩效的影响因素回归结果

Variable	短期并购绩效 CAR(−1,1)				长期并购绩效 $\Delta ROA_{t-1,t+1}$			
	(1)	(2)	(3)	(4)	(5)	(6)	(7)	(8)
PE	0.032** (2.30)				0.010* (1.69)			
PE-number		0.058** (2.09)				0.023*** (3.56)		
PE-shares			0.004** (2.50)				0.002*** (4.78)	
PE-rep				0.050** (2.20)				0.028** (2.43)
控制变量	控制	控制	控制	控制	控制	控制	控制	控制
Year	控制	控制	控制	控制	控制	控制	控制	控制
Industry	控制	控制	控制	控制	控制	控制	控制	控制
N	174	81	81	81	174	81	81	81
Adj. R^2	0.23	0.74	0.34	0.79	0.61	0.54	0.31	0.40

注：本表未汇报控制变量的回归结果。***、**、* 分别表示在 1%、5%、10%水平下显著，括号内数值为对应系数的 t 统计量。

三、私募股权投资影响企业并购绩效的作用机制

(一)私募股权投资对并购绩效两种影响机制的理论探讨

上文的发现说明，有 PE 支持的企业并购绩效显著优于无 PE 支持的企业。那么，PE 支持对企业并购绩效产生影响的机理究竟是什么呢？

(1)并购溢价较低

前文的逻辑分析认为，若企业有 PE 背景，则 PE 的监督功能能够降低并购的信息成本、代理成本、谈判成本和支付成本等。因此，PE 提高并购绩效的渠道之一是：支付的并购溢价较低[①]。

（2）并购后整合能力较强

若 PE 能够发挥监督功能，那么其支持企业在并购后的资源整合能力较强，表现为员工的人才流失程度低、工作热情高。然而企业的员工离职率、工作热情和满意度等数据较难获得。为了解决该问题，借鉴杨道广等（2014）的做法，采用并购后企业内部控制有效性作为并购后资源整合有效性的代理变量。因此，PE 支持企业提高并购绩效的另一个渠道是：并购后的资源整合更为有效，具体表现是并购后企业的内部控制更有效。

为了检验上述两个渠道机制，本章构建了式 7.4 和 7.5 的模型：

$$Premium = \alpha + \beta_1 PE + \beta_2 RS + \beta_3 SI + \beta_4 Cashpay + \beta_5 Consultant + \beta_6 Roa_{target} + \beta_7 Lev_{target} + \varepsilon \tag{7.4}$$

$$Control = \alpha + \beta_1 PE + \beta_2 Size + \beta_3 Growth + \beta_4 Roa + \beta_5 Lev + \beta_6 FCF + \beta_7 Character + \beta_8 Block + \varepsilon \tag{7.5}$$

①被解释变量。式 7.4 中的被解释变量为并购溢价（Premium）。参考陈仕华和卢昌崇（2013）的做法，并购溢价＝（交易总价值－目标方的净资产 * 转让比例）/（目标方的净资产 * 转让比例）。式 7.5 中的被解释变量为内部控制得分值（Control），本章将企业在并购一年之后发生的内部控制缺陷分为：一般缺陷、重要缺陷和重大缺陷，并分别赋值为 1、2 和 3，将不同种类的内部控制缺陷数目与缺陷的计分值相乘并求和，得出并购方该年度的内部控制有效性程度得分值，该内部控制得分值越高，有效性越低。

②解释变量。PE 代表并购方是否有风险投资背景，是为 1，否为 0；

③控制变量。参考陈仕华和卢昌崇（2013）的研究，影响并购溢价的控制变量如下：并购相对规模（RS）、并购是否属于同一行业（SI）、并购是否属于现金并购（Cashpay）、是否聘请财务顾问（Consultant）、目标方的盈利能力（Roa_{target}）和负债结构（Lev_{target}）、行业虚拟变量（Industry）和年度虚拟变量（Year）[②]。参考刘启亮等（2012）的研究，影响主并方内部控制有效性的控制变量如下：并购方的规模（Size）、成长性（Growth）、盈利能力（Roa）、负债结构（Lev）、自由现金流比率（FCF）、所有权性质（Character）和股权结构情况（Block）、行业虚拟变量（Industry）和年度虚拟

---

① 并购溢价是主并方购买目标方股权或资产所支付的成本相对于该股权/资产的价值溢价，是并购成本的直观度量。并购溢价的相对数特征使该指标易于横向比较。

② 影响企业并购溢价的控制变量的定义和计算方法与前文中影响并购绩效的控制变量相同。

变量(Year)[①]。

为了进一步分析 PE 的参与度及 PE 声誉对并购溢价和内部控制有效性的影响,本章又将式 7.4 和 7.5 中的解释变量 PE 分别替换为 PE-number、PE-shares 和 PE-rep,考察 PE 参与度和声誉对并购溢价和内部控制有效性的影响。

(二)私募股权投资对并购溢价和内部控制有效性影响的实证回归结果

1. 有无 PE 背景对并购溢价和内部控制有效性的影响分析

基于并购全样本,就式 7.4—7.5 的回归结果如表 7.3 的第(1)列和第(5)列所示:PE 支持企业的并购溢价在 10%的显著性水平下显著低于无 PE 支持企业 4.665 个单位。并购成本的降低是由于 PE 的监督功能降低了并购中的信息成本、谈判成本和支付成本,提高了主并方在并购中的议价能力。PE 支持企业内部控制的有效性程度在 10%的显著性水平下高于无 PE 支持企业 0.149 单位(注意:有效性程度与被解释变量内部控制得分值呈反向关系,内部控制分数值越大,有效性越差),这表明 PE 在并购完成后能发挥监督作用,帮助企业实现资源整合,提高企业内部控制有效性。

2. PE 参与度对并购溢价和内部控制有效性的影响分析

由表 7.3 的第(2)～(3)列和第(6)～(7)列可知:每增加 1 个单位 PE 家数,并购溢价降低 4.094 单位,内部控制的有效性上升 0.16 单位。每提高 1 个单位 PE 持股比例,并购溢价降低 0.151 单位,内部控制的有效性上升 0.057 单位。这表明增强 PE 参与度可以降低并购溢价、提高并购后的内部控制有效性。

3. PE 声誉对并购溢价和内部控制有效性的影响分析

由表 7.3 的第(4)列和第(8)列可知:高声誉 PE 支持企业的并购溢价显著低于低声誉 PE 支持企业 7.589 个单位、内部控制有效性显著高于低声誉 PE 支持企业 0.788 个单位。这表明 PE 声誉在降低并购成本、提高并购后内部控制有效性方面发挥了显著作用。

表 7.3　私募股权投资对并购溢价和内部控制有效性的影响

Variable	并购溢价:Premium				Variable	并购后的主并方内部控制有效性:Control			
	(1)	(2)	(3)	(4)		(5)	(6)	(7)	(8)
PE	−4.665* (−1.74)				PE	−0.149* (−1.66)			
PE-number		−4.094* (−1.81)			PE-number		−0.160* (−1.89)		
PE-shares			−0.151* (−1.66)		PE-shares			−0.057*** (−3.25)	

① 影响企业内部控制有效性的控制变量的定义和计算方法与前文中影响并购绩效的控制变量相同,只是计算的时间为并购发生后一年。

续表

Variable	并购溢价：Premium				Variable	并购后的主并方内部控制有效性：Control			
	(1)	(2)	(3)	(4)		(5)	(6)	(7)	(8)
PE-rep				−7.589* (−1.75)	PE-rep				−0.788*** (−4.30)
控制变量	控制	控制	控制	控制	控制变量	控制	控制	控制	控制
Industry	控制	控制	控制	控制	Industry	控制	控制	控制	控制
Year	控制	控制	控制	控制	Year	控制	控制	控制	控制
N	174	81	81	81	N	174	81	81	81
Adj. R^2	0.12	0.56	0.40	0.32	Adj. R^2	0.45	0.13	0.36	0.31

注：本表未汇报控制变量的回归结果。***、**、* 分别表示在 1%、5%、10%水平下显著，括号内数值为对应系数的 t 统计量。

四、内生性与稳健性检验

PE 和被投资企业之间可能存在内生关系(李曜和宋贺，2016)，PE 会根据自己的标准来选择企业进行投资。为了消除这种自选择因素所带来的影响，本章采用 Heckman 两阶段回归模型来控制样本的自选择偏误。此外，本章还使用 CAR(−3，3)、CAR(−10，10)和 $\Delta ROA_{t-2,t+2}$ 来分别度量短期并购绩效和长期并购绩效，检验结果与前文保持一致。

第五节 结论与启示

并购作为企业最重大、最容易为外部投资者所察觉、同时也是风险极高的投资活动，并购是增加了企业价值还是毁损了企业价值？这是并购领域的经典问题。由于我国较多的创业板企业股东中存在着 PE 投资者，作为专业化的金融机构，PE 在创业板企业上市后的并购行为中，发挥了什么样的作用？PE 支持企业并购的短期市场绩效和长期财务绩效是否更优？

目前，我国创业板企业在上市后进行了大量的并购行为。一般认为，上市融资的成功必然会加剧企业管理者的投资冲动，甚至会出现投资亢奋现象。本章以创业板上市企业在 2010～2013 年间宣告并之后完成的 174 起并购事件作为研究对象，采用多元线性回归模型，实证检验了 PE 对我国创业板上市企业并购绩效的影响。研究发现：(1)就并购宣告后的短期和长期绩效而言，PE 支持企业均显著优于无 PE 支持企业。(2)随着 PE 参与度的提高，并购的短期和长期绩效均得到显著提升，这里参与度是以 PE 机构家数和持股比例作为度量指标。(3)PE 机构的声誉对企业的并购绩效存在着显著影响，高声誉 PE 能够显著提高并购的绩效。

为解释上述发现，本章提出了 PE 发挥并购增值作用的两种渠道机制：(1)降低并购溢价效应。PE 可以缓解并购双方间的信息不对称，降低并购成本，使得并购支付溢价较低，从而提高了并购绩效。(2)增强并购后的企业内部控制有效性。PE的监督功能可以抑制管理者的机会主义行为、优化并购后的资源整合，有效的内部控制可以减少整合过程中的利益冲突和意见分歧，提高并购绩效。随着PE参与度的提高和更有声誉PE机构的参与，上述两种渠道机制作用的效果更为显著。

上述结论具有重要的理论意义。(1)本章将PE监督功能运用到对企业并购绩效影响的分析中，拓展了有关PE如何发挥价值增值作用机制的研究。之前鲜有学者关注PE在企业并购中所发挥的作用。(2)本章研究主并方股东之一的PE对并购绩效的作用，丰富了有关企业并购的文献。之前鲜有学者关注并购方原始股东如何在并购中发挥作用。(3)提出了PE在企业并购中发挥作用的两种渠道机制：①降低并购溢价效应；②提高企业内部控制有效性。

本章的结论亦具有现实意义。(1)创业板企业在并购决策中应更多发挥PE股东及其派驻董事的主动参与性。由于我国创业板企业中PE普遍担任被投企业的董事，因此，上市企业应充分发挥PE董事在决策、谈判到整合的整个并购流程中的作用。(2)在引入PE时，企业可以优先考虑引入高声誉PE、多个PE联合体作为企业的战略伙伴。(3)政府应该大力推动PE事业发展、并引导PE参与企业的并购重组。在我国宏观经济以“去产能、去库存、去杠杆、降成本、补短板”的调控政策下，PE机构有更多发挥作用的空间。

第八章　私募股权在所支持企业定向增发中的作用*

如何在定向增发中合理定价、引导资金流向实体经济最需要的地方，是当前资本市场制度建设中的重要问题。本章以私募股权支持的创业板上市公司的定向增发事件为样本，系统研究了私募股权(PE)参与、私募股权投资者与券商联盟及PE的异质性特征等对创业板企业定向增发折价的影响。结果发现，私募股权能够显著降低企业的定向增发折价率。当私募股权与承销商存在联盟关系、非国有背景、高声誉或采取联合投资策略时，其所支持企业表现出更低的定向增发折价率。本章认为，私募股权对企业定向增发定价效率的提升主要通过三个渠道实现:(1)"监督功能"，即缓解大股东的利益输送，表现为降低定向增发前的盈余管理。(2)"认证效应"，即降低机构投资者对信息成本的补偿要求，表现为提升公司股票的信息度。(3)私募股权和券商联盟的"关系租金"可以提升定向增发的交易效率，表现为降低定向增发的持续时间。

第一节　私募股权改善了其支持企业的定向增发效率

大股东和中小股东之间的利益关系一直以来都是公司治理领域的核心议题。定向增发涉及了财富在原利益主体(未参与定向增发的股东)和新利益主体(参与定向增发的股东)之间的重新分配，亦可能成为大股东进行利益输送的渠道之一(王浩、刘碧波，2011)。上市公司的这种利益输送行为不仅侵害了中小股东的利益，也降低了资源配置效率(中国证监会，2017)。为了规范上市公司的定向增发行为，2017年2月，中国证监会对《上市公司非公开发行股票实施细则》部分条文进行了修订，发布了《发行监管问答——关于引导规范上市公司融资行为的监管要求》，对定向增发拟发行的股份数量、定向增发间隔时间等做出了详细规定。

近年来，伴随着私募股权行业在中国的发展，众多上市公司在上市前的发展初期接受了私募股权的支持。由于股权锁定期等原因，不少私募股权股东在所投企业上市一段时间后仍保留在公司继续发挥作用。这意味着定向增发的利益博弈方将包括PE股东在内。前人的文献认为PE具备监督功能和认证效应，然而，鲜有文献关注私募股权股东对上市企业定向增发定价的影响。那么，PE股东在企业的

---

* 本章主体内容基于宋贺、李曜、龙玉发表于《财经研究》2019年第10期的论文，本书作者进行了修改。

定向增发中将发挥何种作用呢?

在定向增发筹备阶段、审议阶段和发行阶段,承销商都起着重要作用。PE拥有的社会关联关系构成了其重要的社会资本(梁上坤等,2015)。PE与政府、银行、券商、同业等都有重要关联关系。已有文献显示,PE与证券承销商存在长期稳定的伙伴关系,公司在IPO过程必须聘请承销券商,导致上市公司背后的PE在IPO阶段可以实现与承销商的多次合作。PE与承销券商的多次合作能够显著提升新股在IPO阶段的定价效率(李曜和宋贺,2016;本书第5章)。基于这种合作关系,PE与承销券商也将继续保持业务往来,例如在企业上市后的定向增发业务、资产管理业务等。据本章的统计数据显示,截至2018年6月30日,在创业板企业发起的713例定向增发事件中,有PE支持的企业占据31.4%,存在PE—券商合作关系的企业占据18.7%。基于交易成本理论,私募股权与券商之间的联盟关系能够带来关系租金。那么,这种关系租金将会对企业的定向增发折价产生何种影响呢?背后的作用机制又是什么?

我们手工整理了我国创业板上市企业在2012年6月至2018年6月完成的定向增发事件,着重考察私募股权投资者与券商的联盟关系对我国上市公司定向增发折价的影响。研究发现,创业板上市企业定向增发存在明显的高折价现象,平均折价率达20.4%。PE支持企业的定向增发折价率显著低于无PE支持企业,增发价格更接近于企业股票的市场价格。此外,PE—券商联盟企业的定向增发折价率显著低于无PE—券商联盟企业。私募股权股东的异质性表现出不同的监督功能和认证效应,国有PE支持企业的定向增发折价率显著较高,而高声誉和联合PE支持的企业定向增发折价率则显著较低。

本章的边际贡献在于:第一,引入私募股权这一新的定向增发的利益分配主体。现有文献仅讨论了定向增发利益相关者中的大股东、机构投资者、中小股东(王浩和刘碧波,2011;杨星等,2016;支晓强和邓路,2014;彭韶兵等,2018),本章讨论了PE对上市企业定向增发折价的影响,提供了影响定向增发定价因素的新证据;第二,从私募股权—券商联盟的角度出发,提出PE社会资本对企业定向增发具有影响的观点,丰富了有关PE社会资本的研究结果。已有学者发现PE拥有的银行等金融资源可以缓解企业的投融资约束(吴超鹏等,2012),以及PE与券商联盟关系对企业IPO定价效率存在积极影响(李曜和宋贺,2016;本书第5章)。然而,鲜有学者关注PE的社会资本对企业定向增发折价的影响;第三,验证了私募股权及其社会资本提高了其所支持企业的定向增发定价效率,给出了有关PE价值增值作用的新证据。目前国内外学者对PE价值增值作用的研究,多从企业IPO抑价率(李曜和王秀军,2015)、投融资效率(吴超鹏等,2012)、研发创新(苟燕楠和董静,2014;张学勇等,2016)、股息发放(吴超鹏等,2017)等角度进行,未见有学者关注PE对企业定向增发折价的影响。

第二节　定向增发和 PE 作用交互的文献回顾与研究假设提出

定向增发作为一种重要的股权再融资方式，一直受到资本市场的推崇。在国内外企业定向增发中一个值得关注的现象是，股票的增发价格相对于市场价格均存在较高的折价（Wruck 和 Wu，2009；章卫东，2010）。为解释高折价现象，学术文献主要提出了三种理论假说。

一、补偿成本假说

补偿成本假说是从流动性和监督成本两个方面提出的。

1. 补偿流动性成本

它是指定向增发的股票存在较长的锁定期（禁售期），高折价是对增发股票短期内没有流动性的补偿（Silber，1991）。对增发股票设定禁售期的原因是由于定向增发的发行对象仅涉及少数投资者，而未参与定向增发的原有股东在增发后股权被稀释，为了平衡两类股东的权益，因此对定向增发的股份设置一个禁售期。在存在禁售期的前提之下，流通性限制假说认为给予定向增发股票认购者一定的折价是为了补偿禁售期的限制，折价是一种较好的利益平衡解决方法（Krishnamurthy 等，2005）。不过在现实中，流通性限制假说遭遇了瓶颈——因为存在没有限售期的股票定向增发，依然存在较高的发行折价。

2. 补偿监督成本假说

它是指参与定向增发的多为机构投资者，作为积极行动的股东，能够监督管理层，从而降低管理层代理成本并提升公司价值，发行折价是对机构投资者主动监督行为的补偿（Wruck，1989）。

二、信息不对称假说和利益输送假说

1. 信息不对称假说

在定向增发中的新投资者为了获得公司信息，需要花费一定的信息搜寻和分析成本。因此，折价是对新投资者挖掘企业价值信息的一种补偿。外部投资者的信息获取成本越高，发行折价也越高（Hertzel 和 Smith，1993）。

2. 利益输送假说

通过定向增发的折价，公司是在向相关股东实现“利益输送”（Baek 等，2006）。我国上市公司治理中的一个关键特征就是股权高度集中情形之下的大股东对中小股东的利益侵占。显而易见的是，定向增发折价的利益输送假说，在中国资本市场制度背景下更容易得到国内学者的认同。学者分别从理论（彭韶兵和赵根，2009）和实证（何丽梅，2010；徐寿福和徐龙炳，2011）两方面发现，我国上市公司定向增发

中大股东对小股东的利益侵占现象屡见不鲜。在增发过程中，大股东通过：(1)操纵发行价格实行对自身的利益输送(张铭和郭思永，2009)；(2)操纵信息披露时间窗口乃至选择性地披露重要信息——比如在增发前借股改或重大资产重组等重要事件进行长期停牌，以降低增发的基准价，从而达到利益输送的目的(朱红军等，2008)；(3)通过释放利空消息、联手机构砸盘等行为压低公司股票市价，实现利益输送(彭韶兵和赵根，2009)；(4)通过以资产认购方式向上市公司注入价值高估的资产(魏明海等，2010)、在定增前进行盈余管理以压低发行价(章卫东，2010)、定增后派发高额现金股利(赵玉芳等，2011)等等，进行各种形式的利益输送。

综上所述，定向增发的现有研究文献将关注重点聚焦在大股东、中小股东身上，从而忽视了其他的制衡股东——比如本章所提出的私募股权股东。PE 股东在定增的利益博弈中存在切身利益，会捍卫自己的立场并发出声音。本章基于此，从 PE 股东的视角探讨 PE 股东、PE—券商联盟关系、PE 的异质性特征等对企业定向增发折价的影响。

三、研究假说

(一)私募股权投资对上市企业定向增发折价率的影响——监督功能和认证效应假说

现实中，上市公司的定向增发事件被划分为面向大股东的定向增发、面向机构投资者的定向增发、面向大股东和机构投资者的定向增发等三种类型。

当仅面向大股东进行定向增发时，利益输送假说认为这是大股东掠夺中小股东的一种手段(章卫东和李德忠，2008；章卫东，2010；赵玉芳等，2011)。作为企业的重要原始股东，PE 具备一定的监督功能。定向增发的高折价不仅会损害中小股东的利益，也将对企业的生产经营产生不利影响。因此，在定向增发过程中，PE 股东有充分的理由和力量与大股东进行博弈，发挥其监督功能，利用自身的机构股东话语权，防止大股东以折价定向增发的方式侵蚀中小股东的利益。

当定向增发仅面向机构投资者时，信息不对称假说(Hertzel 和 Smith，1993)提出由于外部机构投资者和企业之间存在信息不对称，增发的高折价是对机构投资者调查成本的一种补偿。作为入股企业较早、十分熟悉企业状况的投资机构，PE 持股本身能够发挥信息传递功能，缓解外部投资者与企业之间的信息不对称，降低机构投资者的信息搜寻和鉴别成本。因此，对于面向机构投资者的定向增发，PE 股东的认证功能可以缓解信息不对称、降低定向增发的高折价。

当定向增发面向大股东和外部的机构投资者时，PE 的监督功能能够防止大股东借定向增发进行利益输送，认证效应可以缓解外部机构投资者面临的信息不对称，从而使得定向增发的发行价格更接近于企业股票的市场价格。由此可见，在不同类型的定增事件中，PE 的监督功能和认证效应均将发挥积极作用，降低企业定向增发折价率。综述之，本章提出假说 8.1：

假说 8.1：PE 支持的上市企业定向增发折价率显著低于无 PE 支持的企业。

（二）私募股权—券商联盟对上市企业定向增发折价率的影响——关系租金假说

承销商将会参与定向增发的筹备、审议和发行过程。在筹备阶段，承销商需要对定增企业进行尽职调查、沟通和制作定增方案。在审议阶段，承销商需要准备评估报告、接受投资者《认购意向函》、制作材料上报证监会。在发行阶段，承销商担负着向投资者发送《认购意向函》、询价、股份登记等职责。承销商与企业之间的沟通交流、信息传递将贯穿于定增的整个过程。然而，承销商是企业的“外部人”，与定增企业之间存在着信息不对称（郭海星等，2011）。作为进入企业的原始股东，PE 投资者通过参与被投企业的监督管理扮演着“内部人”的角色，拥有企业内部信息。因此，PE 与承销商的多次合作能够带来关系租金，缩短双方的信息沟通时间和成本。

当定向增发仅面向大股东时，大股东可以通过操纵发行价格、信息披露时间窗口乃至选择性披露重要信息等实现对自身的利益输送（张铭和郭思永，2009）。PE 与承销商之间的多次合作能够使得承销商在定增过程中尽职尽责，防止大股东通过定增进行利益输送，损害中小股东的利益。

当定向增发仅面向机构投资者时，承销商是沟通外部机构投资者和企业之间的桥梁。得益于 PE 与承销商之间的联盟关系，承销商将进一步缓解机构投资者和企业之间的信息不对称，降低机构投资者的调查成本，使得定增发行价更接近于市场价格。

当定向增发面向大股东和机构投资者时，关系租金的存在使得 PE 和承销商在定增中共同对大股东的行为进行监督，防止利益输送行为。此外，关系租金亦能够缓解外部机构投资者与企业之间的信息不对称，降低外部机构投资者对信息成本的补偿需求，使得定增发行价格更接近于企业股票的市场价格。综合上述推论，本章提出假说 8.2：

假说 8.2：存在 PE—券商联盟关系的上市企业定向增发折价率显著低于无 PE—券商联盟关系的企业。

（三）私募股权异质性对上市企业定向增发折价率的影响

已有文献主要从股权背景、声誉、投资策略等三个维度来探讨私募投资者的异质性。因此，本章也从以上三个维度进行分析。

1. 股权背景

目前我国私募股权投资者的所有权背景可以划分为四种：国有、民营、外资与混合。不同背景的机构在运行机制、资源获得能力、投资需求等方面存在较大差距

(张学勇和廖理,2011)。其中,国有私募投资者[①]由于拥有政治背景,与其他三种私募投资机构相比存在明显区别。公共经济学认为,国有投资者具有的政府属性能够解决市场资金配置失灵的问题(Brander 等, 2010;Lerner, 2002)。然而在实践中,不少文献发现政府背景的私募股权机构(GVC)在被投企业的退出、创新和专利申请等方面的表现均显著弱于非国有背景的风险投资机构(Brander 等,2014;Grilli 和 Murtinu,2014)。我国学者也有类似的发现,如钱苹和张帏(2007)发现国有风险投资的项目平均投资回报率要显著低于非国有风险投资机构,孙杨等(2012)发现国有创业投资机构并不能对企业的经营绩效有显著改善,吴超鹏等(2012)认为国有背景风投支持的上市企业对自由现金流的过度使用更为明显。余琰等(2014)认为 GVC 具有双重目标——社会价值与私人利益,并一直在其间摇摆。在股权分置改革完成以后,GVC 更多转向追逐私人利益。

此外,由于国有私募投资机构与各级政府之间存在着千丝万缕的关系,这种政治资源为其在投资项目选择、退出渠道等方面提供了诸多便利和优势。国有私募投资的政府背景也使其更易于在激烈竞争的风险投资市场上存活下来。因此,我们认为,鉴于天然具有的政治优势和较高的代理成本,国有私募股权投资在对被投企业的监管上存在懈怠,不能更好地发挥监督功能。资本市场对国有私募股权机构的认证效应存在质疑。因此,在定向增发的过程中,国有私募股权的监督功能和认证功能相对其他非国有私募股权的作用减弱。综合上述推论,本章提出假说 8.3:

假说 8.3:国有 PE 支持的上市企业定向增发折价率显著高于非国有 PE 支持企业。

2. 声誉

作为以私募为特征的金融中介,声誉是私募投资一项最为珍贵的资产。私募股权投资者在市场上面临着激烈的竞争,声誉可以在信息不对称的情况下给参与者带来竞争优势,高声誉 PE 往往具备丰富的投资经验和深刻的行业洞察力,能够为被投资企业提供更为专业化的服务(Baker 和 Gompers,2003;Gompers 等,2009),甚至高声誉私募股权投资能够吸引到经验丰富的管理团队,使得创始人离职的概率大幅上升(Denis 等,1997;Salhman,1990)。出于积累自身声誉的考虑,高声誉 PE 也愿意花费更多的时间去监督和管理被投资企业,利用其自身的关系网络帮助被投企业牵线搭桥,吸引潜在投资者(Nahata,2008)。此外,高声誉 PE 表现出更好的认证效应(Meggion 和 Weiss,1991)。在并购过程中,高声誉 PE 能更好地缓解并购双方之间的信息不对称,降低信息成本和谈判成本,促进并购顺利

① 在学术文献和业内有一种 GVC(government venture capital)的专门称法。GVC 往往指早期/成长期的风险投资者。本章样本为已经上市的公司,国有的私募股权投资者更适合称为 GPE(government private equity),但业内并无 GPE 的称法。在下文的文献描述中,仍然采用文献的惯用称呼 GVC。

进行(李曜和宋贺,2017;本书第7章)。可以预见,在企业定向增发过程中,高声誉PE更能防御控股股东通过定向增发进行的利益输送,降低企业和外部投资者之间的信息不对称。综合上述推论,本章提出假说8.4:

假说8.4:高声誉PE支持的上市企业定向增发折价率显著低于低声誉PE支持的企业。

3. 投资策略

联合投资是指多家机构联合在一起共同对创业企业提供资金的行为。相较而言,PE是否联合投资对被投资企业的定向增发行为影响可能更为重大,因为参与定价博弈的PE机构增加了。首先,联合投资可以实现优势互补,从而更好地发挥监督管理作用(Sorenson和Stuart,1999);其次,联合投资能够实现信息共享和相互监督,相互监督可以进一步提升PE对被投企业的监督功能,防止"搭便车"行为的产生(Hochberg,2003);最后,联合投资能够有效缓解外部投资者与企业之间的信息不对称,能够坚定外部投资者对企业价值的信心。由此可见,联合投资能够为被投资企业提供更好的监督服务和高质量的信号传递,有助于降低定向增发的折价率。综合这些推论,本章提出假说8.5:

假说8.5:多家PE联合支持的上市企业定向增发折价率显著低于单一PE支持的企业。

第三节 PE支持企业定向增发的数据、变量与模型设计

一、样本选择与数据来源

本章选取2012年6月21日(创业板企业第一次宣告定向增发)至2018年6月30日我国创业板上市企业已实施的713件定向增发事件,作为研究的初始样本,考虑到重复股权再融资①会对股价产生影响,若样本期内企业进行过两次及两次以上的定向增发,则取第一次定向增发作为样本事件,同时删除上市公司数据缺失的样本,最终获得461起定向增发事件样本。通过深圳证券交易所的增发公告手工收集获得这些定增公司背后的PE机构股东特征、增发前的持股比例等,上市企业财务数据、定向增发的相关资料分别来自CSMAR数据库和Wind数据库。

二、变量选取

(一)被解释变量

定向增发折价率(Discount):参考前人文献(Baek等,2006;何丽梅,2010;支晓

① 本章所选取的样本企业中有较多在样本期内存在多次定向增发的情况,但均未发生过配股、发行可转债等其他股权再融资事件。

强和邓路,2014),本章使用定向增发发行期首日的收盘价与实际发行价格的偏离程度作为定向增发折价率①,并分别使用定向增发首次公告日的收盘价、定向增发首次公告日后第10天的收盘价、定向增发首次公告日后10天的平均收盘价与发行价格的偏离程度等计算折价率,作为稳健性检验。

(二)解释变量

1. 企业是否有PE背景(PE)

下载深圳证券交易所披露的企业定向增发公告。然后,将前十大股东名单与清科私募通数据库编写的2011～2017年《中国创业投资暨私募股权投资机构名录》进行交叉核对。如果该股东进入名录中,则认定其为PE。对于其他股东的判断则依据该公司主营业务的介绍中是否存在“创业投资”“风险投资”“高科技投资”等描述进行判定。如果定向增发事件发生前的上市公司前十大股东中有PE机构,则认定该企业为PE持股企业。

2. 企业是否存在PE—券商联盟背景(PU)

同一家公司可能存在多个PE投资者,且同一家公司也可能聘请多家券商进行承销。借鉴前人做法(董建卫等,2013;罗吉等,2014),本章以主私募股权投资(LeaderPE)和主承销商(Leader Underwriter)进行统计,若同一家主私募股权投资和同一家主承销商存在2次及以上的IPO业务或定向增发业务合作,则定义为存在PE—券商联盟关系②。后文我们也将同一家主私募股权投资和同一家主承销商存在3次及以上的IPO业务或定向增发业务合作,定以为PE—券商联盟关系,作为稳健性检验。

3. 股权背景(GVC)

关于国有私募投资(GVC)的定义,学术界对其划分标准尚未完全统一。张学勇和廖理(2011)依据投中集团数据库(CVSource)对风险投资的背景进行划分,分类为政府、民营、外资和混合型等四种。吴超鹏等(2012)将风险投资的股东中有中央或地方国资委、地方政府、发改委、科技部等视为国有风险投资。借鉴余琰等

① 定向增发的定价基准日十分重要,一般存在首次公告日(即董事会预案公告日)、股东大会公告日、发行期首日三种选择,其中实践中采用最多的是第一种。由于董事会的开会日期可以由上市公司自主选择,因此企业对定增的基准定价存在择时甚至操纵的可能。在2015年12月,证监会进行窗口指导,强调以发行期首日收盘价作为定价基准,2017年2月15日证监会改革定增政策(《关于修改〈上市公司非公开发行股票实施细则〉的决定》),最重要的举措之一就是修订基准价格的确定日期,统一规定所有定增的发行基准价格都以发行期首日收盘价为准。本章这里使用发行期首日收盘价反映了新政策规定,同时我们采用董事会公告日及后续日期作为稳健性检验。

② 主私募投资机构是指联合投资中持股最大的投资机构。Wright和Lockett(2003)曾经指出在联合风险投资中,主风险投资机构是联合风投中最活跃的投资机构,并负责邀请其他投资机构形成联合投资。主风险投资机构耗费了更多的时间对项目进行监管、并负责与联合投资成员间的协调与沟通(Meuleman等,2009)。

(2014)的做法，本章按照私募投资的资本来源中存在政府机构、各级政府产业引导基金、国有企业等，无论上述机构的股权占比多少，均将此类私募股权投资视为国有私募资本(GVC)。

4. 私募投资的声誉(PE-rep)

根据清科私募通数据库中统计的“2011～2017 年度中国创业投资暨私募股权投资年度排名”，来界定私募股权是否具有声誉。清科 PE/VC 排名是从投资、管理、融资和退出等四个方面对风险投资和私募股权机构进行综合考察，选取了管理资金规模、新募集基金规模、投资案例个数、成功退出案例个数、回报率水平等指标。迄今为止，该排名已经连续公布了 13 年，以其独立性、公正性、客观性和专业性受到业界人士的广泛认可与关注。本章将清科私募通数据库所公布的 PE/VC 排名作为度量私募股权声誉的标准。若定向增发事件发生前一年，某 PE 进入了清科风险投资/私募股权年度榜单的前十名，则认为该 PE 具有高声誉，该定向增发事件为高声誉私募投资支持的定向增发事件。

5. 投资策略(PE_syndicate)

采用广义联合投资的概念，即在样本观测当年如果有多家私募投资机构共同持有创业板企业的股权，则认为该样本属于联合投资机构支持企业，否则为单一投资机构所支持。

(三)控制变量

参考前人文献(徐寿福，2009；章卫东，2010)，选取如下控制变量：发行比例(Fraction)、发行规模(Rsize)、增发前大股东持股比例(Block)、波动性(Volatility)、流动性(Liquidity)、盈利能力(Roe)、财务杠杆(Leverage)、成长性(Growth)、账面市值比(BM)、承销商声誉(Underwriter_rep)和年度和行业虚拟变量。

各变量的定义与说明如表 8.1 所示。

表 8.1　各研究变量定义与说明

变量名称	变量符号	计算方法
被解释变量：		
定向增发折价率	Discount	(发行期首日收盘价－发行价格)/发行期首日收盘价
	Discount_0	(宣告日收盘价－发行价格)/宣告日收盘价
	Discount_10	(宣告日后第 10 天的收盘价－发行价格)/宣告日后第 10 天的收盘价
	Discount_A10	(宣告日后 10 天的平均价格－发行价格)/宣告日后 10 天的平均价格
解释变量：		

续表

变量名称	变量符号	计算方法
有无私募股权支持	PE	虚拟变量，若发行方有私募股权投资背景则为1，否则为0
有无私募股权－券商联盟	PU	虚拟变量，若发行方PE与券商存在联盟关系则为1，否则为0
国有私募股权投资	GVC	虚拟变量，若发行方有国有PE背景则为1，否则为0
私募股权声誉	PE_rep	虚拟变量，若发行前一年该PE属于清科数据库公布的年度PE/PE排行榜的前十名机构，则为1，否则为0
联合私募投资	PE_syndicate	虚拟变量，若发行方为联合私募投资背景则为1，否则为0
控制变量：		
发行比例	Fraction	企业定向增发的股份数量/增发后企业总股数
发行规模	Rsize	企业实际募集资金总额的自然对数
增发前第一大股东持股比例	Block	增发前一年大股东持股数/增发前一年总股本
波动性	Volatility	使用定向增发公告前30个交易日的上市公司股票日收益率的标准差来衡量
流动性	Liquidity	增发前的流通股股数/总股本
盈利能力	Roe	定向增发前一年企业的净利润/净资产
财务杠杆	Leverage	定向增发前一年企业的总负债/总资产
成长性	Growth	定向增发前一年企业营业收入增长率
账面市值比	BM	公告日前一个交易日企业股权的账面价值/市场价值
承销商声誉	Underwriter_rep	虚拟变量，若发行前一年该承销商属于中国证券业协会公布的年度承销商排行榜的前十名机构，则为1，否则为0
年度虚拟变量	Year	定向增发事件发生在2012～2018年7个年份，因此设置6个年度虚拟变量
行业虚拟变量	Industry	根据Wind行业的一级行业分类标准进行划分

三、模型设计

为了检验假设8.1，本章构建了多元线性回归模型来分析有无PE背景对企业定向增发折价的影响，如式8.1所示：

$$Discount = \alpha_0 + \alpha_1 PE + \alpha_2 X + \varepsilon \tag{8.1}$$

上述方程中，*Discount* 是公司定向增发的折价率；PE 代表企业是否有 PE 持股，若企业有 PE 持股，则为 1，否则等于 0；X 表示控制变量。

为了进一步分析私募股权—券商联盟及 PE 特征对上市企业定向增发折价率的影响，本章接着构建了以下模型对假设 8.2～8.5 进行检验：

$$Discount = \alpha_0 + \alpha_1 PU + \alpha_2 X + \varepsilon \tag{8.2}$$

$$Discount = \alpha_0 + \alpha_1 GVC + \alpha_2 X + \varepsilon \tag{8.3}$$

$$Discount = \alpha_0 + \alpha_1 PE\_rep + \alpha_2 X + \varepsilon \tag{8.4}$$

$$Discount = \alpha_0 + \alpha_1 PE\_syndicate + \alpha_2 X + \varepsilon \tag{8.5}$$

PU 为虚拟变量，若 PU＝1，则代表该上市公司的股东中存在 PE，并且该 PE 与券商保荐机构之间存在长期稳定的伙伴关系，否则为 0。GVC 代表是否为国有私募股权支持的企业，是为 1，否则为 0。PE_rep 代表是否为高声誉 PE 支持企业，是为 1，否则为 0。PE_syndicate 代表是否为联合 PE 支持企业，是为 1，否则为 0。X 表示控制变量。

第四节　PE 支持企业定向增发的实证结果

一、主要变量的统计性描述

表 8.2　　主要变量的统计描述

变量名	均值	中位数	最小值	最大值	标准误	观测值
Panel A：被解释变量						
Discount	0.204***	0.150	−1.251	0.813	0.267	461
Discount_0	0.191***	0.168	−0.832	0.817	0.273	461
Discount_10	0.180***	0.180	−0.844	0.812	0.281	461
Discount_A10	0.185***	0.178	−0.822	0.811	0.281	461
Panel B：解释变量						
PE	0.274***	0.000	0.000	1.000	0.446	461
PU	0.611***	1.00	0.00	1.00	0.489	126
GVC	0.232***	0.000	0.000	1.000	0.424	126
PE_rep	0.119***	0.000	0.000	1.000	0.325	126
PE_syndicate	0.333***	0.000	0.000	1.000	0.473	126
Panel C：控制变量						
Fraction	0.117***	0.097	0.003	0.630	0.089	461

续表

变量名	均值	中位数	最小值	最大值	标准误	观测值
Rsize	19.967***	20.007	17.397	22.553	0.956	461
Block	31.650***	29.875	7.010	81.180	13.102	461
Volatility	0.038***	0.032	0.009	0.174	0.023	461
Liquidity	0.583***	0.582	0.100	1.000	0.217	461
Roe	0.065***	0.063	−0.992	0.335	0.077	461
Leverage	0.287***	0.263	0.015	0.807	0.161	461
Growth	0.302***	0.118	−0.998	38.882	1.942	461
BM	0.322***	0.271	0.041	1.147	0.204	461
Underwriter_rep	0.432***	0.000	0.000	1.000	0.496	461

注：***、**和*分别表示变量均值在1%、5%和10%的显著性水平下异于0。

各变量的统计性描述如表8.2所示，可知：(1)分别使用定向增发发行期首日的收盘价、宣告日的收盘价、宣告日后第10天的收盘价、宣告日后10天收盘价均值等作为度量折价率的基准时，定向增发折价率的均值分别为20.4%、19.1%、18.0%和18.5%。上述均值均在1%的显著性水平下异于0。这表明，我国创业板企业的定向增发确实存在高折价现象。(2)私募股权投资(PE)的均值为0.274，这表明有27.4%进行定向增发的上市企业存在PE投资背景。PE—券商联盟(PU)的均值为0.611，这表明在有私募投资支持的上市企业中，其中有61.1%的企业拥有PE—券商联盟背景。国有私募股权投资(GVC)的均值为0.232，这表明在有私募投资支持的上市企业中，其中有23.2%的企业拥有国有私募股权背景。私募投资声誉(PE_rep)的均值为0.119，这表明对于有私募投资支持的上市企业来说，有11.9%的私募投资机构声誉较高。联合私募投资(PE_syndicate)的均值为0.333，这表明在有私募投资背景的上市企业中，有33.3%选择了联合投资策略。(3)平均来看，定向增发的新股数量占增发后总股本的11.7%。(4)定向增发的样本公司中，大股东平均持股比例为31.65%，最小值为7.01%，最大值为81.18%，这表明定向增发公司中的大股东持股比例相对较高。(5)增发前的流通股股数占总股本的比例均值为58.3%，这表明定向增发公司有接近一半的股票处于尚未流通状态。(6)定向增发前一年企业的净资产收益率平均为6.5%，营业收入增长率平均为30.2%，这表明定向增发公司的盈利能力和成长性较好。(7)定向增发前企业的股权账面市值比均值为0.322，这表明公司的成长性较好、商誉等无形资产占比较大。因此，该指标揭示出：进行定向增发的企业信息不对称程度相对较高，参与定增的外部投资者需花费较高的信息搜寻和鉴别成本，在这种情况下，私募股权的认证效应就有了发挥作用的基础。

二、PE 特征及 PE—券商联盟关系对企业定向增发折价的影响

(一)有无私募股权支持对定向增发折价率的影响分析

基于定向增发事件的全样本,运行式 8.1 的回归模型,如表 8.3 的第(1)列所示:有 PE 背景企业的定向增发折价率低于无 PE 背景的企业 4.52%(在 10%的显著性水平下),这验证了本章的假设 8.1:即风险投资降低了定增投资者认购所要求的价格补偿。这来自 PE 的监督功能,可以防止大股东参与定向增发时所进行的利益输送,也来自 PE 的认证效应,可以缓解外部机构投资者和企业之间的信息不对称。两种机制的共同作用,使得 PE 支持企业的发行折价率显著低于无 PE 支持的企业。

表 8.3　私募股权对定增折价率的多元线性回归结果

变量名	(1)	(2)	(3)	(4)	(5)
	Discount				
PE	−0.045* (−1.87)				
PU		−0.096** (−2.18)			
GVC			0.092* (1.72)		
PE_rep				−0.180*** (−3.47)	
PE_syndicate					−0.076** (−2.08)
Fraction	1.234*** (6.44)	1.369*** (3.60)	1.329*** (3.00)	1.321*** (3.91)	1.765*** (6.11)
Rsize	−0.075*** (−4.93)	−0.154*** (−6.18)	−0.049 (−1.21)	−0.060* (−1.78)	−0.124*** (−4.24)
Block	−0.001 (−1.05)	−0.004 (−1.63)	−0.001 (−0.21)	0.004*** (2.67)	−0.002 (−1.28)
Volatility	2.825*** (4.76)	3.257** (2.25)	0.585 (0.68)	7.901*** (5.67)	2.158* (1.71)
Liquidity	0.031 (0.60)	0.249** (2.49)	0.104 (0.87)	−0.209 (−1.23)	0.110 (0.90)
Roe	0.141 (1.14)	−0.374** (−2.31)	0.152 (0.84)	0.249 (0.84)	0.437** (2.15)

续表

变量名	(1)	(2)	(3)	(4)	(5)
	Discount				
Leverage	0.012 (0.17)	−0.316* (−1.88)	0.216 (1.24)	0.291** (1.99)	0.480*** (3.07)
Growth	−0.001 (−0.17)	0.062** (2.16)	0.015 (0.36)	0.092* (1.78)	−0.016 (−0.62)
BM	−0.080 (−1.16)	−0.591*** (−3.01)	−0.180 (−1.37)	0.256*** (2.70)	−0.161 (−1.25)
Underwriter_rep	−0.007 (−0.31)	0.027 (0.69)	0.031 (0.59)	0.135*** (3.72)	0.081* (1.86)
Constant	1.261*** (3.93)	3.060*** (4.31)	0.962 (1.22)	0.914 (1.30)	2.553*** (4.87)
Year dummy	控制	控制	控制	控制	控制
Industry dummy	控制	控制	控制	控制	控制
N	461	126	126	126	126
Adj. R^2	0.41	0.56	0.43	0.61	0.57

注：***、**、*分别表示在1%、5%、10%水平下显著，括号内数值为对应系数的t统计量。

(二)PE—券商联盟对被投企业定向增发折价率的影响分析

基于存在PE支持的创业板企业定向增发事件子样本，运行(8.2)式的回归模型，如表8.3的第(2)列所示：对于有私募股权背景的企业来说，PE—券商联盟支持的企业定向增发折价率低于无PE—券商联盟支持的企业9.56%(在5%的显著性水平下)，这验证了本章的假设8.2，即关系租金的存在进一步缓解了机构投资者和企业之间的信息不对称，从而导致PE—券商联盟支持的企业定向增发折价率显著低于无PE—券商联盟支持的企业。

(三)私募股权投资机构所有权背景对被投企业定向增发折价率的影响分析

基于有PE支持企业定向增发事件子样本，如表8.3的第(3)列所示：GVC支持企业的定向增发折价率高于非GVC支持企业9.22%(在10%的显著性水平下)，这验证了本章的假设8.3，即相比于非国有投资，GVC并不能更好地发挥监督功能和认证功能，从而GVC投资企业的定向增发折价率更高。

(四)私募投资机构声誉对企业定向增发折价率的影响分析

基于有PE支持的创业板企业定向增发事件子样本，如表8.3的第(4)列所示：高声誉PE支持企业的定向增发折价率低于低声誉PE支持的企业18%(在1%的显著性水平下)，这验证了本章的假设8.4，即相比于低声誉风险投资，高声誉风险投资能够更好地发挥监督功能和认证功能，从而使得定向增发折价率更低。

(五)联合私募投资对企业定向增发折价率的影响分析

基于有PE支持的创业板企业发起的定向增发事件子样本，如表8.3的第(5)列所示：联合PE支持企业的定向增发折价率低于单一PE支持的企业7.63%(在5%的显著性水平下)，这验证了本章的假设8.5，即相比于单一PE，联合PE能够实现优势互补、信息共享、相互监督，从而使得定向增发折价率更低。

三、PE特征及PE—券商联盟影响企业定向增发折价率的作用机制

源于PE的异质性——所有权差异、声誉差异和投资策略差异将表现出不同的监督功能和认证效应，下面本章从监督功能和认证效应的两条渠道出发，厘清PE参与及其异质性对企业定向增发折价率的影响机制。另外，“PE—券商联盟”可以产生PE和承销商之间的关系租金，将降低企业定向增发折价率。本章从关系租金的角度出发厘清“PE—券商联盟”对企业定向增发折价率的影响机制。

(一)定增前的盈余管理与私募股权投资的监督功能

为了检验PE的监督功能，本章使用定向增发前的盈余管理程度作为衡量PE监督功能的代理变量。学术文献认为企业会在定向增发前进行盈余管理以压低发行价，从而实现对定向增发认购对象的利益输送(章卫东，2010)。为了检验PE的监督功能对利益输送的抑制作用，下面从盈余管理的角度来度量公司治理质量的高低。在计算可操控应计利润(DA)时，本章参照Ken等(2006)、章卫东(2010)等的做法，使用修正Jones模型来计算企业在定向增发前1年的可操控应计利润。选取影响可操控应计利润的变量包括：定向增发前的公司总资产的自然对数(Size)、第一大股东持股比例(Block)、盈利能力(Roa)、负债水平(Leverage)、账面市值比(BM)、行业因素和年份因素，如表8.4所示。

表8.4　　私募股权投资、盈余管理与监督功能的回归结果

变量名	(1)	(2)	(3)	(4)
	盈余管理水平DA			
PE	−0.285* (−1.93)			
GVC		0.213** (2.28)		
PE_rep			−0.147** (−2.04)	
PE_syndicate				−0.206** (−2.05)

续表

变量名	(1)	(2)	(3)	(4)
	盈余管理水平 DA			
Size	0.383 (1.25)	−0.235* (−1.78)	0.003 (0.03)	−0.289** (−2.53)
Block	0.0002 (0.04)	−0.006 (−1.12)	0.001 (0.16)	0.010** (2.10)
Roa	2.835 (1.59)	6.438*** (5.17)	1.387 (0.87)	5.372*** (3.57)
Leverage	0.844 (1.27)	−0.091 (−0.26)	0.208 (0.47)	1.592*** (3.63)
BM	−1.276 (−1.42)	0.962*** (3.94)	0.441 (1.00)	0.594** (2.03)
Constant	−7.291 (−1.17)	4.400 (1.61)	−0.418 (−0.18)	5.557** (2.36)
Year dummy	控制	控制	控制	控制
Industry dummy	控制	控制	控制	控制
N	461	126	126	126
Adj. R^2	0.11	0.30	0.24	0.39

注：***、**、*分别表示在1%、5%、10%水平下显著，括号内数值为对应系数的t统计量。

回归结果如表8.4的第(1)列所示，有私募投资背景的企业在定增前一年的盈余管理低于无私募投资背景的企业28.5%(在10%的显著性水平下)。定增前一年的盈余管理水平越低，表明私募股权投资能够对被投企业起到更好的监督功能，进行利益输送的可能性越低。

如表8.4的第(2)列所示，国有私募股权投资背景的企业在定增前一年的盈余管理高于非国有私募投资背景的企业21.3%(在5%的显著性水平下)。这表明相较于非国有投资，国有私募投资对企业的监督功能发挥较差。

如表8.4的第(3)列所示，高声誉私募投资背景的企业在定增前一年的盈余管理低于低声誉私募投资背景的企业14.7%(在5%的显著性水平下)。这表明相较于低声誉机构，高声誉私募机构能够对企业发挥更优的监督功能。

如表8.4的第(4)列显示，联合私募投资背景的企业在定增前一年的盈余管理低于单一私募投资背景的企业20.6%(在5%的显著性水平下)，这表明相较于单一投资策略，联合投资策略更能够促使PE对企业发挥更优的监督功能。

(二) 企业股票信息度与私募股权的认证效应

当有关公司特质的信息不断地被融入当前股票价格时，股价的信息含量将逐渐增加（苏冬蔚和熊家财，2013；Liao 等，2016）。本章使用股票价格的信息含量作为度量信息不对称程度的代理变量。在计算股票价格信息含量时，参考 Morck 等（2000）的做法，采用公司宣告定向增发后第 2 至第 31 个交易日之间的数据，通过回归将个股收益率的方差分解为市场收益率方差和公司特质因子方差两个部分，回归模型如式 8.6 所示：

$$r_{it}=\alpha_0+\alpha_1 r_{mt}+\varepsilon_t \tag{8.6}$$

其中，r_{it} 为股票 i 的日收益率，r_{mt} 为创业板指数的日收益率，ε_t 为回归的残差。方程(8.6)的拟合优度 R_i^2 代表了市场冲击对股票 i 收益率变动的影响，$1-R_i^2$ 则代表了公司的特质性信息对股票 i 收益率变动的影响。因此，构建如式 8.7 所示的股价信息含量[①]：

$$SYN_i=ln[(1-R_i^2)/R_i^2] \tag{8.7}$$

倘若公司股价中包含的公司特质信息越多，则 SYN_i 越大。参考前人文献（苏冬蔚和熊家财，2013；于丽峰等，2014），这里选取影响股价信息含量的控制变量包括：公司定向增发募集资金总额（Rsize）、定向增发前第一大股东持股比例（Block）、盈利能力（Roe）、负债水平（Leverage）、账面市值比（BM）、行业因素和年份因素。回归结果如表 8.5 所示

表 8.5　　私募股权投资、股票信息度与认证效应

变量名	(1)	(2)	(3)	(4)
	信息不对称指标 SYN			
PE	0.251* (1.70)			
GVC		−0.530* (−1.70)		
PE_rep			0.255* (1.69)	
PE_syndicate				0.367* (1.70)
Rsize	−0.049 (−0.60)	−0.212 (−1.08)	−0.063 (−0.65)	0.075 (0.61)
Block	0.012** (2.07)	0.008 (0.60)	0.011** (2.30)	0.008 (1.05)
Roe	−1.935 (−1.32)	−0.848 (−0.61)	−0.703 (−0.78)	−0.762 (−0.95)

① 股价信息含量也称为股价同步性（stock price synchronicity），因此简记为 SYN。

续表

变量名	(1)	(2)	(3)	(4)
	信息不对称指标 SYN			
Leverage	−0.062 (−0.13)	−1.187 (−1.19)	0.422 (0.62)	−0.891 (−1.36)
BM	−0.485 (−1.12)	0.026 (0.04)	−0.176 (−0.56)	−0.376 (−0.96)
Constant	1.197 (0.70)	2.903 (0.74)	−0.106 (−0.06)	−2.012 (−0.77)
Year dummy	控制	控制	控制	控制
Industry dummy	控制	控制	控制	控制
N	461	126	126	126
Adj. R^2	0.10	0.18	0.38	0.43

注：***、**、*分别表示在1%、5%、10%水平下显著，括号内数值为对应系数的t统计量。

如表8.5的第(1)列所示，有PE背景的企业定向增发时的股票信息度高于无PE背景的企业25.1%(在10%的显著性水平下)。这表明相较于无PE的企业，PE支持能够更好地发挥认证效应，缓解定向增发过程中企业与投资人之间的信息不对称，进而降低发行折价率。

如第(2)列显示，有GVC支持的企业定向增发时股票信息度低于非GVC支持企业53%(在10%的显著性水平下)。这表明相较于国有机构，非国有私募股权投资对企业的认证功能更优。

如第(3)列所示，高声誉PE支持的企业在定向增发时的股票信息度高于低声誉PE支持的企业25.5%(在10%的显著性水平下)。这表明相较于低声誉机构，高声誉私募机构对企业的认证功能更优。

如第(4)列所示，联合PE支持的企业定向增发时的股票信息度高于单一PE支持的企业36.7%(在10%的显著性水平下)。这表明相较于单一PE，联合PE能够有效地发挥认证功能。

(三)定向增发持续时间与PE—券商联盟的关系租金

定向增发持续时间是反映定向增发效率的一个直观因素。一个较短的定向增发持续时间意味着定增方案的设计、询价、股权交割等过程进行得较为顺利，是反映定向增发参与者沟通效率的一个直观指标。此外，一个较短的定向增发持续时间也通常代表着定向增发参与者所面临的信息不对称程度较低、利益输送的操作空间相对较少。关系租金的存在能够显著抑制利益输送操作并降低信息不对称。因此可以预见，存在PE—券商联盟关系的公司定向增发持续时间应当较短。为了检验上述机制，本章构建了如式8.8所示模型：

$$Time = \beta_0 + \beta_1 VU + \beta_2 X + \varepsilon \tag{8.8}$$

式 8.8 中的被解释变量为定向增发持续时间(Time)。本章使用从宣告通过定向增发决议的股东大会公告日到定增发行期结束、股票恢复上市日之间的间隔天数来变量定增持续时间。X 为影响定向增发持续时间的控制变量,包括:定向增发发行比例(Fraction)、发行规模(Rsize)、定向增发前第一大股东持股比例(Block)、波动性(Volatility)、流动性(Liquidity)、盈利能力(Roe)、负债水平(Leverage)、成长性(Growth)、账面市值比(BM)、年份虚拟变量(Year)和行业虚拟变量(Industry)。

表 8.6　私募股权与券商联盟、定向增发持续时间与关系租金

变量名	定向增发持续时间:Time
PU	30.40* (1.69)
Fraction	−75.15 (−0.42)
Rsize	−31.82* (−1.86)
Block	−0.551 (−0.82)
Volatility	682.8** (2.13)
Liquidity	246.4*** (2.67)
Roe	186.4 (0.92)
Leverage	−37.51 (−0.53)
Growth	−9.421 (−0.36)
BM	138.1* (1.72)
Constant	492.5 (1.24)
Year dummy	控制
Industry dummy	控制
N	126
Adj. R^2	0.47

注:***、**、* 分别表示在 1%、5%、10%水平下显著,括号内数值为对应系数的 t 统计量。

回归结果如表 8.6 所示。示存在 PE—券商联盟关系的公司定向增发持续时间低于无 PE—券商联盟关系的公司 30.4 天(在 10%的显著性水平下),这表明 PE 与券商联盟所产生的关系租金可以起到提高增发实施效率的作用。

四、稳健性检验

(1)2017 年 2 月中国证监会对《上市公司非公开发行股票实施细则》部分条文进行修订,对定向增发的基准日条款、定向增发拟发行的股份数量、定增间隔时间等均做出了调整或者更详细规定,并加强对上市公司再融资的规范管理。

考虑到政策变化对本章研究结论可能产生的影响,我们以 2017 年 2 月作为时间间隔,将 2017 年 1 月 31 日之前发生的增发事件作为政策变动前样本,2017 年 2 月 28 日以后发生的增发事件作为政策变动后样本,针对政策变化前后的子样本,分别对式 8.1～8.5 进行回归,结果如表 8.7 和表 8.8 所示。观察结果可以发现,无论在政策变化前后,研究结论均未发生显著变化。

表 8.7　　政策变动前的定向增发事件样本的回归结果

	(1)	(2)	(3)	(4)	(5)
	Discount	Discount	Discount	Discount	Discount
PE	−0.048* (−1.66)				
PU		−0.194*** (−3.17)			
GVC			0.143** (2.39)		
PE_rep				−0.188*** (−3.41)	
PE_syndicate					−0.109* (−1.88)
Fraction	1.340*** (7.23)	0.841* (1.84)	1.666*** (3.27)	1.275*** (3.03)	1.427*** (3.35)
Rsize	−0.097*** (−5.58)	−0.059 (−1.44)	−0.105** (−2.44)	−0.051 (−1.15)	−0.157*** (−3.41)
Block	−0.001 (−0.78)	−0.008** (−2.57)	0.002 (0.63)	0.004* (1.95)	0.003 (1.36)
Volatility	2.771*** (4.71)	2.665 (1.61)	0.313 (0.36)	7.258*** (4.59)	1.442 (0.97)
Liquidity	0.021 (0.34)	0.233* (1.97)	0.069 (0.51)	−0.238 (−1.18)	−0.100 (−0.66)

续表

	(1)	(2)	(3)	(4)	(5)
	Discount	Discount	Discount	Discount	Discount
Roe	−0.025 (−0.16)	−0.147 (−0.69)	−0.055 (−0.34)	0.205 (0.62)	0.114 (0.44)
Leverage	−0.030 (−0.36)	−0.331 (−1.62)	0.235 (1.05)	0.178 (1.04)	−0.027 (−0.16)
Growth	0.040** (2.06)	0.036 (0.97)	0.025 (0.53)	0.135** (2.20)	0.054 (1.13)
BM	−0.167** (−2.19)	−0.305 (−1.00)	−0.242 (−1.64)	0.318*** (2.84)	0.282** (2.52)
Underwriter_rep	−0.007 (−0.26)	0.061 (1.36)	0.077 (1.16)	0.168*** (3.96)	0.151*** (2.80)
Constant	1.441*** (4.10)	1.374 (1.41)	1.854** (2.25)	0.911 (1.04)	3.003*** (3.35)
Year	控制	控制	控制	控制	控制
Industry	控制	控制	控制	控制	控制
N	334	94	94	94	94
Adj. R^2	0.39	0.53	0.47	0.76	0.61

注：***、**、*分别表示在1%、5%、10%水平下显著，括号内数值为对应系数的t统计量。

表 8.8　　政策变动后的定向增发事件样本的回归结果

	(1)	(2)	(3)	(4)	(5)
	Discount	Discount	Discount	Discount	Discount
PE	−0.114* (−1.78)				
PU		−0.058*** (−5.13)			
GVC			0.035** (2.41)		
PE_rep				−0.201* (−1.90)	
PE_syndicate					−0.282* (−1.98)
Fraction	1.058** (2.59)	0.990*** (9.21)	−0.121* (−2.24)	2.458*** (4.01)	1.185 (0.75)
Rsize	−0.028 (−0.84)	−0.103*** (−6.62)	0.016** (2.58)	−0.262** (−3.23)	−0.238 (−1.25)

续表

	(1)	(2)	(3)	(4)	(5)
	Discount	Discount	Discount	Discount	Discount
Block	0.002 (1.41)	−0.002** (−2.54)	−0.0004** (−2.92)	−0.014** (−3.04)	−0.021** (−3.30)
Volatility	−3.078 (−1.17)	4.022*** (5.47)	0.322 (0.97)	−0.236 (−0.05)	−13.39 (−1.72)
Liquidity	0.130 (1.06)	0.010 (0.29)	0.005 (0.31)	−0.365 (−1.34)	−0.773 (−1.01)
Roe	0.342 (0.89)	1.451*** (11.52)	0.059 (1.64)	4.257*** (5.67)	3.934** (2.58)
Leverage	−0.002 (−0.01)	−0.687*** (−12.32)	−0.030 (−1.26)	−0.286 (−0.70)	0.403 (0.43)
Growth	0.103 (1.39)	0.040*** (5.83)	0.004 (0.79)	0.020 (0.36)	0.031 (0.23)
BM	0.053 (0.41)	0.456*** (11.42)	−0.099** (−2.71)	1.488*** (7.21)	1.157 (1.22)
Underwriter_rep	0.013 (0.28)	−0.065** (−2.33)	−0.003 (−0.48)	−0.235** (−2.83)	−0.075 (−0.32)
Constant	−0.542 (−0.91)	2.094*** (6.15)	−0.085 (−0.64)	5.485** (2.96)	5.575 (1.38)
Year	控制	控制	控制	控制	控制
Industry	控制	控制	控制	控制	控制
N	121	29	29	29	29
Adj. R^2	0.38	0.57	0.60	0.45	0.68

注：***、**、* 分别表示在1%、5%、10%水平下显著，括号内数值为对应系数的t统计量。

(2)私募投资和被投资企业之间可能存在内生关系(Lee 和 Wahal，2004)，PE会根据自己的标准选择企业进行投资。为了消除这种自选择因素所带来的影响，我们分别采用 Heckman 两阶段回归模型来控制样本的自选择偏误，参考前人文献(蔡卫星等，2013)构建了如式8.9～8.13所示的回归方程。

$$Pr(PE=1)=\alpha+\beta Z+\varepsilon \tag{8.9}$$

$$Discount=\alpha+\gamma IMR+\beta_1 PE+\beta_2 X+\varepsilon \tag{8.10}$$

$$Discount=\alpha+\gamma IMR+\beta_1 PU+\beta_2 X+\varepsilon \tag{8.11}$$

$$Discount=\alpha+\gamma IMR+\beta_1 PE\_rep+\beta_2 X+\varepsilon \tag{8.12}$$

$$Discount=\alpha+\gamma IMR+\beta_1 PE\_syndicate+\beta_2 X+\varepsilon \tag{8.13}$$

公式8.9是第一阶段的 Probit 回归，其中，Pr(PE=1)表示获得私募股权支持的概率，当企业有私募股权机构参股时，该变量为1，否则为0。Z为一组能够影响私募股权投资行为的控制变量。借鉴前人文献，选择了如下因素作为控制变量 Z：①企业是否有政治关系(Guanxi)，如果企业高管中具有政治背景即目前或者曾在中央或地方各级政府任职、或者为中央或地方各级人大代表或者政协委员，则 Guanxi 取 1，否则取 0。②企业在上市前的成立时间(Birth，以年度量)。③企业的规模(Size)、成长性(Growth)、盈利能力(Roa)、资本结构(Lev)分别为企业上市前一年总资产的对数、营业总收入的增长率、资产收益率和负债资产比。④行业虚拟变量。⑤年份虚拟变量。式 8.10～8.13 为第二阶段的线性回归，其中 IMR 为第一阶段的 Probit 回归所得到的逆米尔斯因子，其余控制变量 X 的定义与表 8.1 相同。回归结果如表 8.9 所示。观察表中所列示的回归结果可以发现，在控制内生性后，结论并未发生显著性变化。

表 8.9　　控制内生性后的私募股权投资对定向增发折价率的影响检验

变量名	(1)	变量名	(2)	(3)	(4)	(5)	(6)
	PE		Discount	Discount	Discount	Discount	Discount
Guanxi	0.625** (2.37)	PE	−0.063* (−1.75)				
Birth	−0.024 (−0.74)	IMR	0.029 (0.71)	0.144 (1.20)	−0.025 (−0.17)	0.317*** (4.28)	0.150 (1.24)
Size	0.191 (0.83)	PU		−0.250* (−1.92)			
Roa	−6.069** (−2.22)	GVC			0.267* (2.01)		
Leverage	−0.311 (−0.37)	PE_rep				−0.019* (−1.75)	
Growth	0.512 (1.22)	PE_syndicate					−0.233* (−1.76)
		Fraction	1.443*** (4.85)	2.427*** (2.98)	1.890** (2.39)	1.666** (2.62)	2.047** (2.56)
		Rsize	−0.082*** (−2.70)	−0.158 (−1.60)	−0.064 (−0.69)	−0.065 (−0.73)	−0.103 (−1.09)
		Block	−0.002 (−1.27)	−0.006 (−1.33)	−0.005 (−1.25)	−0.002 (−0.83)	−0.006 (−1.40)
		Volatility	2.919*** (2.77)	−0.139 (−0.03)	4.919 (0.99)	0.409 (0.10)	−0.639 (−0.13)
		Liquidity	0.029 (0.29)	−0.180 (−0.66)	−0.041 (−0.15)	−0.255 (−0.88)	−0.165 (−0.60)
		Roe	−0.051 (−0.25)	−0.410 (−1.16)	−0.595 (−1.68)	−0.456*** (−3.12)	−0.347 (−0.96)
		Leverage	0.126 (0.91)	0.230 (0.49)	−0.168 (−0.35)	0.242 (0.52)	0.186 (0.39)

续表

变量名	(1)	变量名	(2)	(3)	(4)	(5)	(6)
	PE		Discount	Discount	Discount	Discount	Discount
		Growth	0.001 (0.18)	0.071 (0.68)	0.137 (1.39)	−0.025 (−0.27)	0.200* (1.87)
		BM	−0.342*** (−3.38)	−0.551** (−2.28)	−0.400 (−1.61)	−0.320 (−1.43)	−0.370 (−1.41)
		Underwriter_rep	−0.046 (−1.18)	−0.007 (−0.05)	0.098 (0.69)	−0.149 (−0.91)	0.058 (0.41)
Constant	−1.871 (−0.39)	Constant	1.482** (2.46)	3.752* (1.80)	1.184 (0.62)	1.356 (0.71)	2.067 (1.09)
Year	控制	Year	控制	控制	控制	控制	控制
Industry	控制	Industry	控制	控制	控制	控制	控制
N	461	N	461	126	126	126	126
Pseudo R^2	0.39	Adj. R^2	0.43	0.60	0.60	0.53	0.59

注：***、**、* 分别表示在1%、5%、10%水平下显著，括号内数值为对应系数的 t 统计量。

(3)券商直投类私募股权机构具有特殊性。券商直投兼具承销商和私募投资的双重身份，且国内的券商直投往往选择自己的股东单位作为项目的承销商，因此券商直投类 PE 机构与承销商之间的关系不属于单纯的联盟关系。将券商直投类 PE 参股的上市公司从样本中剔除，对公式(8.2)进行重新回归，研究结论保持不变。

(4)将 PE—券商联盟关系界定为存在 3 次及以上合作次数，并对式 8.2 进行回归，发现结论依旧保持不变。

(5)本章还使用 Discount_0、Discount_10 和 Discount_A10 分别来度量定向增发折价率，发现结果与前文保持一致。

第五节　结论与启示

一、本章结论

当前，定向增发中存在的过度融资、定价偏差等问题，导致资本市场的资源配置功能存在一定失衡，引发了监管机构的高度关注(中国证监会，2017)。如何完善定向增发中的定价机制，成为资本市场制度建设中的重要课题。本章收集了 2012 年 6 月 21 日至 2018 年 6 月 30 日我国创业板上市企业完成的定向增发事件，从定向增发参与者的视角出发，采用理论与实证分析相结合的手段，深入研究了 PE、PE 与承销商的联盟关系对上市企业定向增发折价的影响效果和作用机制。具体结果如下。

第一，我国创业板上市企业的定向增发存在高折价现象。描述性统计的结果显示，将定价的折价率指标作为创业板上市企业定向增发发行日的收盘价与实际发行价格的偏离程度时，发现这一指标平均高达20.4%。使用其他稳健性指标诸如定向增发首次公告日的收盘价、首次公告日后10天的收盘价、首次公告日后10天的平均收盘价与发行价格的偏离程度等，计算出的折价率平均为19.1%、18%和18.5%。这表明创业板上市企业的定向增发与主板市场均表现为折价发行。

第二，私募股权投资具有降低定向增发高折价的积极影响作用。通过理论分析和实证检验，本章发现PE支持企业的定向增发折价率显著偏低。与其他PE支持企业相比，当PE与承销商存在联盟关系、PE具有高声誉、PE采取联合投资策略等情形下，表现出显著更低的定向增发折价，而国有PE支持企业的定向增发折价率则显著更高。

第三，私募股权投资对上市企业定向增发折价率的影响作用表现为三种渠道：(1)PE的监督功能(通过盈余管理指标得到检验)。(2)PE的认证效应(通过股票信息不对称指标得到检验)。(3)PE与承销商的关系租金(通过定向增发持续时间得到检验)，上述三条渠道使得定向增发的高折价现象得到缓解。

二、理论启示

一直以来，定向增发的高折价现象受到了学者们的关注。现有理论提出了流动性补偿假说、信息不对称假说和利益输送假说等，尝试对定向增发的高折价现象进行解释。近年来，伴随着私募股权的发展，我国上市企业特别是创业板企业多数接受了私募股权资本的支持，这意味着在定向增发的过程中不仅涉及大股东、小股东和一般机构投资者，还涉及PE股东。鉴于PE具有丰富的社会资本，其与银行、券商、同业等均存在广泛的业务合作关系，这使得在定向增发中，PE与券商的合作关系值得引起特别关注。在上述背景下，研究PE参与、PE与承销商的联盟关系对企业定向增发定价的影响效果，具有重要的理论启示。

第一，在研究视角方面，本章从PE原始股东的角度出发，探索PE股东、PE的社会资本、PE的异质性特征对企业定向增发折价的影响效果和作用机理，有助于深入理解定向增发定价过程中各参与主体的作用，亦有助于丰富定向增发定价、PE价值创造等相关理论文献。

第二，在研究对象方面，一般认为，企业的定向增发过程中牵系着各类股东之间的利益分配，大股东、外部股东可能会通过定增侵占原中、小股东利益，此时制衡的力量显得特别重要。创业板企业提供了一个“天然的”观察制衡股东作用的平台，因为PE股东作为专业机构投资者同时进入创业板企业时间较久，能够扮演制衡股东的角色。本章验证了PE股东及其社会资本在我国上市公司定向增发中所发挥的作用，提供了来自新兴国家资本市场的经验证据。

第三，在认识资本市场的卖方和买方的关系上，提出了新的联盟和关系资本的理论框架。我们知道，传统意义上，券商代表着资本市场的卖方，以促成交易为主要目的；私募股权资本代表着资本市场的买方，以实现价值创造为主要目的。因此，金融中介理论历来认为由于二者在金融市场上扮演不同角色，具体的价值估值模型、投资理念都存在着一定的鸿沟。本章以定向增发中存在多次合作关系为基准，提出作为卖方的券商与作为买方的私募股权资本之间存在着联盟关系，进而产生合作，这种合作关系有效地提高了定向增发的定价效率。这一研究视角为资本市场的理论和实证研究构建了一个新的理论框架，当然有待于后续更多学者进行探索。

三、实践启示

本章揭示了私募股权投资及其券商联盟对企业定向增发折价的影响，对于保护投资者利益、引导资源合理配置具有一定的参考价值。具体的政策建议如下。

第一，引导和规范私募投资参与上市企业定向增发，充分发挥 PE 股东的价值增值作用。PE 不仅参与了企业的 IPO 活动，还在企业后续的并购扩张、再融资活动中发挥着积极作用。政府可以通过税收优惠、政府担保、信贷优惠等在私募股权行业的发展上给予政策支持，提升市场活力。引导私募股权投资积极参与市场化运作，使资源能够得到合理配置，从而实现优胜劣汰、优化产业结构。

第二，私募股权机构是资本市场的“常客”，私募股权与承销商的合作往来，形成了私募股权重要的关系资本，多次合作可以实现双方的优势互补和资源共享。私募股权应当与承销商建立良好的关系，充分降低双方之间的信息不对称，以减少后续合作中的沟通和交流等成本，构建信任稳定的合作基础。

第三，私募股权机构应当重视自身声誉的积累。为了避免逆向选择问题的发生，同时也为了与低质量的公司相区别，高质量的企业一般倾向于选择与高声誉的私募投资机构进行合作。故而私募股权机构应当在提供服务的过程中注重自身声誉的积累，提升专业化服务质量，努力提高自身的市场份额和信誉。

第九章　私募股权的区域退出率：是否存在舍近求远*

基于我国私募股权投入和退出项目的历史数据，本章尝试回答如何提高私募股权资源区域配置效率的问题。通过对私募股权在国内各地区间退出率的分组比较研究，发现平均而言，PE 在北京、上海、广州、深圳等私募股权中心城市的退出率最低，而在其邻近省份的退出率最高。原因在于：(1)由于地理距离产生的交易和监督成本，使得 PE 对远距离投资项目提高了选择的标准。(2)地区的产业集聚及私募股权投资机构的经验能显著地提高退出率，这有助于削弱因地理距离带来的逆向选择。上述发现揭示了：为了更好地发挥私募股权对创新创业的推动作用，应综合考虑被投企业所在地的禀赋资源、PE 自身专业性条件等来制定合理的投资策略。

第一节　私募股权的成功退出率存在区域差异

为了更好地揭示私募股权的运作规律，提升资金在各地区间的配置效率，本章选择了金融学和经济地理学的交叉视角，聚焦于私募股权资本最关心的退出问题，试图回答：(1)不同地区私募股权的退出率有何不同？(2)造成退出率地区差异的原因是什么？(3)PE 投资人应如何结合地理因素和自身条件，制定合理的投资策略？

创业活动和私募股权本身的特点，使得从金融学和经济地理学交叉的视角考察私募股权对创业的支持作用具有必要性。首先，PE 与被投资企业的地理临近性，在实践中极为重要。因为地理临近性有助于节约创业投资活动中的交易成本，便于 PE 与创业者的交流和 PE 发挥监督作用，对合约安排产生了直接影响(Cumming 和 Dai，2010；Bengtsson 和 Ravid，2011；Hochberg 和 Rauh，2013)；第二，在创业活动密集和创业金融发达的地区进行创业，信息交流和网络关系使得创业企业更容易得到实现创业想法的各类所需资源，私募股权投资的业绩也更好(Hellmann，2000；Michelacci 和 Suarez，2004；Mollica 和 Zingales，2007)；第三，中国经济中的地理因素十分重要(董锁成等，2002；陆铭、陈钊，2005；乐国林、毛淑珍，2011)。伴随着经济结构调整、产业转型以及新区域规划的展开，我国正在勾画新

---

* 本章的主要内容发表于《财贸经济》2016 年第 6 期(作者：龙玉、李曜)。本书作者进行了改写。

的经济地理版图，区域差异越来越受到国内学者的关注(赵勇、魏后凯，2015；白俊红、蒋伏心，2015)。就创新创业企业而言，显然区域因素会从多个角度诸如市场需求、融资便利、产业规划、人才集聚等多方面影响创业的成败最终决定私募股权能否成功实现退出。

已有研究指出私募股权具有地理集聚性(Powell 等，2002；Chen 等，2010；汪明峰等，2014)，并且私募股权的集聚也会促进创业活动的集聚(Mollica 和 Zingales，2007)，本章根据私募股权投资机构总部数量和投资规模将北京、上海、广州/深圳(简称广深)三个地区界定为中国的私募股权中心(以下简称为“PE 中心”)[①]，研究私募股权在 PE 中心、PE 中心的相近地区、PE 中心的较远地区的投资退出率差异，发现：私募股权中心并不是退出率最高的地区；以省份为界，随着项目所在地距私募股权中心距离的增加，PE 中心、PE 中心近距离省份、远距离省份的退出率呈现先升后降的现象，并且 PE 中心的退出率最低。究其原因：第一，退出率的地区差异与因距离带来的交易成本以及由此产生的逆向选择有关，因为 PE 会提高远距离项目的投资决策标准，在一定范围内的远距离项目因选优因素而具有了更高的成功率；第二，地区的产业集聚以及投资机构的专业性和行业经验能显著提高退出率，有助于削弱因地理距离带来的逆向选择性。

投资人的专业性削弱了地理因素的制约值得深思，尤其结合 PE 中心的退出率最低这一事实。地理距离除了可能令投、融资双方面临更大信息不对称外，它带来的交易成本直接地体现在了项目考察、谈判、投后管理的面对面沟通成本等方面。对于专业性较差的投资人来说，除非异地项目的价值显著地高于本地项目，否则他将不会投资于异地项目。因此，专业性不足的投资人对距离的敏感性强，更加局限于本地投资。本章发现 PE 中心的退出率最差，说明 PE 中心的项目较多，除了 PE 中心本身的集聚效应外，也是由于专业性较差的 PE 投资者集中所导致的。PE 中心的过度投资，会降低 PE 中心的退出率。根据周育红和宋光辉(2014)对中国创业投资网络的研究，中国创投网络规模在逐年增加，但是网络质量却有下滑的趋势。当然，处于 PE 中心的创业企业来说，融资门槛相应下降了，他们更容易获得资金的支持，这有利于早期的创业企业，创新的孵化需要较为宽松的环境并允许试错。

本章的贡献在于：第一，在国内文献中率先从经济地理学的视角探讨了私募股权的退出问题，为研究私募股权开辟了新方向；第二，发现退出率与 PE 中心距离的非线性关系，从逆向选择、地区产业集聚、以及 PE 机构专业性等三个角度进行

---

① 类似“金融中心”是一个经济学名词，本书相应地提出“私募股权中心”的概念，从私募股权机构数量、从业人员、资本规模等指标来界定。另外，文中的“广深”指广州和深圳，从地理分布来看这两个地方非常接近，通勤只需要半小时。并且从私募股权机构和投资项目的数量来看，广州和深圳相近并都很多，因此本书将广州和深圳合并称“广深”。

了解释，为认识国内私募股权投资的运作规律提供了边际增量知识；第三，为私募股权的区域战略布局提供了借鉴性的建议。

第二节　中国私募股权的地理特征

从空间分布的角度看，我国私募股权的行业分布存在着三个突出的特征。

一、形成北京、上海、广深的三个私募股权中心

地理集聚现象早已为人们所熟知，私募股权行业也不例外。从私募股权机构总部数量来看(见图 9.1)，北京、上海、广州和深圳地区无疑是中国的私募股权中心，按照机构总部数量多少的降序排列，北京、上海和广深拥有的机构总部数量与其他城市形成了明显的阶梯级差。从投资项目数量来看，在 2002～2012 年间发生的私募股权案例中，北京、上海和广深地区的投资总数超过了其他地区的总和。2012 年 PE 中心的投资案例数占据全国当年投资总数的比例接近 40%。在发展私募股权投资方面，北京、上海和广深在人文环境、科研力量、产业基础和企业规模等方面，分别具有一定的基础，拥有各自的资源禀赋优势，对于私募股权的成功有着重要促进作用。

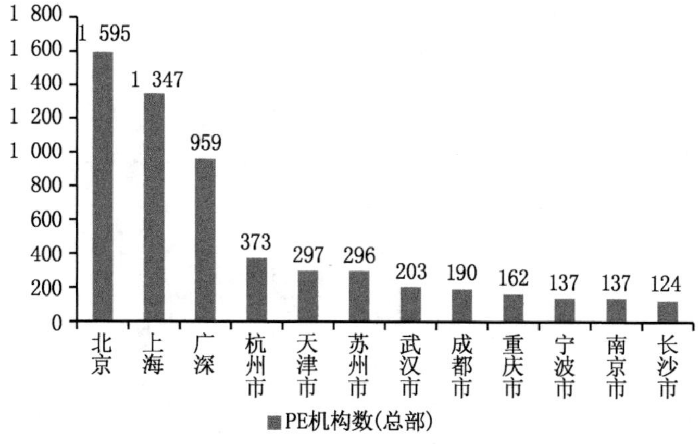

注：以上统计数据为截至 2014 年末各地现存的私募股权机构总部的数量。仅列出前 12 名城市。

图 9.1　中国私募股权机构总部数量地区排名

全部样本的投资阶段和行业构成如表 9.1 所示。其中 Panel A 报告了投资案例数据，Panel B 报告了退出案例数据。

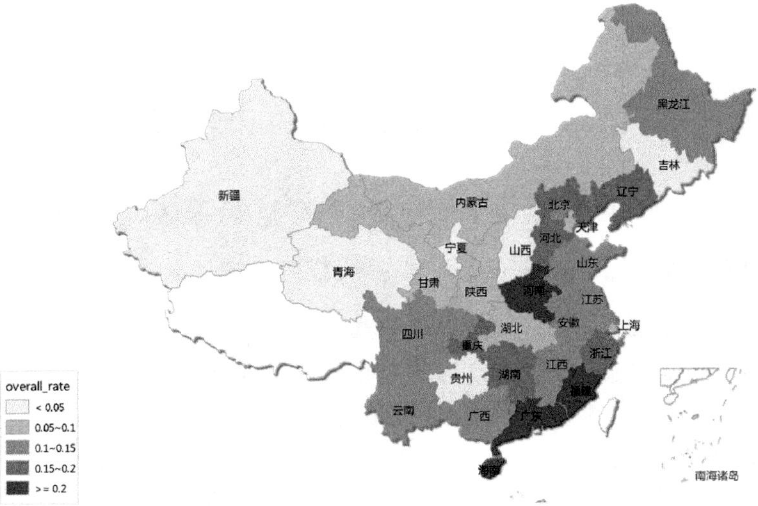

注:由于私募股权基金存续期限的原因,PE基金的已投资项目在2013年和2014年尚且来不及退出,为了保证退出率计算的准确性,对于成熟期投资的退出率,我们只计算到2012年;类似地,扩张期投资成功率不包括2012～2014年,初创期投资成功率不包括2011～2014年。为了提高投资成功率度量的准确性,我们还剔除了年投资案例数小于10的观测值(如西藏自治区)。另外,广东省的数据为剔除了广州和深圳的退出率。

数据来源:清科私募通数据库。

图9.2　累计退出率的地区比较

表9.1　　投资项目的地区、行业、阶段分布

Panel A　投资案例数分布										
行业	北京		上海		广深		其他		总计	
TMT	865	46.66%	450	24.27%	228	12.30%	311	16.77%	1 854	100.00%
半导体和其他电子设备	101	11.14%	119	13.12%	178	19.63%	509	56.12%	907	100.00%
传统行业	477	14.64%	342	10.49%	266	8.16%	2 174	66.71%	3 259	100.00%
计算机软硬件	346	32.04%	192	17.78%	175	16.20%	367	33.98%	1 080	100.00%
节能环保	166	22.02%	49	6.50%	65	8.62%	474	62.86%	754	100.00%
生物技术	34	26.56%	19	14.84%	5	3.91%	70	54.69%	128	100.00%
医疗健康	168	22.43%	102	13.62%	89	11.88%	390	52.07%	749	100.00%
阶段	北京		上海		广深		其他		总计	
成熟期	451	17.11%	223	8.46%	293	11.12%	1 669	63.32%	2 636	100.00%
初创期	466	34.37%	286	21.09%	143	10.55%	461	34.00%	1 356	100.00%
扩张期	1 240	26.17%	764	16.12%	570	12.03%	2 165	45.68%	4 739	100.00%
总计	2 157	24.71%	1 273	14.58%	1 006	11.52%	4 295	49.19%	8 731	100.00%

续表

Panel B　退出案例数分布										
行业	北京市		上海市		广深		其他		总计	
TMT	99	41.08%	65	26.97%	34	14.11%	43	17.84%	241	100.00%
半导体和其他电子设备	7	4.38%	24	15.00%	27	16.88%	102	63.75%	160	100.00%
传统行业	82	16.33%	51	10.16%	26	5.18%	343	68.33%	502	100.00%
计算机软硬件	64	45.71%	15	10.71%	27	19.29%	34	24.29%	140	100.00%
节能环保	24	22.02%	4	3.67%	12	11.01%	69	63.30%	109	100.00%
生物技术	0	0.00%	1	20.00%	0	0.00%	4	80.00%	5	100.00%
医疗健康	22	22.68%	16	16.49%	18	18.56%	41	42.27%	97	100.00%
阶段	北京市		上海市		广深		其他		总计	
成熟期	83	18.32%	35	7.73%	37	8.17%	298	65.78%	453	100.00%
初创期	46	41.07%	27	24.11%	17	15.18%	22	19.64%	112	100.00%
扩张期	169	24.53%	114	16.55%	90	13.06%	316	45.86%	689	100.00%
总计	298	23.76%	176	14.04%	144	11.48%	636	50.72%	1 254	100.00%

注:2002～2012 年共 8 731 个投资事件。投资的分布反映了投资人的选择。表中,传统行业的分布在地区之间较为均匀,而高科技行业则更多集中于 PE 中心,并且依据不同城市而有所差异,例如半导体行业以广州和深圳为主要的集聚地,而 TMT 和计算机软硬件则云集于北京和上海。初创期的投资大多发生在 PE 中心,而成熟期的投资则广泛分布于各地。从退出来看,截至 2014 年底,2002～2012 年发生的投资中,共有 1 254 个成功通过 IPO 或并购退出。

数据来源:清科私募通数据库。

二、投资存在地区偏好

西方研究文献表明,从经济环境的角度,不同地区具有适合于发展不同细分行业的“经济生态环境”(Zacharakis、Shepherd 和 Coombs, 2003; Green, 2004)。本章对中国的数据分析也发现私募股权对于不同行业、不同生命周期阶段的企业投资存在着地区偏好,主要是:从行业的角度看,不同行业的投资会在不同地区集聚,TMT 行业有 83.23%的投资、计算机软硬件有 66.02%投资发生在北京、上海、广深三地,而传统行业的投资仅有 33.29%位于 PE 中心。某些高技术行业如节能环保、半导体、生物医疗等在其他地区也存在集聚现象。从投资阶段来看,初创期项目集中于私募股权中心,而成长期、成熟期投资则分布较广,初创期的投资有 66%发生在 PE 中心,扩张期和成熟期分别有 54.32%和 36.68%(见表 9.1)。总体来看,高新技术领域的投资以及其他行业的早期投资更多地发生在了 PE 中心。

这种私募股权投资在地域上的不均匀分布,为比较私募股权的区域退出率带来了挑战。为了最大限度地消除自选择性引起的偏差,本章在计算地区即省际层面的退出率时，根据行业和投资阶段进行了细分。从研究样本来看，各个地区对不同行业和不同投资阶段的投资均有涉及，只是投资的强度有所差异。

三、总体退出率与距 PE 中心的距离呈现先增后减的特征

定义“退出率”为 PE 投资项目的退出案例数（通过 IPO 或并购退出）占 PE 投资项目总数的比例。我国三个 PE 中心是投资活动最活跃的地区，投资项目总量和退出案例总量都居于全国最前列。但是就退出率而言，PE 中心却并不是最高的。本章根据来自清科私募通数据库的样本，计算了各地区截至 2012 年累计投资的案例数和截至 2014 年累计成功退出的案例数，并以退出总数与投资总数之比作为累计退出率，结果如前文图 9.2 所示，其中颜色越深的地区退出率越高。

为揭示规律，进一步按照各省（地区）距离 PE 中心的远近，将国内的私募股权项目划属为三个区域，分别为 PE 中心、PE 中心近距离省份和远离 PE 中心的省份，计算各区域的平均退出率。本章以某省与 PE 中心的平均距离[①]为标准，将私募股权区域划分为三类：(1)北京/上海/广深地区为“PE 中心”。(2)以平均距离三大 PE 中心 300 公里以内的省份为“PE 中心近距离省份”。(3)距离 PE 中心超过 300 公里省份则为“远离 PE 中心的省份”。之所以选择 300 公里，因为这是乘坐高铁一小时左右可以抵达的区域。后续我们以其他距离标准（500/700 公里）[②]作为划分依据进行观察。

第三节　PE 退出率形成差异原因的理论分析

地理因素对私募股权区域退出率有着重要而特殊的影响。中国私募股权退出率的地区差异，需要综合地理距离带来的 PE 逆向选择、地区环境禀赋以及投资者的经验等因素来解释。

一、交易成本促使 PE 对远距离投资项目进行更严格的筛选

私募股权本身具有不确定性高、信息不对称程度大、投资者主动参与被投项目管理等特点（Lerner，1995；Kaplan 和 Stromberg，2003），因而地理临近性的重要性在两个方面体现得较为突出：一是有助于投资人更多地了解被投企业的信息，降

---

① 以位于同省的被投资企业所在地与最临近的 PE 中心的平均距离作为该省与 PE 中心的距离。比如江苏省拥有 PE 被投资企业的各地级市距离上海市的公里数平均为 171 公里，则界定江苏省为 PE 中心近距离省份；山西省拥有 PE 被投资企业的各地级市距离北京市的公里数平均为 496 公里，则山西省为远离 PE 中心的省份；江西省拥有 PE 被投资企业的各地级市距离深圳平均 572 公里，则江西省为远离 PE 中心的省份。

② 以上海为例，上海到安徽合肥的距离 469 公里，到江西上饶 518 公里，到福建宁德 687 公里，到江苏北端的连云港（已接近山东）478 公里。可见从 PE 中心到与其相隔省份的距离基本在 400 到 700 公里之间，本文所选取区域划分的距离标准也基本符合现实的情况。

低投资的信息成本；二是便于参与监督，降低监督成本。其中，监督在交易成本中占有相当大的比重，因为PE与创业企业家需要面对面的沟通，这与地理上的可达性相关，并且会直接影响到事前的投资决策。从交易成本（包括信息成本和监督成本）的角度出发，PE投资人会更加谨慎地对待需要付出更高交易成本的远距离项目，进行严格筛选，而对于近距离、特别是PE中心的项目，由于信息成本和监督成本低，PE对项目的筛选标准可能会降低，结果出现地理上的逆向选择（Chen等，2010），即近距离项目质量较差、远距离项目质量较优，这是解释PE中心退出率低的一个重要原因。进一步地，由于高技术行业投资的信息不对称程度和监督成本更高，在高科技行业子样本中，PE与被投企业的距离和退出率之间的正相关性会比在传统行业子样本更明显。因此本书提出假设9.1：

假设9.1：PE投资项目的退出率与其距离私募股权机构的远近具有正相关性，且在高科技行业的投资中会表现得更加显著。

私募股权投资机构所面临交易成本的高低会随其行业经验的差异而有所不同，对于专业性强的投资人来说，即便存在信息不对称，投资人依然可以较好地对项目做出判断；对于专业性较差的投资人而言，在企业价值识别、有效监督及投后管理方面能力较弱，会加大其投资决策对距离的敏感性。因而投资人的行业经验将有助于克服地理因素带来的制约。已有研究表明，专注于某个领域有助于PE投资者积累相关的信息和经验，使之更有效地解决在关键问题上面临的困难（Gupta和Sapienza，1992）。高科技行业的高信息不对称程度为那些专注于这些行业的投资人创造了比较优势（Sapienza和De Clercq，2000）。公司背景的PE基于对行业的深刻认知和专有资源能够更快地在联合投资中取得主导地位（Keil，Maula和Wilson，2010）。基于上述原因，本书提出假设9.2：

H9.2：投资人的行业经验与退出率具有正相关性，并且能够有效降低距离对投资决策带来的影响。

二、区域产业集聚对PE的成功退出具有重要影响

经济地理学的理论指出，交易成本、规模收益递增等因素导致了产业集聚的形成（Helpman和Krugman，1985），包括人力资本的提升、面对面交流带来的新思想、特定产业专属的基础设施等（Duranton和Puga，2004）。根据“循环累积效应”理论[①]，地区优势产业和私募股权之间会存在互相加强的现象。尽管从长期动态来看这种投资强度的增加是内生于PE选择的，但是对于某一个具体时点上的PE投资决策而言，区域产业的集聚优势是一个外生因素。PE在投资时会根据地区所特有的禀赋资源进行选择（Florida和Smith，1993；Avnimelech和Teubal，2006）。

---

① 该理论由诺贝尔经济学奖得主缪尔达尔提出，主要观点是如果某一地方在初期阶段获得了一种竞争优势，从动态过程来看，其后的发展本身具有乘数效应。

具体来看，一般传统行业的产业集聚对PE投资的影响相对有限，因为传统行业的成功更加依赖于一般的创业环境资源，传统产业对于产业集聚所带来的技术和知识溢出效应的依赖较少。而高科技的产业集聚带来的技术和知识外溢效应十分重要，对于PE的投资是很关键的(Powell等，2002)，可以预期，如果地区高科技产业的集聚效应强，PE对高科技行业的投资将具有较高的退出率。因此本章提出假设9.3：

假设9.3：地区产业聚集会显著提高PE投资的退出率，并主要体现在高科技行业样本中。

第四节　PE退出率区域差异化原因的研究设计

一、样本选择与数据来源

私募股权事件及其退出的数据样本来自清科私募通数据库。为了避免因数据的截尾问题使退出率计算出现偏差，本章选取了从2006年1月1日到2014年12月31日的中国大陆所有私募股权退出事件，以及与这些退出事件相对应的2002年1月1日至2012年12月31日的投资事件。样本中的投资事件覆盖了私募股权的各个阶段①，由于不同阶段的投资具有不同长度的退出周期，选取样本窗口时，本章对上述因素亦加以考虑②。另剔除投资期小于半年和投资时点不详的样本，并剔除房地产行业(多为地产基金投资项目)以及种子期的观测值后，共得到8 731个投资事件和1 254个退出事件③。剔除控制变量缺失的观测值后，最终得到2 352个PE中心的投资事件和2 130个其他地区的投资事件。在回归分析中，以单个投资事件为单位，对样本进行了上下1%的缩尾处理。

二、变量定义与模型设计

为了揭示私募股权退出率的差异，首先根据被投企业不同行业、不同生命周期对各地区的退出率进行比较。将退出率定义为某一时间区间内私募股权的所有项

---

① 直接采用清科私募通数据库对样本的投资阶段所做的界定，包括初创期、扩张期、成熟期。

② 根据退出样本对投资的平均期限，即投资日到退出日之间的时间跨度(清科数据库有具体的投资日期和退出日期，本文这里的时间跨度精确到天)进行了统计，发现初创期的项目平均投资期限为4.66年，扩张期为3.09年，成熟期为2.03年。为了客观反映成功退出的比率，对于初创期的投资，剔除了2010～2014年的样本。同理，剔除了2012～2014年的扩张期投资和2013～2014年的成熟期投资。

③ 需要说明的是，我们把同一管理机构在同一时间点通过其旗下的不同基金(如一期基金和二期基金等)投资某一公司的情形视为一个投资事件，同样，当同一投资机构在同一时间通过旗下不同基金退出某一公司的情形也被视为一个退出事件。为了降低退出率的测量误差，剔除了省区内年投资项目数小于10的观测值。

目中最终实现 IPO 或通过并购实现退出的事件比例，并按照省区来划分。例如，2009 年有 279 个注册在北京市的创业企业被 PE 投资，截至 2014 年 12 月，其中有 40 个通过 IPO 或并购实现了退出，则 2009 年北京市的 PE 投资成功率为 14.34%(40/279)。在实际计算中，为了避免自选择性造成的偏差，按照上述定义方式，进一步根据行业、投资阶段进行了细分后，计算私募股权的分行业、分投资阶段的各自退出率①，并把退出率分解为 IPO 退出率和并购退出率。后文的描述性统计给出了退出率的地区比较结果。

本章进一步利用投资事件的微观数据，通过回归分析对各地区退出率的差异进行解释，其中，虚拟变量 exit 作为被解释变量，表示是否成功退出。对应前文提出的三个假设，解释变量分别为：(1)私募股权决策中投资人面临的交易成本高低。用投资地与 PE 投资人所在城市的距离取对数(Ln_distance)来衡量；(2)投资人的行业经验(experience)。以截至投资年份 PE 在其被投公司所在行业中成功退出的项目数占 PE 已投资项目总数的百分比来衡量；(3)区域产业集聚程度(LQ，Location Quotient 的首字母缩写)。用某地区某行业在该投资年度的投资密度作为其代理变量。参照 Green(2004)构建了 PE 投资密度指标，即“某地区某行业 PE 投资金额占该地区所有 PE 投资金额的比例/该行业全国 PE 投资总额占全国所有行业获 PE 投资总量之比”：

$$LQ=\left(\frac{\text{j 行业在 i 省获得的 PE 投资总额}}{\text{i 省所有行业获得的 PE 投资总额}}\right)\div\left(\frac{\text{j 行业全国 PE 投资总额}}{\text{全国 PE 投资总额}}\right)$$

例如在样本窗口期内，广东省在半导体和电子元器件方面的私募股权投资金额占省内全部 PE 投资的比例相当于该行业在全国平均投资占比的 2.3 倍。其背景是凭借广东省产业集群带来的整体竞争优势，众所周知，广东在电子信息等产业方面正逐渐成为国际市场的重要力量。

控制变量的选取考虑了影响私募股权成功率的各项因素。GDP 的高低可以在一定程度上反映地区创业条件的好坏 (Jeng 和 Wells，2000)。更多的科研成果意味更多私募股权投资的机会，以及更高的科研成果商业化成功概率(Kräussl 和 Frause，2012)②，将各省区科研人员的人均专利申请数放入回归方程，作为创新的

① 基于这些投资和退出事件，本章对距离 PE 中心远近不同的省份的退出率进行了比较。在计算退出率时控制了不同年份、行业和投资阶段。其中投资阶段和行业都是基于清科数据库的界定。根据产业特征，我们把清科行业进一步归集为六大类，分别是 TMT(互联网、通信、媒体等)、半导体和其他电子设备、传统行业(消费、零售和制造业等)、计算机软硬件、医疗健康(包括生物技术和制药等)和节能环保(如新能源、清洁技术等)。

② Cumming，D.，The Oxford handbook of venture capital. Oxford University Press，2012.

代理变量。另外，使用樊纲指数①的总指数值作为衡量地区创业环境好坏的综合指标。出于稳健性的考虑，本章从樊纲指数的细分指标②当中，选取了各省份的金融市场发展程度(finance)、民营经济活跃度(private)、产品市场的地方保护程度(product)等作为控制变量，进行了稳健性检验。另外还控制了行业、投资阶段和投资年份，变量描述和数据来源如表 9.2 所示。

表 9.2　　　　回归模型的各变量

名　称	描　述	数据来源
被解释变量 exit	是否成功退出，即投资人是否已通过 IPO 或并购的方式退出	清科私募通数据库
解释变量 miles	被投资项目所在城市距私募股权机构所在城市的公里数	百度地图测距
experience	采用三种方法度量私募股权机构的行业经验，分别是：(1)以截至投资年份该 PE 在其被投公司同行业当中成功退出的项目数占 PE 已投资项目总数的百分比。(2)以截至投资年份 PE 在其被投公司同行业当中成功退出的项目数占 PE 在该行业已投资项目总数的百分比。(3)以截至投资年份 PE 已成功退出的项目数占 PE 已投资项目总数的百分比	
LQ	地区(省)产业投资密度，按照 Green(2004)定义投资密度为“某行业某地区投资金额占该地区所有投资的比例/该行业全国总投资占全国所有行业投资总量”	
控制变量 total_amount	私募股权机构在一次投资事件中对被投资企业的投资规模折算为人民币金额(百万元)	清科私募通数据库；国泰安 CSMAR 数据库
GDP_per_cap	各省(直辖市)人均 GDP(元)	中经网统计数据库
FG	地区市场化程度	樊纲指数
patent	专利申请数/科研人员数	樊纲指数
product	产品市场发育	樊纲指数
private	非国有经济发展	樊纲指数
finance	金融市场化程度	樊纲指数
year	投资年份	清科私募通数据库

① 由于樊纲指数最新可得的数据截止到 2009 年，我们采用了各项指标的三年移动平均值作为后续年份数据的估计。樊纲指数反映了各地区在市场化改革、民营企业发展、自由定价制度、市场准入、垄断、政策法规服务方面各个地区制度上的差异，对各地区的市场化进程进行了全面的比较，通过持续的测度提供一个稳定的观测体系。详见樊纲等《中国市场化指数各地区市场化相对进程 2011 年报告》。

② 这些细分本身是由几个具体的维度构成，例如“非国有经济发展”这一指标就是由非国有经济占工业销售比重、固定资产总投资比重、非国有经济占城镇总就业人数组成的。因此，相比于单个代理变量，指数得分能够更加综合、准确地反映出某地区创业环境的状况。

续表

名　称	描　述	数据来源
stage	投资阶段	清科私募通数据库
Industry	行业	清科私募通数据库

为了验证假设 9.1,以是否退出作为被解释变量,被投资企业所在城市与投资人所在城市之间的距离作为解释变量,回归模型如下(其中 X 表示地区控制变量,下同):

$$Prob(exit)=\beta_0+\beta_1 Ln\_distance+\emptyset X+\gamma stage+\theta Industry+\lambda year+\varepsilon \quad (9.1)$$

如果投资决策对距离具有敏感性,则应当观测到 β_1 显著为正。并且,在高科技行业的子样本估计得到的 β_1 参数相比于传统行业子样本估计得到的该参数更显著。本章在实证结果中还测算了距离每增加 100 公里对退出率的边际影响。

为了验证假设 9.2,在上述模型(9.1)的基础上加入投资人行业经验的代理变量,及其与距离的交互项,回归模型如下:

$$Prob(exit)=\beta_0+\beta_1 Ln\_distance+\beta_2 experience+\beta_3 Ln\_distance*experience+\emptyset X+\gamma stage+\theta Industry+\lambda year+\varepsilon \quad (9.2)$$

如前所述,投资人经验(experience)这一指标是基于投资人的历史投资记录,较为直观地反映出投资人在该行业过往的成功投资经验。投资人经验指标的取值越高,代表投资人在该行业经验积累越丰富。如果投资人的经验有助于提升被投资项目的成功率,那么可以观测到显著为正的 β_2。交互项系数 β_3 则描述了叠加投资人经验影响后的距离对项目退出成功率的影响,如果假设 9.2 成立,那么 β_3 应显著为负。

另外出于稳健性考虑,对于私募股权投资人的经验指标,本章分别采用了两个备选指标:“截至投资年份 PE 在其被投公司的同行业当中成功退出的项目数占 PE 在该行业已投资项目总数的百分比(experience1)”“截至投资年份 PE 已成功退出的项目数占 PE 已投资项目总数的百分比(experience2)”,进行了稳健性检验。其中 experience1 直接描述了 PE 投资人在被投资企业同行业投资的历史成功退出率;experience2 将 PE 投资人在所有行业投资的历史成功退出率考虑在内,衡量了投资人的综合实力。

为了验证区域产业集聚的影响(假设 9.3),在上述模型(9.1)的基础上加入度量某产业投资密度的代理变量及其与距离的交互项,回归模型如下:

$$Prob(exit)=\beta_0+\beta_1 Ln\_distance+\beta_2 LQ+\beta_3 Ln\_distance*LQ+\emptyset X+\gamma stage+\theta Industry+\lambda year+\varepsilon \quad (9.3)$$

其中,区域产业集聚度(LQ)即投资密度,是一个相对指标。若该指标取值大于1,表明在该地区被投资企业所在行业获得私募股权融资的比例比全国平均水平要高,反之,则不及全国的平均水平;并且LQ取值越大,相对投资密度越大。如果假设9.3成立,那么可以预期β_2显著大于零。

第五节 PE退出率地区差异的实证研究结果

一、描述性统计

表9.3 各变量描述统计

	PE中心			距离PE中心300km内			距离PE中心超过300km		
	Obs	均值	标准差	Obs	均值	标准差	Obs	均值	标准差
exit	3 554	13.53%	34.21%	1 685	16.26%	36.91%	2 251	13.82%	34.51%
miles(百公里)	3 554	5.62	6.94	1 685	4.97	5.84	2 251	10.13	9.89
experience1	3 554	7.98%	16.60%	1 685	9.82%	21.05%	2 251	9.74%	21.65%
experience2	3 554	15.09%	23.42%	1 685	17.84%	28.42%	2 251	15.59%	26.37%
experience3	3 554	16.31%	19.01%	1 685	18.18%	23.26%	2 251	16.90%	23.24%
LQ	3 554	0.33	0.47	1 685	0.14	0.35	2 251	0.42	0.49
total_amout(人民币百万元)	2 352	28.01	152.56	1 224	20.93	191.38	1 646	14.68	58.73
gdp_per_cap(人民币千元)	3 529	57.17	15.87	1 678	42.44	12.41	2 232	24.97	10.92
FG	3 529	9.42	1.63	1 678	9.99	1.95	2 232	7.24	1.72
private	3 529	10.41	1.26	1 678	12.61	1.5	2 223	9.32	2.26
product	3 529	8.51	0.88	1 678	8.94	0.59	2 223	8.55	1.14
finance	3 529	10.33	1.39	1 678	11.10	1.15	2 223	9.76	1.38
patent	3 529	31.01	11.25	1 678	32.07	15.41	2 223	7.58	8.18

数据来源:清科私募通数据库、中经网统计数据库、樊纲等《中国市场化指数各地区市场化相对进程2011年报告》。

表9.3报告了回归样本的描述性统计,包括平均退出概率、被投资企业所在城市与投资机构所在城市的距离,以及相关的创业环境指标。

描述性统计印证了省际层面退出率的规律,即随着被投资企业距离PE中心越来越远,退出率呈先升后降的趋势。另外可以发现,远距离项目的子样本和PE中心投资项目的子样本相比,投资人的专业性更强。从创业环境来看,地区市场化的程度和一些重要的细分维度指标,也是随着距离PE中心越来越远而呈现先升后降的规律,可见偏远地区在企业成长所需的商业基础设施等一般环境要素上是相对欠缺的。

二、退出率地区差异的解释

退出率的地域特征何以解释?其背后原因对于我国的私募股权实践能带来怎样的启示?通过投资事件层面的大样本数据,本章进行了进一步的考察。

(一)交易成本造成了私募股权谨慎筛选远距离项目

为了考察交易成本是否导致了投资人对远距离项目采用了更严格的筛选标准,下面采取被投资企业所在城市和投资机构所在城市之间的直线距离作为交易成本高低的代理变量。①

如表 9.4 所示,回归(1)～(3)分全样本、传统行业以及高科技行业列示了实证结果。所有结果均显示地理距离对于退出率存在显著的影响。以回归(1)为例,经计算距离的边际效应为 1.37%,也就是说距离每增加 100 公里,退出概率相应地高了 1.37 个百分点。这说明了本章假设 9.1 的成立:因地理距离造成信息不对称程度加大、不易于投资人主动参与被投项目管理等,从而提高了 PE 远距离投资的筛选标准。

表 9.4　私募股权退出率与地理距离、投资人经验、产业集聚关系的回归结果

	(1)	(2)	(3)	(4)	(5)	(6)	(7)	(8)
Ln_distance	0.062*** (0.013)	0.057*** (0.020)	0.068*** (0.019)	0.115*** (0.030)	0.113* (0.060)	0.101*** (0.036)	0.056*** (0.020)	0.067*** (0.019)
experience				6.710*** (0.388)	6.515*** (0.537)	7.679*** (0.639)		
Ln_distance * experience				−0.177*** (0.054)	−0.175* (0.096)	−0.164** (0.073)		
LQ							−0.081 (0.194)	0.207** (0.101)
Ln_distance * LQ							0.044 (0.052)	0.039 (0.032)
FG	0.182*** (0.036)	0.244*** (0.054)	0.106** (0.050)	0.173*** (0.045)	0.221*** (0.071)	0.104* (0.062)	0.237*** (0.057)	0.115** (0.050)
Ln_GDP	−0.328** (0.133)	−0.370* (0.210)	−0.257 (0.179)	−0.288* (0.166)	−0.137 (0.278)	−0.326 (0.218)	−0.377* (0.222)	−0.261 (0.180)
Ln_amount	0.022 (0.025)	−0.003 (0.037)	0.045 (0.034)	0.0 720** (0.032)	0.105** (0.050)	0.053 (0.043)	0 (0.038)	0.044 (0.034)
Industry	√	√	√	√	√	√	√	√

① 在同城投资中被投资企业和投资人之间的地理距离为零,由于 PE 中心的退出率最低,剔除 PE 中心的被投资企业的样本,一方面去除了 PE 中心丰富的创业资源禀赋对投资人决策带来的特殊影响,一方面也增强了回归结果的稳健性。

续表

	(1)	(2)	(3)	(4)	(5)	(6)	(7)	(8)
stage	√	√	√	√	√	√	√	√
year	√	√	√	√	√	√	√	√
Constant	-0.961^{**}	-0.143	-1.407^{**}	-2.584^{***}	-2.220^{***}	-2.572^{***}	0.048	-1.522^{***}
	(0.388)	(0.555)	(0.566)	(0.556)	(0.861)	(0.775)	(0.811)	(0.567)
Obs	2 130	978	1 137	2 130	978	1 137	978	1 137

注：表中 Ln_distance 为投资项目所在城市与投资机构所在城市的地理距离的对数。由于私募股权中心所具有的特殊禀赋会对投资人的项目投资决策产生影响，为了更好地验证远距离投资是否存在“逆向选择”，本表为剔除了位于私募股权中心的被投资企业后的样本。(1)为全样本的回归结果，(2)和(3)分别为区分了传统行业和高科技行业的分组回归。(4)～(6)在考虑了私募股权机构的行业经验。(7)和(8)中，LQ 为地区(省)产业投资密度，参照 Green(2004)定义了投资密度。其中，*** 为在 1%的显著性水平下显著，** 为 5%，* 为 10%。

高科技行业投资的信息不对称程度相比传统行业更严重，基于本章的实证结果，在高科技行业，距离每增加 100 公里，则 PE 的退出概率增加 1.41 个百分点。从按行业属性分组的回归结果来看，研究假设 H1 进一步得到了验证。

(二)投资人的经验有助于克服信息不对称，弱化逆向选择的影响

行业经验的积累使 PE 具备了甄别企业真实情况、克服信息不对称的能力，同时也能更高效地进行投后管理，因此可推断距离带来的交易成本(含监督成本)并不会对行业经验丰富的投资人构成很大的局限性。以截至投资年份之前 PE 在某行业中的成功退出率作为该投资人的行业经验指标，表 9.4 中(4)～(6)的回归结果表明，投资人的行业经验显著提升了投资成功退出的概率(experience 前的系数显著为正)。从边际上看，投资人在某行业的历史投资成功率每提高 1%，被投资企业的退出概率则增加 0.86%；同时，距离和投资人行业经验的交互项显著为负，说明投资人的经验可以削弱距离的制约，其边际效应为−0.02%。并且，在对专业水准要求较高的高科技行业，投资机构行业经验越丰富，其退出概率对距离的敏感度越低。

(三)区域产业禀赋有利于投资的成功

作为地区环境控制变量的樊纲总指数(FG)对项目退出概率的影响同样非常显著，说明地区市场化程度对创业企业的发展具有重要影响。这在一定程度上揭示了为什么距离 PE 中心较远的地区，平均退出率大幅下降。

从区域特殊禀赋的角度，地区产业集聚度是重要体现指标。表 9.4 中(7)、(8)以 LQ 投资密度作为地区产业集聚的代理变量，可以看到，对于高科技行业而言，一个地区的产业投资密度对该产业的私募股权退出概率具有正向的作用。在边际上，LQ 投资密度相对于平均水平每增加 1 倍，退出概率将增加 4.28 个百分点。也就是说，从资本配置的角度，PE 应考虑项目所在地是否是该行业的重要集聚地。

三、稳健性检验

本章做了两方面的稳健性检验:首先,参考已有的研究,以几个重要的描述地区环境的细分维度作为控制变量,即各省单位科研人员的专利申请数(patent)、金融市场发展程度(finance)、民营经济活跃度(private)和产品市场的地方保护程度(product)等,分全样本、传统行业以及高科技行业报告了实证结果,假设 9.1 的结论仍然成立;其次,在验证假设 9.2 时,本章采用了一种投资人经验的度量指标,用表 9.2 中另外两个备选的不同指标度量 PE 经验,距离因素不再显著,即投资人的行业经验降低了交易成本。

第六节　结论与启示

北京、上海、广深是我国私募股权机构总部所在地的三大集聚区,就 PE 投资和退出项目的数量来看,三大区域名列前茅。但若运用相对的投资效率即退出率指标进行考察,三大区域并不领先,反而是 PE 中心周边相邻省份的退出率最高。本章认为这一现象受以下三方面因素的共同作用:一是地理距离的逆向选择因素对于远距离的项目,投资人进行了更加严格的筛选,离 PE 中心越远,获得投资的项目质量越高;二是投资人的行业经验因素行业经验丰富的投资人在投资决策中能更好地克服信息不对称,行业经验有助于甚至可以完全摆脱地理距离的局限,降低其在投资决策中面临的交易成本,并在投后进行有效的监督和管理。从样本中观测到远距离项目的子样本中,投资人的专业性平均而言是更强的;三是地区产业集聚的因素不同行业的地区集聚现象对于投资项目的成功具有不可忽视的影响。在远离 PE 中心的内陆地区,某些行业的 PE 投资也有较高的退出率,这是因为地方的产业集聚优势所致。表 9.5 私募股权在不同区域退出率的影响因素是本章的主要发现。

本章的发现揭示了我国 PE 退出率存在地区差异背后的多重原因,为改善我国私募股权的资源配置提供了思路:一是加大对 PE 中心周边地区/邻省的资金配置,因为这些地区的投资效率相对较高;二是提高投资人的专业水平,有利于从根本上提升我国私募股权的投资效率,让更多的企业获得资源;三是注重私募股权的发展应与区域经济优势相结合,实现二者的相互促进作用(Florida 和 Smith, 1993; Avnimelech 和 Teubal, 2006)。

表 9.5　　私募股权在不同区域退出率的影响因素

区域 \ 影响因素	地理距离的逆向选择	地区产业集聚	投资人的行业经验	综合结果
PE 中心	－	＋	＋	最低
PE 邻省	＋	＋	＋	最高
远离 PE 中心	＋	＋	＋	其次

注:表中“＋”表示相关因素与退出率是正向关系,“－”表示相关因素与退出率是负向关系。

本章结论对于我国私募股权机构的启示在于:第一,投资人需要根据其所专注的行业,选择相应产业集聚的地区。采用专注性的策略有益于加深投资人对行业的理解,发掘好的投资机会,克服地理因素的局限。尤其是在投资人水平参差不齐的竞争格局下,先于竞争对手成长起来的有经验的投资人将获得更大的边际收益,这一边际收益既来源于扩大投资的地理范围后所拥有更广的可选项目基数,也来源于产业集聚地区的特殊禀赋;第二,PE 中心城市适合处于初创期和成熟期企业的成长。高新技术领域的初创期项目将得益于 PE 中心地区所提供的更好的知识产权保护和教育、科研资源(Chen 和 Marchioni, 2008),同时 PE 中心一般拥有发达的金融市场,有利于初创期项目通过并购或其他方式实现退出,也为成熟期的企业走向资本市场提供更多便利。国内其他地区则适合处于生命周期中端(扩张期)的企业。也就是说,私募股权机构可以在不同地区侧重于投资不同生命周期的企业。

本章内容也为从经济地理学角度研究私募股权开辟了新的方向。后续可以基于私募股权经营的历史数据,进一步研究:私募股权聚集于 PE 中心,因地理便捷、同城效应带来的逆向选择性,具体体现在哪些方面?是忽视财务数据、不重视公司治理、还是投资人过于乐观自信?是否私募股权机构在项目所在地附近设立分支机构,就可以提高投资的成功率?私募股权机构在考察祖国边疆地区的项目时,是以何种标准在选择?等等。

第十章　私募股权投资的区域变化：高铁通车的影响*

继续前一章关于地理距离对私募股权投资绩效影响的分析。在当前研究中国经济地理问题，存在着一个不可忽视的重要背景，就是近年来我国高铁网络的建设。高铁通车改变了地理距离的时空约束条件。这一背景因素对于我国的私募股权投资行为有何影响？

本章经过计量模型发现，高铁通车后私募股权对高铁沿线城市(后文简称高铁城市)的新增投资显著增加，这是与非高铁城市比较后的结果。与此同时，高铁扩展了 PE 中心城市的投资辐射范围，初创期和扩张期的私募股权投资明显增加。同时，非国有背景的 PE 机构对高铁城市的新增投资较国有背景 PE 机构更多。这些现象的背后逻辑是十分清楚的：在高铁通车后，由于投资人和创业者之间的信息不对称有所降低，导致了针对高铁城市的投资显著增加，特别是信息敏感性较高的初期投资更加受益于此，市场化程度更高的民营私募股权的行动更加迅速。

本章揭示了高铁对地方经济发挥效应的一种作用机制——高铁带来的空间压缩、时间节约效果，使得高铁城市吸引了更多的私募股权资本，这有利于地方经济转型和推动创新。同时本章的研究结果对于私募股权机构的投资布局亦有启迪。

第一节　高铁改变了私募股权的投资布局

中国高铁技术的成就举世瞩目。正如日本新干线推动日本太平洋沿岸城市群形成、欧洲高铁促进欧洲经济一体化、美国 19 世纪铁路的兴建带来了社会成本节约、市场准入环境改善和农业土地价值提升(Fogel，1964；Donaldson 和 Hornbeck，2016)，中国步入高铁时代后，“高铁纵横南北，天堑变通途”！地理的时空距离大大缩短。在获得技术突破的同时，高铁的发展战略是否促进了中国的经济社会发展？又是经由何种途径？

本章以高铁开通为外生冲击，研究私募股权在某城市开通高铁前后的投资行为，为高铁的经济效应提供证据。研究主要基于以下考虑：首先，私募股权投资家是变革与创新的先行者，对信息极度敏感并能够敏锐地捕捉到经济发展机会。作为重要的战略投资者，私募股权对企业价值再造、研发创新等有着重要作用，能够

---

* 本章主体内容基于龙玉、赵海龙、张新德、李曜发表于《经济研究》2017 年第 4 期的论文，本书作者进行了修改。

有效支持地方经济的转型与发展(Chemmanur 等, 2008; Samila 和 Sorenson, 2011; Tian 和 Wang, 2011);其次,地理距离是私募股权的重要决策变量(Cumming 和 Dai, 2010; Hochberg 和 Rauh, 2011)。现代通信技术的快速发展降低了信息收集和传递成本,但是对于 PE 投资来说,软信息更为关键(De Clercq 和 Sapienza, 2006)。软信息是指难以被记录、存储或传递的特有信息(Petersen 和 Rajan, 2002; Arnold 等, 2010; 刘江会,2015),PE 投资决策中的信息不对称及其带来的高风险,主要就是由于投资项目中包含大量软信息。而软信息的获取和处理必须通过私募股权家的实地调研、与创业企业家进行面对面的交谈等才能获取,通过沟通交流获取的软信息,才能最终促进投资项目的达成。一方面,在私募股权"投前",面对面的交流是为了解决基于创业企业家"能力"的信息不对称,另一方面,在私募股权"投后",基于创业企业家"行为"的信息不对称十分严重,私募股权家必须经常对被投企业进行现场监督,提供各类咨询、辅导等价值增值活动。Bernstein 等(2016)的研究发现,当私募股权家和被投资企业之间的互动交流增加,创业企业的创新能力和私募资本成功退出的概率均得到了提高。因此,地理临近的投资目标有助于私募股权家和创业企业家的交流沟通、节约 PE 投资活动的交易成本以及 PE 投后对被投企业的监督和咨询成本(Cumming 和 Dai, 2010; Hochberg 和 Rauh, 2011),所以,观察高铁带来的时空压缩效应所引起的私募股权投资行为变化,存在着合理的逻辑。①

私募资本通常是创业创新企业的主要投资者,因投资项目缺乏有形资产抵押、未来不确定性高和信息不对称严重,需要通过一系列契约安排来降低风险。为了实现被投资公司的价值提升,在私募股权、私募股权家与被投资企业、创业企业家之间建立常规的信息交流与知识共享很有必要。已经有越来越多的研究关注私募股权家和创业者之间在实现共同利益之外所建立的私人关系,即重视投资人和创业者之间建立的信任关系(Fiet 等, 1997; Shepherd 和 Zacharakis, 2010)。非正式的私人交流有助于私募股权家和创业者了解彼此的偏好,并获得更多相互的理解,而现代通信手段并不能完全取代面对面的交流(Fritsch 和 Schilder, 2008)。②研究表明,股权投资家和创业者在社交场合的互动和私募股权的投资业绩是正相关的(DeClercq 和 Sapienza, 2006)。强大的人际关系纽带令复杂的、隐性的知识得以传递(Pina-Stranger 和 Lazega, 2010)。高铁带来的空间压缩、地理通达效率提升效应恰恰促进了软信息的传递。高铁开通后,投资家可以更便捷及时地与位

① 我们当然希望通过观察如地区 GDP 等产出指标来反映高铁的贡献,但是产出指标具有滞后性,而私募投资的投资金额、投资数量等指标并不具有滞后性,和高铁的开通基本是同步的,更有利于评估高铁效应。

② 正如互联网时代电子商务十分发达,但大量服务业里的消费活动(如餐饮、电影等文化艺术消费等)仍然是必须面对面完成的,因此,高技能劳动者在大城市的集聚也创造了大量低技能劳动者(如家政)的岗位。

于高铁城市的企业家直接交流,更方便地到企业所在地进行实地考察,了解投资环境和投资项目前景,监督项目的进展与执行情况,因此高铁开通拓展了私募股权的选择范围。①

本章利用清科集团的2006～2012年的我国私募股权投资数据,比较在高铁开通前后的高铁沿线各城市的私募股权项目和投资金额的变化,来检验高铁对私募股权投资区域特征的影响。为在最大程度上保证高铁通车这一冲击的外生性,②本章剔除了私募股权机构和目标企业均高度集聚的PE中心城市如北京、上海、广州和深圳以及直辖市和省会城市,并利用双重差分(DID)模型,分别对私募股权项目所在地的样本城市和经倾向得分匹配(PSM)的配对样本城市进行了检验。研究发现:(1)从全样本来看,高铁沿线城市每年新增私募股权投资的项目数量和投资金额,分别比非高铁沿线城市多28.9%和40.2%,无论是在经济意义还是统计意义上都显著增加,并且PE投资的增加在首轮投资中十分明显。(2)高铁沿线城市获得的PE投资金额占当年全国PE总投资金额的比例从0.20%提升至0.72%,增长约3.5倍;高铁沿线城市获得首轮投资的金额占当年全国PE总投资金额的比例从0.12%提升至0.32%,是高铁通车前的近3倍。(3)此外,从PE中心城市(北京、上海等)周边不同距离圈层范围内的投资增量看,高铁拓展了我国PE中心的辐射范围。基于投资事件特征进行的分析表明,私募股权投资的增量效应主要体现在信息不对称程度较高的初创期和扩张期投资上。相比国有背景投资机构,非国有背景投资机构在高铁通车后对沿线城市的新增投资更多。

本章的主要贡献在于:第一,从经济地理学的角度揭示了形成高铁网络对提高我国PE资源配置效率的正面作用。地理易达性带来了信息效率特别是软信息获取效率的改善,降低了私募股权家和创业者之间的互动成本,对私募股权资源配置及创业企业发展产生了积极影响;第二,前人文献讨论高铁对经济的促进作用主要集中在可达性提高带来的同城效应、重要城市极化发展等方面。本章从私募股权投资数量和金额的变化上,量化分析了高铁对私募股权进而对城市带来的影响,并初步测算了高铁通车后PE中心辐射区域的扩展范围;第三,基于企业生命周期和私募股权机构的异质性,揭示了高铁通车的信息效应传导机制,丰富了"高铁经济学"的研究,增进了对高铁经济效应作用机制的理解。

第二节　高铁影响私募股权投资效率的理论分析和研究假说

信息获取成本对私募股权的地区分布具有重要影响。投前的逆向选择

---

① 此效应对早期和日内往返距离内投资更为显著。

② 一线城市和各省会城市的重要地位会影响高铁线路的布局,难以满足自然实验的条件。另外,除了高铁通车带来时空约束的转变外,这些地区自身的特征也可能是投资数量增加的重要原因。

(Stiglitz 和 Weiss，1981)和投后的道德风险(Holmstrom 和 Tirole，1997)无时无刻不伴随着私募股权运营的整个过程。事前评估及事后监督的双重困难令私募股权投资呈现较强的“本地偏好”。为了规避风险，私募股权往往会采用分段投资的合约安排，这也会促使私募股权更加关注本地的企业而联合投资有助于克服地理距离的局限性(Cumming 和 Dai，2010)。被投资企业和投资人之间的地理距离越远，合约中就会出现更多包含保护投资人的条款，反之亦然。地理限制所带来的私募股权投资局限性也意味着：如果投资人面临地理局限条件的改变，其投资行为也会随之变化。

高铁通车提升了私募股权与创业企业之间进行面对面交流的便利性，这便于投资人获得更多的“软信息”(Petersen 和 Rajan，2002；Loughran，2008)。软信息(soft information)是一种难以量化的、非标准化信息(默示知识)。从表述形式上看，软信息往往是“口述信息”，内容具有不确定性和主观性的特征，信息内容的认知和解读会因人而异；从传递方式上，软信息更多地依赖于人与人正面接触的方式传播，在传播过程中，内容可能失真或漏损(刘江会和朱敏，2015)，通过电话、EMAIL、微信甚至视频等现代通信手段均无法获取。[①] 与“软信息”相对的是诸如财务数据和历史业绩这样的“硬信息”，内容具有确定性和客观性，适合利用现代资讯技术和网络进行传播。对于创业投资来说，创业企业的高风险性往往体现在其具有更多的软信息上，相比大型、成熟企业而言，软信息对于小型、创业企业的融资更加重要(Garcia－Appendini，2011)。投资人通过获得各种软信息，可以了解企业当前的经营状况和未来计划等，而这些信息并不能反映在企业公开的财务报表等硬信息中。所以，私募股权家和创业企业家直接的见面沟通是特别重要的(Bernstein 等，2016)。私募股权领域涉及较多的都是创业型企业，高铁通车后带来的交通便捷和时间成本节约，会显著地降低私募股权的信息搜寻成本，有助于高铁沿线城市获得更多私募股权。基于上述分析，本章提出假设 10.1：

假设 10.1：高铁通车后，高铁沿线城市新增的私募股权投资金额显著多于其他城市。

高铁网络的建设对改善私募股权面临的信息约束具有重要的影响，大大扩展了私募股权投资家在地理上的有效可达空间，使之扩展到以“出行时间”而不是“地理距离”计算的区域。可达空间的扩大，意味着投资人可以更加容易地接触到远距离的投资项目，投资人和创业者之间频繁交流的可能性和面对面交流的灵活性都得以提升。根据陆军等(2013)的测算，全国五大高铁经济区[②]因高铁通车所节省的

① 著名的关系型借贷就是“软信息”有助于降低企业融资成本的典型例子(Diamond，1989；Fama，1985；Petersen and Rajan，1994)。

② 以北京、上海、广州、武汉和重庆为中心的五大高铁经济区，其覆盖范围涵盖了五大城市周边的 264 个城市(陆军等，2013)。

时间约占原通达时间的 34%,在两小时经济圈内,高铁沿线城市的通达时间节约比例高达 50%,两小时经济圈以外该比例则集中在 30%～40%之间。从上述测算来看,高铁 1～3 小时经济圈内的地区都有可能得益于通勤时间的节约。另外,龙玉和李曜(2016)指出,距离北京、上海等 PE 中心城市[①] 300 公里(等同于 PE 中心的高铁一小时经济圈)范围内的地区是我国私募股权退出成功率最高的地区。那么,通勤便利性的提升会减少投资家的约束、提高投资的质量,特别是在 PE 中心城市的周边地区。再者考虑到私募股权的本地偏好特征,有必要测算由于高铁带来的 PE 中心辐射区所获得的扩展程度。综上所述,本章提出假设 10.2。

假设 10.2:高铁网络提升了我国私募股权的资金配置效率,PE 中心城市(北京、上海、广深)近距离圈层内的高铁沿线城市将最明显得益于高铁效应带来的私募股权投资增加。

高铁通车后,沿线城市获得更多私募股权的根本原因在于信息不对称条件的改善。已有的研究证明了信息不对称的改善对提升私募股权资源配置效率的积极效应(陈艺云,2011;李文乐等,2013)。由于在初创期和扩张期的项目投资中,投资人和创业者之间的信息不对称程度相对较高,可以预期:如果高铁降低了私募股权的信息成本,这一效应在初创期和扩张期投资阶段更为明显。此外由于投资机构的背景不同,对信息效应的敏感性也会有所差异,非国有背景的 PE 机构相对而言更加重视信息收集、投资效率更高(张学勇、廖理,2011),而国有背景 PE 机构的投资项目承载着多重目标,对高铁开通的敏感性可能较弱。因而本章提出假设 10.3 和 10.4:

假设 10.3:相比于非高铁沿线城市,高铁沿线城市在高铁通车后私募股权投资显著增加,主要体现在初创期的被投公司子样本中,而在成熟期投资子样本则不明显。

假设 10.4:相比于国有背景的私募股权机构,非国有背景的私募股权机构在高铁通车后对高铁沿线城市的新增投资显著更多。

第三节　高铁影响私募股权投资的数据、变量与研究模型

本章以高铁通车作为外生冲击来反映投资人和创业者之间沟通便利度的提升,通过构建配对样本和双重差分模型考察信息成本的下降对 PE 中心周边及较远地区获得私募股权投资的影响。这一研究设计是一项准自然实验(Quasi-natural experiment)。首先,高铁的建设是在中央政府层面进行的全国性布局,因而私

---

① 根据投资机构总部数量和投资规模,本章将北京、上海、广深三个地区界定为中国的私募股权中心,简称为"PE 中心"。这与前一章相同。

募股权无法对高铁线路的规划施加影响;①其次,本章通过剔除北京、上海、广深等PE中心以及各省会城市,进一步确保了外生性,因为这些城市的重要性会影响高铁网络的规划本身。例如高铁站点在设定之初就考虑到这些地区有较好的投资机会,从而导致内生性问题。

一、样本及数据来源

本章的样本为2006～2012年投资于中国大陆的所有私募股权案例,依据被投资企业所在地级市将其进行加总,得到了"城市—年"层面的回归样本。样本中不包含高铁通车当年的"城市—年"观测值,并剔除了北京、上海、深圳及其他直辖市和省会城市,因此样本主要反映了各个地级市新增的私募股权投资数量及金额。样本共包含全国范围内的256个地级市在2006～2012年间的2 429个投资事件,涉及82个高铁城市,在剔除高铁通车当年的"城市—年"观测之后,共得到1 735个"城市—年"观测值。

私募股权交易数据来自清科私募通数据库,高铁站点信息来中国铁路总公司,首次开通时间根据车次在百度网上查询最早开通年度。由于剔除了较多大城市,个别较早开通的高铁线路并未被包含在内,②样本中高铁通车最早的年份为2009年。已有研究表明,影响城市经济转型差异的重要原因是经济发展水平、产业结构、人口密度等方面的差别(方杏村和陈浩,2016),因而本章在回归模型中控制了上述因素,包括人均国民生产总值、产业结构、人口密度等城市特征,数据来自中经网统计数据库。③ 另外,在控制变量中加入了投资前三年各个城市的IPO总数(取对数),以控制创业企业家数的影响(Babina等, 2016)。④ 具体的变量定义如表10.1所示。

表10.1　　高铁通车对私募股权投资影响研究的变量定义

PE投资	定　义
LnN	"城市—年"获得PE投资案例总数取对数
LnNumRoundA	"城市—年"获得A轮私募股权案例总数取对数

---

① 高铁的建设是以串起大城市来规划的,把大城市作为高铁站点在经济上是有效率的。显然,让高铁经过全国的每一个城市、甚至每一个县,肯定会形成公共资源的巨大浪费,从而并不是最优的结果。本章通过剔除省会城市及直辖市、深圳市,以控制内生性。为解决高铁规划对弱小城市可能产生的负面影响,只有通过人口流动或者政府转移支付,这一观点可参见陆铭:《大国大城》(2016)。

② 如我国铁路第一条快速客运专线为秦沈客运专线(2003年10月12日),较早的高铁为合宁铁路(2008年4月18日)、京津城际铁路(2008年8月1日)等。

③ 中经网统计数据库中的《城市年度库》,统计口径均为市辖区。

④ IPO是私募股权投资最重要和获利最丰厚的退出方式,一个地区IPO数量越多,客观上反映该地区的创新创业氛围更浓厚(Ritter和Welch, 2002)。Babina等(2016)发现创业企业的IPO成功对其他新创企业的增加具有推动作用。

续表

PE 投资	定 义
Amt	“城市—年”获得 PE 投资总金额与当年 PE 全国投资总金额之比
AmtRoundA	“城市—年”获得 A 轮投资总金额与当年 PE 全国投资总金额之比
解释变量	定 义
HSR	是否为高铁城市
After	是否为高铁通车之后
After×HSR	“是否通高铁”(HSR)和“通车前后”(After)的交互项
控制变量	定 义
GDP	各城市人均 GDP 取对数
SecondaryInd	各城市第二产业占 GDP 的比例
TertiaryInd	各城市第三产业占 GDP 的比例
LnPreIPO3Y	投资前 3 年当地 IPO 案例总数取对数

表 10.2　私募股权投资的地区、高铁开通与否、行业、轮次等特征(2006～2012)

Panel A 投资事件按被投资企业所在地的分布			
被投资企业所在省	被投资企业所在城市		合 计
	非高铁城市	高铁城市	
江苏	185	499	684
山东	83	168	251
广东	209	31	240
浙江	36	179	215
其他	536	503	1 039
合计	1 049	1 380	2 429
Panel B 投资事件按投资轮次的分布			
投资轮次	非高铁城市	高铁城市	合 计
A	822	1 058	1 880
B	171	232	403
C	42	65	107
D	10	21	31

续表

其他	4	4	8
合计	1 049	1 380	2 429
Panel C 投资事件的行业分布			
行　业	非高铁城市	高铁城市	合　计
传统行业	586	741	1 327
高科技行业	463	639	1 102
半导体	124	159	283
计算机软硬件	68	78	146
清洁技术	98	169	267
生物技术	19	38	57
医疗健康	101	114	215
通信和媒体(TMT)	53	81	134
合计	1 049	1 380	2 429

注:由于样本中剔除了省会城市而一些省份的投资大多集中在省会,致使高铁城市的 PE 投资为零(如四川省成都市的 PE 投资案例数达 215 例,但成都市并未包含在本章样本中)。

数据来源:根据清科私募通数据整理。

表 10.2 对 2 429 个私募股权事件的地区和行业分布进行了描述。Panel A 中按照投资目标企业所在地区对 2 429 次投资的分布进行列示,其中"非高铁城市"和"高铁城市"指的是被投资企业所在地是否位于高铁沿线。本章样本的投资事件分布于全国 26 个省及自治区,其中江苏、浙江、山东、广东四省合计占投资事件总数的一半以上,其余观测值的地区分布较为平均。Panel B 列示了 2 429 个投资轮次依照 A～F 轮等投资阶段的分布。Panel C 列示了 2 429 个投资轮次按照行业的分布。本章参考已有研究如 Kräussl 等(2012)把创业投资项目分为高技术行业和传统行业,高技术行业包括了 TMT、计算机软硬件、半导体和其他电子设备、节能环保、医疗健康等行业,其余为传统行业。

二、双重差分(DID)模型

为了捕捉高铁通车后,地方城市获得私募股权增量的净效应,我们以 2006～2012 年期间开通高铁的城市作为处理组(Treatment),未开通高铁城市作为控制组(Control),因此能够获得"高铁开通"这一准自然实验事件对 PE 投资的影响,即进行因果推断。采用公式 10.1 所示的双重差分模型进行回归分析。

$$y_{i,t}=\alpha+\beta_1 After_{i,t}\times HSR_i+\beta_2 After_{i,t}+\beta_3 HSR_i+\delta_t+\varphi_i+\gamma Z_{i,t}+\varepsilon_{i,t} \tag{10.1}$$

式 10.1 中,被解释变量分别为某城市某年获得私募股权投入的企业总数取对数[①](LnN)、对应的投资金额占当年 PE 全国总投资额的比例(Amt),Amt 指标表示某地级市在某年所获得的 PE 投资总金额用当年 PE 全国总投资额进行标准化后的值。相应地,本章还考察了 A 轮投资的数量(LnNumRoundA)和金额(AmtRatioRoundA)。由于 A 轮投资当中不包含私募股权机构在已有投资基础上的后续投资,故 A 轮投资的数量及金额更严格地反映了 PE 的增量投资。关键的解释变量为"是否通高铁"(HSR)以及"通车前后"(After)两个指示变量的交互项。在回归分析中,将人均 GDP(取对数值,用 GDP 表示)、产业结构(SecondaryInd;TertiaryInd)等城市特征作为控制变量,用矩阵 $Z_{i,t}$ 表示,另外还控制了时间固定效应(δ_t)和城市个体固定效应(φ_i)。

三、PSM 配对样本检验

双重差分模型有效应用的最重要前提条件是"平行假设",假设处理组和控制组在事件发生前具有相同的特征和发展趋势,两组样本唯一不同的是处理组城市开通了高铁。因此,相对于控制组城市,处理组城市 PE 的投资变化是由于高铁开通的影响。为了使得处理组和控制组两组城市满足平行假设,本章应用倾向值匹配方法(PSM)来构建控制样本,具体采用 1:1 抽样放回最近距离的配对来构建控制组。通过比较高铁通车前一年处理组与控制组的人均 GDP(GDP)、人口密度(PopDensity)、与最近 PE 中心城市之间的距离(Distance)、产业结构(Secondary-Ind;TertiaryInd)、经济增长率(GDPgrowth)等城市特征,我们能够检验配对样本是否满足平行趋势假设。在应用倾向值匹配方法(PSM)之前,需要先估计处理组与控制组的"倾向值",采用 Probit 模型估计,因变量为城市是否开通高铁,开通取 1,否则取 0。具体估计模型如公式 10－2 所示。在模型中,控制了时间固定效应(δ_t)和城市个体固定效应(φ_i):

$$
\begin{aligned}
Prob(HSR_i) = \gamma_0 &+ \gamma_1 GDP_{i,t-1} + \gamma_2 PopDensity_{i,t-1} + \gamma_3 Distance \\
&+ \gamma_4 SecondaryInd_{i,t-1} + \gamma_5 TertiaryInd_{i,-1} \\
&+ \gamma_6 GDPgrowth_{i,t} + \delta_t + \varphi_i + \varepsilon_{i,t} \qquad (10.2)
\end{aligned}
$$

第四节　高铁开通对私募股权投资数量和范围影响的实证结果

一、描述性统计

表 10.3 是全样本的描述性统计,包括了所有"城市—年"层面的观测值。样本

---

① 由于部分城市的 PE 投资案例数为 0,在取对数时,样本的所有观测值统一按照 Ln(1＋x)进行处理,其中 x 为 PE 投资案例数。

城市的人均 GDP 为 3～4 万元，第二产业、第三产业对经济的贡献度平均分别达到 52%和 40%。从时间序列看，人均 GDP 的样本均值从 2006 年的 2.44 万元上升到 2012 年的 5.36 万元。私募股权数量及金额的地区差异较大。

二、高铁开通对私募股权影响的双重差分分析

(一)全样本双重差分分析

首先对全样本进行了单变量 DID 分析和 DID 回归分析。为了确保结果的稳健性，本章进一步通过倾向得分匹配(PSM)的方法，对配对样本进行了同样的检验。表 10.4 报告了全样本的单变量 DID 的检验结果，高铁沿线城市获得 PE 投资的数量和金额均有明显增加，并且相比投资案例，投资金额的增加更加显著。从表 10.4 可以看出，高铁沿线城市平均每年获得的 PE 投资金额占当年 PE 全国总投资金额的比例从 0.20%提升至 0.72%，增长约 3.5 倍；高铁沿线城市获得首轮投资的金额占当年 PE 全国总投资金额的比例从 0.12%提升至 0.32%，是高铁通车前的近 3 倍。

表 10.3　　描述性统计

变量名称		样本数	均值	中位数	最大值	最小值	标准差
被解释变量	N	1 735	1.063	0.000	71.000	0.000	3.227
	NumRoundA	1 735	0.138	0.000	4.392	0.000	0.570
	Amt(%)	1 735	0.821	0.000	49.000	0.000	2.459
	AmtRoundA(%)	1 735	0.084	0.000	2.691	0.000	0.344
解释变量	HSR	1 735	0.375	0.000	1.000	0.000	0.484
	After	1 735	0.299	0.000	1.000	0.000	0.458
控制变量	GDP/Cap(万元人民币)	1 704	3.762	3.072	29.335	0.323	2.775
	SecondaryInd(%)	1 722	52.390	53.155	84.310	19.150	12.304
	TertiaryInd(%)	1 722	39.642	39.085	65.570	14.010	9.721
	PreIPO3Y	1 735	0.906	0.000	33.000	0.000	2.499

注：全国范围内的 256 个地级市在 2006～2012 年间的投资事件共计 2 429 个，本章的回归样本是基于投资发生的年份和所在城市对该 2 429 个投资事件进行汇总后得到的，在剔除高铁通车当年的"城市—年"观测之后，共得到 1 735 个"城市—年"观测值，在剔除控制变量缺失值后，共有 1 722 个"城市—年"观测值。

数据来源：根据清科私募通数据整理。

表 10.5 的(1)(3)(5)(7)为全样本 DID 分析结果。第(1)列、第(3)列反映了

PE 的投资数量，相对于样本期内未开通高铁城市，高铁开通后城市 PE 投资数量和首轮投资数量均显著增加，After×HSR 的估计系数分别为 25.4%和 25.8%，且分别在 5%和 1%水平上显著。从经济意义上看，该结果意味着相对于未开通高铁城市，开通高铁城市的私募股权项目总数和首轮投资分别增加约 28.9%和 29.4%，十分可观。这说明，高铁开通的便利性降低了 PE 投资的信息成本，提高了 PE 投资意愿，特别是对于首轮投资而言，效应更加显著。从表 10.5 中第(5)列、第(7)列的投资金额来看，高铁开通后不但私募股权项目增加了，而且平均投资金额和首轮投资金额也显著得以增加，分别增加了 40.2%和 13.8%，从而研究假设 10.1 得以验证。

表 10.4　　高铁沿线和非高铁沿线城市获得私募股权的单变量检验(DID)

	非高铁沿线城市		高铁沿线城市		DID
	前	后	前	后	
	(1)	(2)	(3)	(4)	(5)
N	0.318 (0.826)	1.120 (1.982)	1.347 (2.882)	6.000 (13.146)	3.850* (2.308)
NumRoundA	0.265 (0.699)	0.849 (1.579)	1.052 (2.304)	4.426 (9.656)	2.789* (1.674)
Amt	0.075 (0.400)	0.082 (0.349)	0.196 (0.682)	0.720 (1.148)	0.517*** (0.191)
AmtRoundA	0.054 (0.285)	0.047 (0.172)	0.122 (0.427)	0.318 (0.720)	0.203** (0.095)

注：表中最右侧一列为高铁沿线城市(处理组)与非高铁沿线城市(控制组)各自变化的差值，对差值进行了均值检验。括号中为标准差。

表 10.5　　高铁开通对 PE 投资数量和投资金额的影响

被解释变量	LnN		LnNumRoundA		Amt		AmtRoundA	
	全样本	PSM	全样本	PSM	全样本	PSM	全样本	PSM
	(1)	(2)	(3)	(4)	(5)	(6)	(7)	(8)
After×HSR	0.254** (0.110)	0.309** (0.125)	0.258*** (0.099)	0.307*** (0.110)	0.402** (0.161)	0.532*** (0.164)	0.138* (0.080)	0.165** (0.071)
HSR	0.047 (0.044)	0.202*** (0.039)	0.032 (0.039)	0.163*** (0.034)	0.049 (0.040)	0.101*** (0.026)	0.033 (0.024)	0.058*** (0.012)
After	−0.041 (0.058)	−0.051 (0.088)	−0.038 (0.051)	−0.032 (0.084)	−0.035 (0.064)	−0.164** (0.083)	−0.015 (0.035)	−0.020 (0.028)
Control	YES	YES	YES	YES	YES	YES	YES	YES

续表

被解释变量	LnN		LnNumRoundA		Amt		AmtRoundA	
	全样本	PSM	全样本	PSM	全样本	PSM	全样本	PSM
	(1)	(2)	(3)	(4)	(5)	(6)	(7)	(8)
Year FE	YES	YES	YES	YES	YES	YES	YES	YES
City FE	YES	YES	YES	YES	YES	YES	YES	YES
Constant	−3.325***	−2.222***	−3.052***	−1.685***	−1.486***	−0.586	−1.123***	−0.428**
	(0.454)	(0.670)	(0.405)	(0.524)	(0.386)	(0.430)	(0.260)	(0.192)
Observations	1 722	1 035	1 722	1 035	1 722	1 035	1 722	1 035
R-squared	0.49	0.502	0.462	0.467	0.148	0.26	0.127	0.236

注：表中括号内数据为标准差。

(二)配对样本双重差分分析

为了确定PE投资数量和投资金额的增加确实来自高铁开通这一外生事件的冲击影响，我们同时做了PSM配对分析，以进一步确定高铁开通与私募股权之间的因果关系。经PSM配对①后，共得到82对可比城市。配对样本可以更好地满足DID回归分析的前提条件，即处理组和控制组具有类似的特征和发展趋势。我们针对配对样本进行了平衡性检验(Balance Test)和配对样本总体特征检验。平衡性检验的结果表明，两组城市的主要特征如经济增长、经济发展水平、人口密度、产业结构和私募股权与被投资企业之间距离，等等，均无显著差异，即处理组与控制组两组城市具有相同特征和发展趋势。对配对后样本再次进行模型(10.2)估计，所有控制变量均不显著。因此无论是否开通高铁，两组城市的特征没有显著差异。在表10.5的(2)(4)(6)(8)列报告了配对样本截面DID分析的结果。② 与全样本回归结果一致，高铁开通后城市获得的私募股权数量和投资金额显著增加，PSM配对样本的分析结果，进一步增强了高铁开通对于促进私募股权投资行为的可靠性。

三、高铁开通对私募股权投资影响的动态分析

此前全样本和PSM配对样本的差分分析证实了高铁开通对私募股权投资的影响，但是私募股权投资的增加，可能源自于高铁沿线城市的经济发展水平、增长

---

① 这里采用1:1抽样放回最近距离的配对来构建控制组，并报告了相关实证结果。此外为了确保稳健性，亦通过核密度方法进行PSM配对，上述实证结果依然成立，由于篇幅所限，仅报告了采用最近距离方法的配对样本的检验结果。

② 对配对样本进行了DID单变量检验，结果表明，样本期内处理组和控制组城市高铁开通后的投资数量、首轮投资数量、投资金额和首轮投资金额都显著增加，但相对于控制组城市，高铁开通组城市的私募股权投资增加更加显著，高铁开通后城市的私募投资数量比开通前增加约1.5个投资项目，投资金额增加20.9%，均在1%水平下显著。

潜力等，这些因素影响了高铁线路的规划，即存在逆向因果关系。虽然我们认为现实中私募股权不足以影响高铁线路的整体设置，但为了排除这种可能性，从稳健性的角度，我们检验了高铁开通对私募股权影响的动态性影响。参照 Bertrand 和 Mullainathan(2003)做法，具体回归模型如公式 10.3 所示。

$$y_{i,t}=\alpha+\beta_1 Before_{i,t}^{-1}\times HSR_i+\beta_2 After_{i,t}^{1}\times HSR_i+\beta_3 After_{i,t}^{2}\times HSR_i+\beta_4 HSR_i+\tau_1 Before_{i,t}^{-1}+\tau_2 After_{i,t}^{1}+\tau_3 After_{i,t}^{2}+\delta_t+\varphi_i+\gamma Z_{i,t}+\varepsilon_{i,t} \tag{10.3}$$

模型中，$Before^{-1}$ 为代表高铁通车前一年的虚拟变量，相应地，$After^1$ 和 $After_i^2$ 分别代表开通高铁后一年和开通高铁后两年及以上。如果私募股权增加来自高铁开通的影响，我们预期 *Before* 和 HSR 的交互项估计系数显著为负或不显著，但 *After* 和 HSR 的交互项估计系数显著为正。回归结果印证了我们的判断，指示变量 $Before^{-1}$ 和 HSR 的交互项并不显著，而 HSR 和 $After^1$、$After_i^2$ 的交互项显著为正，尤其是在高铁通车一年后，PE 投资的增量效应非常明显，说明 PE 在开通高铁之后对沿线城市增加了投资，进一步支持了本章的结论。

四、私募股权投资扩展范围的定量分析

虽然，高铁网络扩张了私募股权地理上的有效可达空间。龙玉和李曜(2016)研究显示，距离北京、上海、广州、深圳等 PE 中心城市 300 公里范围内的地区是我国私募股权退出成功率最高的地区。美国硅谷的经验表明，私募股权存在一个 20 分钟法则。① 因此，高铁开通对于私募股权的影响应会随着私募股权与被投资企业之间的距离变化而存在差异，借鉴 Tian(2011)方法，根据被投资企业所在地与 PE 中心城市之间的距离，以每 50 公里为单位划分地区圈层，来检验高铁开通对私募股权的区域影响，即把样本城市按照距离 PE 中心城市的远近分为几个圈层，按照下面公式 10.4 进行回归分析。

$$y_{i,t}=\alpha+\tau_1 After_{i,t}\times HSR_i\times dummy\_km_i+\tau_2 After_{i,t}\times dummy\_km_i+\tau_3 After_{i,t}\times HSR_i+\tau_4 dummy\_km_i\times HSR_i+\tau_5 dummy\_km_i+\tau_6 Distance_i^2+\tau_7 After_{i,t}+\tau_8 HSR_i+\delta_t+\varphi_i+\gamma Z_{i,t}+\varepsilon_{i,t} \tag{10.4}$$

表 10.6 报告了高铁通车对不同地理距离圈层私募股权的影响，HSR、After、dXkm（如 d50 公、d100km、d150km）的交互项代表了距 PE 中心一定距离圈层内（如 50 千米、100 千米和 150 千米经济圈内）的高铁沿线城市在高铁通车之后得到的投资增加。从回归系数的大小来看，随着距离不断增加，高铁带来的 PE 投资增

① 即 VC/PE 投资者不会投资驾车 20 分钟以外车程的公司，"It's not the people you know. It's where you are." New York Times, October 22, 2006。另外，学术界也提出一条美国的 VC/PE 机构存在"一小时飞行圈内"的投资惯例，即私募股权投资主要在距离私募股权机构总部一小时的飞机飞行距离以内进行投资，主要是为了便于监督。参见 Lerner(1995)。

加效应呈现先显著增加、不显著、再次显著增加的特征。[①] 此外，投资数量在 250 公里圈层甚至有明显的减少，但在 300 公里圈层又有明显的增加，350 公里以上圈层则未有显著的结果。这一结果与现有经济地理研究具有一致性，即高铁通车带来的地区可达性变化幅度是非单调的(冯长春等，2013)。

表 10.6　　　高铁开通对不同地理距离圈层城市的私募股权投资的影响

被解释变量	LnN			Amt		
	(1)	(2)	(3)	(1)	(2)	(3)
After×HSR×d50km	0.547*** (0.109)			3.140*** (0.156)		
After×HSR×d100km		0.291 (0.278)			0.933*** (0.252)	
After×HSR×d150km			0.539* (0.284)			1.104** (0.541)
After×HSR	0.209** (0.102)	0.218** (0.101)	0.158 (0.102)	0.336** (0.143)	0.354** (0.153)	0.309** (0.149)
After	−0.047 (0.061)	−0.059 (0.061)	−0.057 (0.061)	−0.065 (0.068)	−0.061 (0.069)	−0.054 (0.067)
HSR	0.048 (0.044)	0.035 (0.044)	0.047 (0.044)	0.036 (0.041)	0.017 (0.042)	0.051 (0.037)
sq_distance	−0.164*** (0.036)	−0.090*** (0.033)	−0.139*** (0.046)	−0.094*** (0.029)	−0.135*** (0.037)	−0.115*** (0.043)
Other Interactions	YES	YES	YES	YES	YES	YES
Control	YES	YES	YES	YES	YES	YES
Year FE	YES	YES	YES	YES	YES	YES
City FE	YES	YES	YES	YES	YES	YES
Constant	−1.517** (0.657)	−2.291*** (0.611)	−1.911** (0.790)	−0.341 (0.565)	0.031 (0.593)	−0.033 (0.737)
Observations	1 520	1 520	1 520	1 520	1 520	1 520
R-squared	0.518	0.532	0.519	0.2	0.187	0.185

第五节　高铁冲击与私募股权投资的信息效应

为进一步揭示高铁通车导致沿线城市私募股权投资增加现象的深层次原因，基于信息效应的视角，本章从两方面分析高铁带来的时空压缩改善了 PE 投资人和创业者之间的信息不对称效应。一是根据创业企业所处的生命周期将被投企业

① 对 PE 中心 300km 圈层都进行了检验，表 10.6 仅报告了 50km、100km 和 150km 的结果，超过 200km 圈层的结果在文中做了描述。

区分为不同的投资阶段(初创期、扩张期、成熟期)来做检验;[①]二是根据投资机构背景的不同(即是否具有国有背景)做检验。

一、高铁开通对于私募股权不同投资阶段的影响

由于不同阶段的投资中,PE机构面临的信息不对称程度有所不同,开通高铁所带来的信息增量边际收益也有大有小。信息不对称最严重的是初创期企业,而成熟期企业相对来说有更完善的经营成果记录,信息不对称性小。因此,在边际上初创期企业将更多地受益于高铁通车带来的交流便利性和灵活性,从而获得更多的私募股权资金。

在全部2 429个投资事件中,属于初创期投资为390例,占全部样本的16.1%,属于扩张期投资为1 233例,占比50.8%,其余为成熟期投资。以样本城市为单位,汇总每个城市在2006～2012年间每年发生的初创期/扩张期/成熟期案例数和金额数,作为被解释变量,得到的实证结果见表10.7。从分不同投资阶段的回归结果来看,在开通高铁后,初创期和扩张期的私募股权有显著增加,而成熟期的私募股权在开通高铁前后的变化并不明显。

表10.7　　不同投资阶段的PE投资在高铁通车前后的变化

被解释变量	LnN			Amt		
投资阶段	初创期	扩张期	成熟期	初创期	扩张期	成熟期
	(1)	(2)	(3)	(4)	(5)	(6)
After×HSR	0.245***	0.253**	0.103	0.011*	0.107*	0.081
	(0.091)	(0.099)	(0.089)	(0.006)	(0.064)	(0.066)
HSR	0.016	0.032	0.024	0.001	0.006	0.035**
	(0.024)	(0.035)	(0.025)	(0.001)	(0.021)	(0.016)
After	−0.009	0.041	−0.078	0.000	0.021	−0.020
	(0.030)	(0.045)	(0.051)	(0.001)	(0.024)	(0.031)
Control	YES	YES	YES	YES	YES	YES
Year FE	YES	YES	YES	YES	YES	YES
City FE	YES	YES	YES	YES	YES	YES

① 本章直接采用清科私募通数据库对样本的投资阶段所做的界定,包括初创期、扩张期、成熟期。初创期企业依产业不同一般处于成立1到3年不等。扩张期企业产品已被市场肯定,企业为进一步开发产品、扩充设备、产量、存货及强化行销,需要更多资金。由于企业距离其股票上市尚早,若向金融机构融资,须提出保证及担保品,筹资渠道仍属不易,而私募股权的资金可以适应所需,由于企业已有经营绩效,PE投资参与较为踊跃。此阶段企业一般处在成立3年到10年。成熟期企业筹资的主要目的在于寻求产能扩张的资金,往往引进产业界较具影响力的股东以提高企业知名度,并改善财务结构及管理制度,为股票上市做准备。此阶段投资风险较低,企业一般成立10年以上。

续表

被解释变量	LnN			Amt		
投资阶段	初创期	扩张期	成熟期	初创期	扩张期	成熟期
	(1)	(2)	(3)	(4)	(5)	(6)
Constant	−0.888***	−2.286***	−1.795***	−0.035***	−0.697***	−0.444***
	(0.204)	(0.374)	(0.258)	(0.011)	(0.158)	(0.164)
Observations	1 722	1 722	1 722	1 722	1 722	1 722
R-squared	0.262	0.364	0.357	0.105	0.099	0.098

二、高铁开通对于不同背景 PE 投资行为的影响

表 10.8　　国有 PE 和非国有 PE 投资行为的对比

被解释变量	LnNumGPE	LnNumPPE	AmtGPE	AmtPPE
	(1)	(2)	(3)	(4)
After×HSR	0.183** (0.091)	0.240** (0.105)	0.008* (0.005)	0.398** (0.154)
HSR	0.023 (0.024)	0.042 (0.041)	0.002 (0.001)	0.046 (0.039)
After	0.001 (0.032)	−0.036 (0.055)	−0.001 (0.002)	−0.002 (0.060)
Control	YES	YES	YES	YES
Year FE	YES	YES	YES	YES
City FE	YES	YES	YES	YES
Constant	−0.947*** (0.211)	−3.027*** (0.425)	−0.053*** (0.014)	−1.370*** (0.373)
Observations	1 722	1 722	1 722	1 722
R-squared	0.314	0.458	0.179	0.135
H0:β(GPE)=β(PPE)				
Diff	−0.057***		−0.390***	

不同背景的 PE 机构对信息不对称的敏感性可能不同，较多的文献认为国有 PE 的绩效表现弱于民营 PE（Brander 等，2015；钱苹、张帏，2007；张学勇、廖理，2011；余琰等，2014）。表 10.8 的结果与假设是一致的，即相比于国有背景 PE，非国有背景的 PE 在高铁沿线城市进行了更多投资。尽管两种类型的 PE 在高铁沿线城市的新增投资均有增加，但是存在显著差异。具体而言，从数量上看，国有背

景投资机构在高铁通车后的投资增加 20%，而民营机构投资增幅超过 27%，比国有背景投资机构高出 7 个百分点；从投资金额看，国有背景投资机构在高铁沿线城市的新增投资占当年 PE 全国总投资的比例比高铁通车前提高 0.008 个百分点，而民营背景投资机构在高铁沿线城市的新增投资占当年 PE 全国总投资的比例提高了 0.4 个百分点，高于前者的增加幅度。

第六节　结论与启示

地理对于经济学的作用十分重要。2008 年，克鲁格曼凭借对新贸易理论和新经济地理学的贡献摘得了诺贝尔经济学奖。在世界银行的《2009 世界发展报告》中，将地理对于经济发展的影响总结为城市、区域和国家三个方面，报告用三个 D——密度（Density）、距离（Distance）和分割（Division）来构建分析框架。其中距离产生地区间的贸易成本。而基础设施的建设可以发挥降低贸易成本的作用，就好像拉近了地区之间的距离。今日中国的高铁网络就是起到缩短地理距离、压缩时空作用的全国性基础设施，同时也正成为中国经济的靓丽“名片”。

本章基于高铁通车前后私募股权投资的变化来研究高铁的经济效应。在高铁通车后，私募股权增加了对高铁沿线城市的投资，而与之各方面匹配的非高铁沿线城市在获得私募股权投资方面未见明显增加。此外实证检验表明，高铁通车拓展了北京、上海、广深等 PE 中心的辐射半径，因而“高铁效应”具有较大的正外部性，对私募股权资源配置效率的改善起到了积极作用。高铁之所以在一定程度上改变了私募股权的“本地偏好”（Chen 等，2010；张学勇等，2016），使私募股权沿着高铁动脉向更加广阔的地域范围进行扩展。原因是高铁的通车使得私募股权投资人和被投企业创业者之间进行面对面交流的便利性和灵活性增加，使得私募股权可以便捷地获取企业的“软信息”，减少了私募股权机构对创业企业的筛选、交易和监督成本，从而推动了私募股权的发展。初创期、扩张期投资的增加，以及非国有背景 PE 在高铁沿线城市的新增投资明显比国有背景的 PE 更多，等等发现进一步表明了高铁带来的空间压缩和地理效率提升，促进了软信息的传递。本章的研究揭示了高铁对私募股权进而对创新经济的推动作用。

本章的理论贡献在于两个方面：首先，以信息经济学为理论基础，揭示了地理对于私募股权的重要作用，证实了地理距离会影响私募股权投资的事前筛选和事后增值作用机制，丰富了私募股权领域的文献；其次，在高铁经济效应的研究方面，Fogel（1964）通过构建在没有铁路的情况下 19 世纪美国农产品运输线路的“反事实”，比较了有铁路和没有铁路时美国农产品运输费用的变化，进而得出了铁路为美国社会带来了成本节约。Donaldson 和 Hornbeck（2016）应用全球定位 GIS 系统完善了没有铁路时 19 世纪美国各地区的运输线路，认为铁路改变了美国各县的市场准入环境，带来了经济增长，最终体现为农业用地价值的增加。本章则通过高铁对于中国私募股权的投资数量、金额、投资阶段和布局的影响，揭示了高铁对于私募股权投资效率的改善和区域经济发展的影响。

从实践的角度，对于私募股权机构而言，通过高铁网络联通不同地区带来的投资机会可以打开新局面，有助于 PE 机构沿着高铁动脉的可达区域拓展投资项目。另外高铁这本“账”怎么算，一直是高铁经济学的核心问题。本章的发现说明，高铁推动了中国私募股权事业的发展，这也是高铁建设的一个重要正外部性利益。

第十一章　PE 改造国有企业
——弘毅投资对中国玻璃的重组

弘毅资本投资中国玻璃的经典案例，全程描述了私募股权基金提升企业价值的过程与规律。弘毅资本在全面收购原国有企业江苏宿迁玻璃厂之后，全程深度地参与了调整公司治理结构、引进战略投资者、IPO 上市、并购同行业企业等资本运作过程。与一般财务投资者的角色定位不同，弘毅资本在中国玻璃的重组案例中更多地扮演了一个“公司建设者”的角色。在整个过程中，弘毅资本始终将投后增值服务视为项目成功的关键，在自身获得投资收益的同时，实现了被投企业的价值创造——带领中国玻璃从一家中等规模的平板玻璃制造商，迅速转变成为中国生产效率最高、市场份额位居前五位的行业领导者之一。

在中国的私募股权投资界，“弘毅”已经赫然有名，而这家股权投资管理企业，成立不过十多年时间。如今弘毅投资专注于中国市场，以“增值服务、价值创造”为核心投资理念，业务涵盖并购投资与成长型投资。投资的企业包括国有企业、民营企业和海外公司，在国企改革和跨境并购方面尤有建树，所参与改制的 33 家国有企业实现了企业价值的稳健提升，培育了一批行业领先企业。截至 2019 年底，被投企业资产总额 2.9 万亿元，整体销售额 8 600 亿元，为社会提供了超过 45 万个就业岗位[①]。弘毅资本的成功之道是什么？本章以弘毅投资中国玻璃的经典案例为分析对象，探讨中国特色的私募股权基金投资中的“术、势、道”。

第一节　弘毅投资的起源与发展

弘毅投资成立于 2003 年，是联想控股旗下专门从事股权投资及管理业务的公司，以“增值服务、价值创造”为投资理念。在“联想系”的企业大厦中，弘毅投资定位于私募股权投资。在柳传志先生的战略布局下，杨元庆、郭为、赵令欢、朱力南、陈国栋(被戏称为联想王国的“五子登科”)分疆守土，构成了联想系的庞大企业王国(见图 11.1)。

---

① 数据来自弘毅投资网站(www.honycapital.com)。

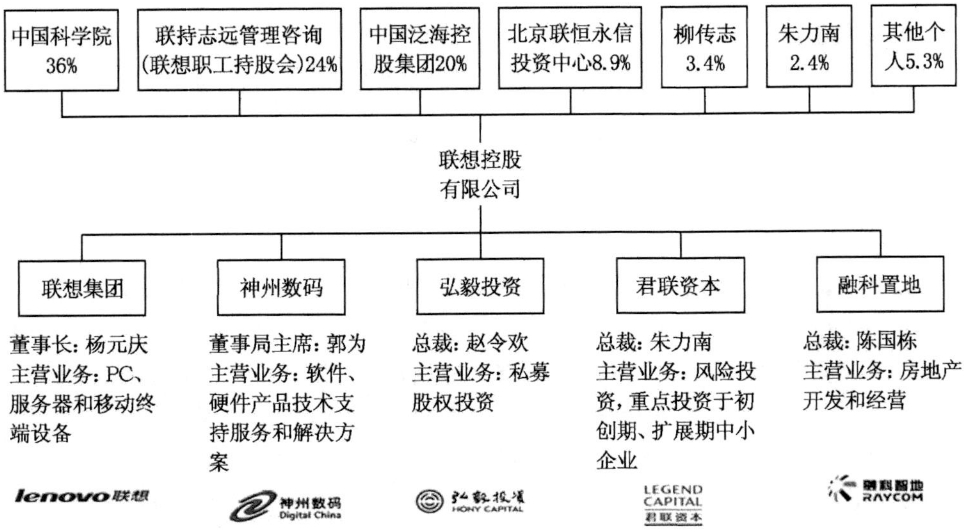

注:以上资料截至 2013 年 12 月,根据联想控股公司网站以及其他公开信息整理。

图 11.1 联想王国的股权结构及业务分布

弘毅投资的理念为增值服务、价值创造。人民币基金的主要投资人中的包括联想控股、全国社保基金、中国人寿等;美元基金的主要投资人包括联想控股、美国高盛、斯坦福大学基金、新加坡淡马锡等。其竞争优势为拥有丰富的全球资本市场经验、高效的中国本土执行及增值服务能力,以及国企改制经验。投资模式和重点专注于并购投资、辅之民营企业成长投资。目前已经投资的行业包括医药、装备制造、建筑材料、消费品、零售、金融服务等。

成立十余年来,弘毅投资经历了迅速发展期和转型升级期两个重要的阶段,建立了“资本＋智慧”的商业模式,初步搭建了区域运作平台。具体如图 11.2 和图 11.3 所示。

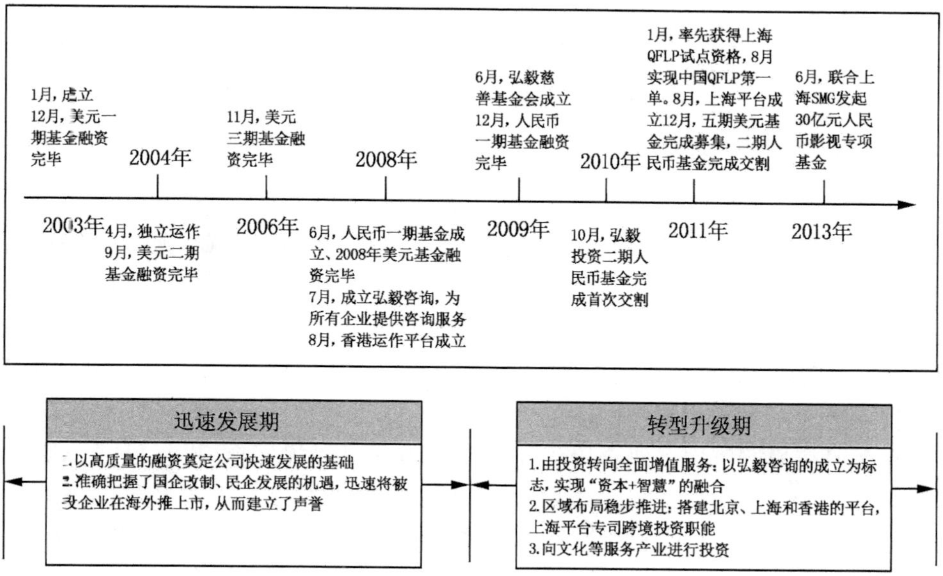

图 11.2　弘毅投资的主要发展历程

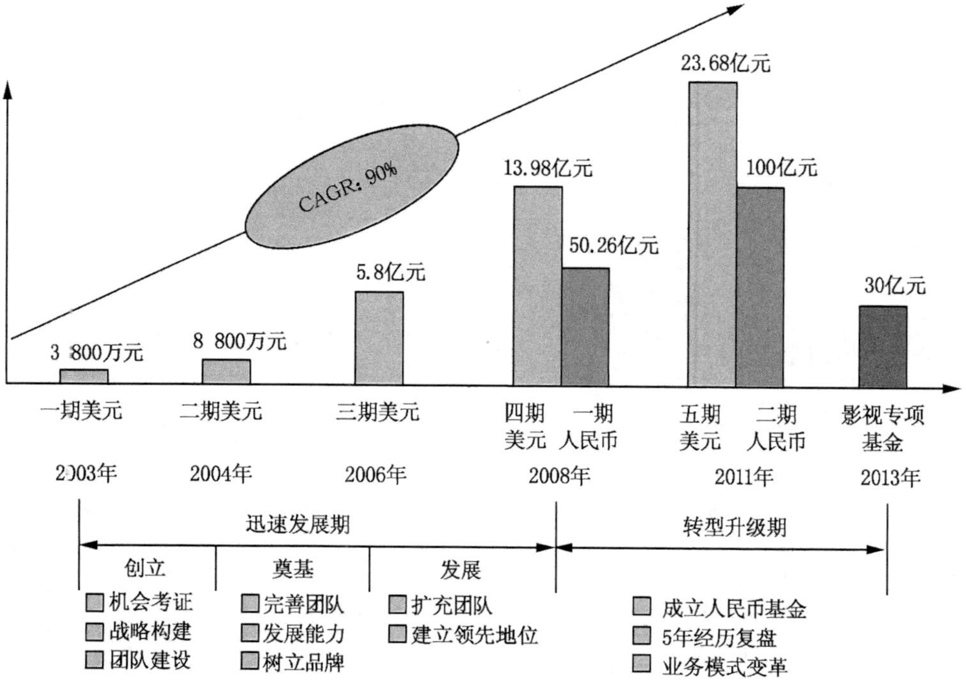

图 11.3　弘毅投资募集管理的基金

第二节　行业背景：私募股权及玻璃行业

一、私募股权行业

私募股权(private equity)是指由未上市公司的权益证券组成的一类资产。最常见的类型包括：杠杆收购资本(leveraged buyout capital)、风险投资(venture capital)、增长资本(growth capital)、天使投资(angel)以及夹层投资(mezzanine)等。在典型的杠杆收购交易中，私募股权机构买断一个已存在多年的成熟公司的控制权，这不同于风险资本或增长资本的投资。风险资本往往投资于年轻的新兴公司，并且很少会取得多数控制权。

私募股权投资机构一般会以组建基金的方式来筹集资金、进行投资。私募股权基金(Private Equity Funds)指由专业管理者发起的、以非上市公司或上市公司的私募股权为对象进行组合投资，意图影响目标公司的治理结构和经营活动，实现目标公司价值的创造与提升，并最终通过退出实现财务增值的封闭型集合投资工具。根据投资阶段的不同，可以分为风险投资基金、收购基金等。狭义的私募股权基金概念往往不包括风险投资基金，仅仅指并购基金。而广义的私募股权基金包括收购基金(buyout funds)和风险投资(venture capital)两部分。本书前面章节均采用了广义私募股权基金的定义。二者区别如表 11.1 所示。

表 11.1　收购基金(buyout)和风险投资(venture capital)的区别

	风险投资	收购基金
基金资产	较低	高，有时可达数十亿美元
杠杆应用	从不或较少向银行举债	总是向银行举债
投资组合中的目标公司	新公司甚至是处于组建中的公司；目标公司很少赢利；处于发展成长状态；一般属于新科技行业	通常是成熟公司；目标公司的盈利水平至关重要；可以与高科技行业毫不相干
投资方式	只取得少量股权，只有在触发对赌协议或重新募集资本时才会有公司控制权问题	通常会实现控股或联合控股
估值方法	评估很大程度上取决于风险投资家的技能和经验	依据财务金融理论中的资本预算规则评估(例如 IRR，APV 模型等)
管理人	风险投资家通常是曾经成功的企业家或者拥有特定行业技能的专家	基金管理者通常具有财务、投资银行或企业管理背景

资料来源：Guy Fraser-Sampson, Private Equity as an Asset Class, John Wiley & Sons Ltd., 2007.

2007 年 6 月 1 日颁布实施的我国《合伙企业法》，真正推动了国内私募股权基金正规化、规模化、国际化的进程。2009年10月国内创业板开闸更推动了私募股权基金市场的活跃。随着中国经济快速发展、创业投资的政策环境逐步完善等众多积极因素之下，人民币基金崛起的势头十分明显，本土创业投资的优势日益体现，迎来了行业发展的春天。

目前国内活跃的私募股权投资主体主要有以下几种力量。

(1)外资PE

中国大陆第一起典型的外资PE收购案例，是新桥资本收购深圳发展银行，它发生在2004年6月。新桥资本(Newbridge Capital)属于美国著名的德州太平洋集团(Texas Pacific Group，TPG)旗下的私募股权机构。收购对价为12.53亿元人民币，收购标的为17.89%的深圳发展银行的控股股权。2004年末，美国华平投资等机构联手收购了哈药集团55%股权，标志着国际并购基金可以收购大型国企，是开先河的案例。2005年9月，太平洋人寿保险公司上市前，凯雷投资集团获得24.975%股权，出资对价为4亿美元，这是当时中国最大的私募股权投资交易。

(2)合资VC/PE

在中国的PE市场上，合资基金是继外资基金之后的第二大生力军。合资基金成立背后的一个重要原因是因为很多行业对外资仍有限制，采取合资方式可以规避产业投资的限制。

(3)产业投资基金

2006年12月，渤海产业投资基金在天津挂牌设立，目标规模200亿元。2007年以及之后，广东核电新能源基金、山西能源基金、上海金融产业基金、四川绵阳高科基金以及中新高科产业投资基金等纷纷获得国家批准设立。

(4)券商直投

早在2006年，证监会就要求创新类券商上报直投业务方案。2011年7月，证监会下发《证券公司直接投资业务监管指引》。截至2012年末，共计47家券商获得证监会批准设立直投子公司。

(5)大型国有企业出资设立的PE

出于完善产业链和整合上、下游资源的考虑，一些大型国企都在集团内部设立了股权投资基金。一个代表模式是招商局富鑫基金。该基金由香港招商局集团旗下的招商局科技集团与台湾富鑫创业投资集团合资成立，利用招商局集团及招商局科技集团的资金和网络优势进行投资。2011年以来，上海地方国企的重要龙头上海国际集团接连募集了数只规模庞大的产业投资基金。如主要投资金融产业的上海金融产业发展投资基金(2011.3，目标规模200亿元)；上海国和现代服务业股权投资基金(2011.2，目标规模50亿元)；上海新兴产业投资基金(2011.12，目标规模70亿元)；上海赛领国际股权投资基金(2012.2，目标规模500亿元)等。

(6)民营企业出资设立的VC/PE

2007 年 6 月底，深圳市南海成长创业投资有限合伙企业正式开始运作，成为国内首家有限合伙制的民营创投机构。著名的民营 PE 机构还有昆吾九鼎、硅谷天堂等。

(7)政府背景的 VC/PE

1986 年 9 月，经国务院批准，国家科委、财政部共同出资成立中国新技术创业投资公司，该公司是我国第一个股份制的创业投资企业。之后类似具有政府背景的投资公司还有上海联合投资有限公司、深圳市创新科技投资有限公司、天津创业投资有限公司、广州科技风险投资有限公司等等，以及一些地方政府成立的创业引导基金。

二、玻璃行业

1985～2004 年间，全球对平板玻璃的需求增长率一直保持在比全球 GDP 增长率高大约 1%的速度。对于中国的投资者来说，一个令人鼓舞的事实是 GDP 已经以年 9%以上的速度增长了近 20 年。在宏观经济强劲增长的背景下，中国成为全球玻璃市场中供需量均为最大的国家，约占全球生产和消费的三分之一。随着国内法律法规要求，建筑材料将实现技术创新和实现更高的能效，国内需求将进一步扩大。

在 2003 年，当弘毅投资考虑收购江苏玻璃时，中国平板玻璃行业的厂商数量非常庞大且高度分散。全球玻璃行业的前五大制造商占有 70%的全球市场份额，而中国的前五大制造商只占国内市场的 20%左右。随着中国经济的持续增长，与建筑业相关的业务都在蓬勃发展。

第三节　柳传志、赵令欢、周诚等人物背景

一、柳传志

柳传志毕业于西北电讯工程学院，为高级工程师。现任联想控股有限公司董事长、执行委员会主席；联想集团名誉董事长、联想投资、融科智地、弘毅投资董事长，案例发生时年 59 岁。柳传志先生当选为中共十六大、十七大代表，九届、十届、十一届全国人大代表。荣获“全国劳动模范”“中国改革风云人物”“亚洲最佳商业人士”“全球 25 位最有影响力商界领袖”等称号。1984 年，柳传志先生与其他 10 位中国科学院计算所科研人员以 20 万元创办了中科院计算所新技术发展公司(联想集团前身)。

毫无疑问，柳传志是中国改革开放以来涌现出的最著名企业家之一，属于改革开放以后我国第一代企业家中的佼佼者，是联想控股的精神领袖、企业宗师(guru)。

二、赵令欢

赵令欢现任弘毅投资总裁、联想控股有限公司常务副总裁，负责对弘毅投资的全面管理及联想控股的战略投资业务。他还担任中国联想集团、中国制药、意大利菲亚特工业等全球著名企业的董事，案例发生时年41岁。赵令欢先生于2003年加入联想控股并创立弘毅投资。赵令欢毕业于南京大学物理系，之后获美国北伊利诺依州大学电子工程硕士和物理学硕士学位，美国西北大学凯洛格商学院工商管理硕士学位。

赵令欢获得过国内PE领域的专业数据库提供商清科集团评选的2007～2009年度的各年度"中国私募股权投资家10强"奖项；投中集团评选的"中国最佳私募股权投资人物TOP10"年度奖项(2009～2011)；2011年12月，赵令欢与美联储前主席格林斯潘等人一起上榜，进入国际PEI(Private Equity International)杂志发布的PE界权威评选——"十年全球百位影响力人物"，排名第一(全部榜单第11位)的华人。亚洲顶尖的PE行业媒体《PE Asia》授予赵令欢2011年度唯一的年度领导力大奖。

三、周诚

周诚为上市公司中国玻璃股份有限公司的董事局主席，案例发生时年47岁。周先生自中国玻璃公司于2005年上市起一直为公司执行董事，并至2007年9月兼行政总裁，自2007年9月起一直为公司董事局主席。周为高级工程师，于1980年毕业于南京工业大学，主修无机化工专业。

周诚于1997年1月加入中国玻璃的前身——苏玻集团，之前任江苏省宿迁市政府副秘书长，该行政职务直至2005年中国玻璃上市前方才离任。自进入苏玻集团后，周一直担任江苏玻璃厂厂长及苏玻集团有限公司董事长兼总经理。

周诚目前出任弘毅投资的投资合伙人。

第四节 弘毅投资中国玻璃过程的全景透视[①]

我们知道中国的玻璃行业正经历快速整合，将会越来越有利于更大的参与者。若仍保持当前的结构，我们就无法生存。要么我们会被一个更大的竞争对手收购，

① 这里描述收购过程的部分原始材料参考了 Lily Fang(INSEAD)和 Roger Leeds(Johns Hopkins University)编写的案例 Hony Capital and China Glass Holdings。该案例载于世界经济论坛，《The Global Economic Impact of Private Equity Report 2008：Globalization of Alternative Investments Working Papers Volume 1》。

要么我们自己将成为一个收购者。

——周诚，首席执行官，中国玻璃

我们是公司的建设者。在中国，作为一个私募股权投资者，我不会受到欢迎。但是，如果我以诚实的方式成功地实现被投资企业的价值增值，我将会受到尊重。

——赵令欢，首席执行官，弘毅投资

正是这两位 CEO（私募股权投资家和企业家）对玻璃行业和私募股权基金领域的深刻认识和独到见解，以及对未来发展的独特眼光和雄心壮志，使得中国玻璃从国内一家中等规模的玻璃制造公司转变为中国最大的、最有效率的玻璃生产商，从行业内第 14 名进入了前 3。

本节回顾弘毅投资和中国玻璃的起源和背景，以及弘毅收购江苏玻璃将其改制为中国玻璃并帮助其成长的整个过程。

一、弘毅投资的起源和背景

弘毅投资成立于 2003 年 1 月，由单一股东联想控股——中国最知名的公司之一注资成立，联想控股注资 3 800 万美元成立了弘毅一期基金。联想是一个于 1984 年由中国科学院的 11 个工程师建立起来的个人计算机公司，2005 年时，联想通过一个子公司收购了 IBM 个人计算机业务，并在国际上声名大振。但直到 2011 年，联想控股的 65% 股权属于中国科学院。目前联想控股的股权结构参见图 11.1。

联想电脑的创始人兼联想控股总裁柳传志发起设立了弘毅投资。早在 2002 年，中国大型企业大多数是国有企业，要获得政府对收购国有企业的批准，需要历经复杂的监管并存在着障碍。但柳传志以他掌管联想的长期经验，明白当时政府正试图逐步向市场经济过渡，并且他十分擅长与政府沟通。他对弘毅投资的设想从一开始就是将联想成功管理中国企业的专业知识、对政府的了解、以及善于获取的金融资源等优势，选择性地应用于兼并国有企业、重组它们、然后退出。他认为，中国已经达到了一个关键时刻，可能为新兴的私募股权行业创造数不尽的机会：

第一，中国的传统产业都有巨大的增长空间，因此，私募股权（此处指狭义的并购基金）的回报率甚至会高于风险资本。其他国家传统产业的发展前景有限，但在中国如建筑材料、纺织品和食品饮料等传统行业的风险有限且增长速度很快，所以这些行业非常适合于私募股权投资。

第二，中国的民营企业缺乏资源，私募股权在进入时就可以给予企业所需要的资源（所谓“给点阳光就灿烂”），并刺激其发生质变。

第三，私募股权可用作对国有企业进行所有权多元化和管理层激励的工具。私募股权可以依据市场价值对国有企业和管理层进行估值，使得国有企业能以一种更容易被接受的方式进行改革。

用赵令欢事后的话说，“如果把被投资企业比作老虎的话，他认为对先声制药(弘毅二期基金所投资的民营医药企业，已于2007年在纽约证券交易所上市)这样的民营企业，弘毅要做的事情就是‘如虎添翼’；而对于国有企业来说，首先要做到的却是‘放虎归山’”。“很多国有企业不缺好的管理者，只是僵化的体制制约了他们的手脚。”

柳传志的首要任务就是要找到一个联想筹划中新成立基金的领导者。最后他选择了赵令欢。当时赵已经作为海归回国发展，成为联想的高级顾问。赵令欢在江苏长大，就读于南京大学，曾一度作为工程师在国有控股的江苏电子公司工作，后来去美国深造。赵令欢在美国取得了两个科学硕士学位和芝加哥西北大学凯洛格商学院的MBA学位，之后在几家美国的高科技公司工作了将近十年，并在硅谷创业。2002年他回到中国，先是作为联想CEO的高级顾问，后来成为弘毅投资的第一任CEO。回想起成功地在美国定居后、再返回中国的这个决定，赵令欢解释说：“中国是我的根。在我看来，毫无疑问，这就是我最终会回来的地方。”

根据柳传志的设想，赵令欢立即开始将弘毅投资打造成中国第一批完全由中国人创立的私募股权基金之一。到2007年，弘毅投资中的专业人士增加到27个，包括7名常务董事、两名董事和一个副总裁。除了一位外国员工，团队其余均是中国成员，当中的大多数人都没有受过西方教育，并且主要来自企业的运营部门，并不具有金融背景。据赵令欢说，他认为在中国PE市场的成功需要不同类型的专业背景，于是倾向于招募那些本土知识丰富并且拥有很强企业运营能力的人，这也体现了弘毅所具有的联想集团的产业背景特色。

“弘毅”中文名字的意思是雄心和毅力，所有弘毅投资公司中的专业人士都认为这两个特点是至关重要的。新员工入职后的第一个星期内会被要求读两本书。一本是《摩根家族：一个美国银行业王朝和现代金融的兴起》。这本书使赵令欢产生了共鸣，因为20世纪初的美国和今天的中国十分相似。他坚信摩根一个世纪前的崛起寓意着弘毅当前面临的机会。第二本书是《高盛：成功的文化》，该书聚焦于为世界顶级投资银行带来持续成功的文化基因，一位高盛的高层在书评中写道：“高盛人都十分自豪，他们无法接受在重大决策中没有做到最好。”赵令欢对高盛的推崇，折射出他对未来弘毅的抱负。

除了建立一个专业的员工体系，新CEO开始了落实弘毅的投资策略。虽然当时交易不多，但赵令欢从未质疑过柳传志的设想——创建一个私募股权基金并将其重点放在购买国有企业的控股权上。赵令欢邀请世界著名的咨询公司——麦肯锡公司对国内的99个行业进行了自上向下的分析。麦肯锡为赵令欢和他的团队推荐了一个投资策略：首先，专注于一些高增长行业，如医药、重型设备和建筑材料；其次，关注点包括消费品、零售、媒体和金融服务等。虽然浮法玻璃没有明确包括在麦肯锡推荐的行业列表中(不过也属于大的建材行业)，但弘毅团队相信这个行业具有潜力。赵令欢事后曾评论说，当弘毅投资团队开始进行私募投资业务时，这些前期与麦肯锡的交流给他们带来了专注和自律。

弘毅的一期基金100%依赖联想控股，成立于2003年，之后的二期和三期基金吸引了一些世界上最著名的LP投资者，包括斯坦福大学捐赠基金、高盛、淡马锡控股、盖茨基金会和罗斯柴尔德家族。弘毅投资在2007年之前募集成立的三个基金筹集到约7.2亿美元的总资本。随着弘毅的成功，其后续的募集基金道路要成功得多。

二、弘毅投资的投资模式

赵令欢解释道："简而言之，我们是一个公司的建设者。我们业务中成功的关键因素是投后管理。"当然，许多西方私募股权投资公司也会表达类似的观点，但是，当赵令欢精心阐述了弘毅的投资模式后，中国和西方在并购方法中的一些主要差异则显而易见。

就如赵令欢说道："弘毅投资的交易至少与典型的美国和欧洲的并购交易有六个方面的区别。我们关注的是国企的私有化，而不是上市公司的私有化；考虑到中国信贷市场的状况，杠杆不是我们交易中的重要因素；我们不能接受涉及重大资产剥离或重大裁员的交易；我们会对管理层做大量的尽职调查，因为我们只对那些现存管理层能给我们带来充足信心的公司感兴趣；可能最重要的是，在尽职调查的早期，我们必须对投后如何为公司实现增值这点上保持自信，管理层和我们的利益要保持高度一致。我们通过聚焦于战略制定和设想，帮助管理层团队在他们的行业中成为市场领导者。然而，我们不想对公司的日常运营造成干扰。"

赵令欢认为使用上述方法，再加上团队对中国商业文化和政策环境的深入了解，会给弘毅投资在私募股权行业里的持续增长，带来相当大的竞争优势。他相信，弘毅投资将不断产生有吸引力的交易流，因为他的团队意识到中国市场中的投资目标比起发达国家来说更缺乏效率。弘毅投资可以有选择性地利用这些企业的低效，因为弘毅投资对国有企业、民营企业的政策和背景拥有广泛的本土知识。赵令欢说："很少有价值附加型投资者会考虑我们所做的交易，如果我们对目标公司管理者做出了正确的判断，大多数情况都会成功的。中国还没有一个以西方标准衡量的专业管理层类别，所以对正确的人做出决策，是成功的一个关键因素。"

三、中国玻璃控股有限公司

江苏玻璃厂位于江苏省苏北的宿迁市，为地方政府拥有绝对控股权的国有企业，另外两个银行系的国有资产管理公司（华融和信达）拥有少量股权。① 1996 年，该公司遭受了巨大亏损，宿迁市政府副秘书长周诚被任命为新的 CEO。他得到了政府的授权对公司进行清理，争取扭转亏损。虽然周诚几乎不了解玻璃制造业，但他很快就着手精简公司所有非经营性资产，如医院、诊所、学校和其他资产并把它们剥离出去。他还通过成功策划一个主要的债务重组，修补了公司的资产负债表，并将江苏玻璃厂改制为江苏玻璃集团股份有限公司（简称苏玻集团）。

尽管生产能力相对较小，但周诚领导下的江苏玻璃，逐渐转变成中国最高效的浮法玻璃生产商之一。在弘毅进行投资之前的 2003 年，江苏玻璃有两条浮法玻璃生产线，日总产能是 900 吨，只占国内市场的 2%，这在中国平板玻璃生产商的规模中排名第十。根据中国建筑材料质量监督协会的数据，它的总资产回报率（息税前利润/总资产）排在第一。

为了响应 2002 年党的十六大会议精神——政府的职责不是运营企业，意味着政府将尽一切努力将自己从高度竞争的行业中脱离出来。尽管江苏玻璃已经取得了重要的转变，但在 2003 年，宿迁市政府已经决定将江苏玻璃民营化。周诚面临的挑战是切断与当地政府的联系，像民企一样直面竞争。

正当弘毅在 2003 年年中起步时，赵令欢与周诚被安排了第一次见面。虽然他们最初的见面持续了不到一个小时，但两位 CEO 都沿着相似的思路，思考着同样的问题——如何通过兼并收购使江苏玻璃转变成中国最大的平板玻璃制造商之一？他们都坚信中国平板玻璃行业将会不可逆转地走向更大的整合，结果是公司数量减少、公司规模增大。为了在这个竞争更加激烈的环境中脱颖而出，江苏玻璃需要迅速扩大生产，这将需要额外的金融资源和行业资源。

但与寻找玻璃行业中的产业竞争对手作为收购者相比，江苏玻璃更愿意与弘毅投资这样一个私募股权基金进行合作。周诚解释说："我们想与一个像弘毅投资这样的投资者合作，实现和分享我们对未来企业成长的梦想。如果与行业中的竞争对手合并的话，我们就不能保持独立和掌握控制权。"

四、中国玻璃行业的整合和周期性的机会

2003 年，当弘毅考虑收购江苏玻璃时，中国平板玻璃行业非常庞大但高度分散。随着中国经济以惊人的速度增长，与建筑业、汽车等行业相关的业务都在蓬勃发展。赵令欢和他的团队认为玻璃行业会跟随已经在许多其他行业发生的趋势一样，进行整合，并通过扩大规模来提高效率。弘毅也观察到行业中存在相当强的周期性，并预测价格将在 2004 年底或 2005 年初达到峰值，并于之后的两年开始下

---

① 华融、信达、长城、东方作为银行系的四大资产管理公司，诞生于 1998 年，它们是为了剥离四大国有银行不良资产而组建的。其中华融接手的是工行不良资产，信达接手的是建行不良资产。两大资产管理公司在江苏玻璃厂的改制中实施了"债转股"，因此从债权人转变为股东。

滑。从策略上讲，这些预测解释了弘毅进行收购江苏玻璃的时间表和随后在2005年初的上市原因。

从两个公司和玻璃行业的背景来看，这场交易似乎是水到渠成。事件的三个利益相关方：宿迁市政府、公司管理层、弘毅资本，很快就结成了利益同盟，为收购以及后来的上市计划开始全速前进。

五、结成利益同盟

与许多以买卖双方紧张持久的谈判为标志的私募股权交易不同，三个主要利益相关方之间存在着共同的利益和目标，促成了弘毅投资收购江苏玻璃。

1. 公司所有者

宿迁市政府是个干劲十足的卖家。市里的主要领导者[①]解释说："我们控制下的国企民营化是国家政策的一部分，目的是减少政府的财政负担，加强民营部门在经济中的作用。我们赞同中央政府这种新的着重点，因为我们监督国有企业的负担过重，无法为他们提供成长和竞争所需的金融资源。"

2. 公司管理层

总经理周诚说："我们知道中国的玻璃行业正经历快速整合，将会越来越有利于更大的参与者。若公司仍保持现状，我们就无法生存，要么我们被一个更大的竞争对手收购，要么我们将成为一个收购者，这需要额外的资本。"

3. 私募股权投资者

弘毅投资的投资标准非常适合江苏玻璃。赵令欢说："我们正在积极寻求收购机会，而建筑材料行业在这样一个持续以10%年增长率的国家是一个很好的选择。此外，对我们而言最重要的标准是对管理层的信心。在我第一次与周诚会面后，我就认为他是我们可以合作的对象。正当我们刚刚开始时，江苏玻璃给了我们一个很好的投资机会。"

下面可以看到弘毅投资是怎样通过IPO上市、并购和吸引国际投资者等一系列策略，一步步将中国玻璃打造成为中国市场的领导者。

六、就投后目标和策略达成早期协议

目标的一致性使得尽职调查以及交易实现了成本最小化，进展十分顺畅。在交易完成前，最引人注目的是弘毅投资在规划和商定收购后的公司战略上所倾注的时间和精力。赵令欢对弘毅投资的标准是：所有投资必须在交易完成前，就对收购后的公司价值创造战略达成清晰规划。为此，弘毅资本必须和江苏玻璃管理层

---

① 值得提到的是当时江苏省宿迁市委书记仇和，他的政治生涯是从宿迁地区起步的，在任期间，曾被称为"中国最富争议的市委书记"。他改革的手段是十分激进的。仇和于1996～2006年在江苏省宿迁市任职，2007年调任云南任中共昆明市委书记、云南省委常委、省委副书记。2015年被"双规"。

就公司成长战略达成一致。

双方一开始就认定其主要关注点应聚焦于如何通过一系列具体行动将公司塑造成为中国玻璃市场的领导者。但是,考虑到玻璃行业的周期性,预期市场价格会在 2004 年底至 2005 年初达到峰值,之后价格会出现回落。因此,要想以较为有利的价格实现成功上市筹资,时间就变得异常重要。弘毅和苏玻集团采取的主要措施包括:

(1)总经理周诚辞去宿迁市政府副秘书长的职位,在公司专职工作。

(2)立即启动在香港联交所(HKSE)IPO 上市计划,在相关法规允许的条件下尽快上市。为了符合香港联交所的上市要求,公司需要在法律上从中国内地的股份制公司改组成为有限责任公司,并在上市前成为外商独资公司。①

(3)IPO 上市筹集的资金将全部用于新建生产线,以及同业并购以实现产能扩张。

(4)立即着手寻找并购对象。

(5)立即着手引进世界级的玻璃制造商作为公司的股东和战略合作伙伴。

七、构建并完成交易

落实战略的关键在于尽快完成 IPO 上市,最好在 2005 年年中实现。从一开始,弘毅就把中国玻璃的上市地锁定为香港联交所,而不是上海或深圳证券交易所。这是因为弘毅希望通过在要求更为严格的香港联交所的上市,向国际投资者展示中国玻璃已经达到最严苛的财务报告标准、透明度和公司治理要求。

但是香港联交所的上市规定要求,拟上市公司上市前一年内公司的所有权不能发生重大变更,另外还需满足其他一系列规定(例如,具有符合联交所一般公认会计准则要求的独立审计报告)。为了实现江苏玻璃紧张的上市时间安排表,并同时符合联交所的上市要求,弘毅资本与宿迁国资委在 2003 年 12 月 31 日先行签署了股权托管协议并取得进一步的合法购买权,从而获得了对江苏玻璃的控制权。达成协议两周后第三方独立估值报告完成,2004 年 1 月 20 日(中国农历除夕),双方签订了正式的股权收购协议,并于 2004 年 2 月完成约定款项支付。② 随后,弘毅又花了 10 个月完成对两家国有银行系资产管理公司(华融和信达)少数股权的收购。在股权托管协议签署整整一年后,整个交易过程最终于 2004 年 12 月完成。

---

① 这被称为"红筹上市"模式,实际上与江苏宿迁市政府签订股权转让协议的对手,是弘毅在境外组建的壳公司。在 2004 年完成股权转让之后,苏玻集团已经改制为外商独资企业。

② 需要关注的是,2004 年 2 月 1 日《企业国有产权转让管理暂行办法》正式实施。该文件是由国务院国资委、财政部于 2003 年 12 月 31 日颁布,并推迟一个月实施。该文件规定,企业国有产权转让应当在依法设立的产权交易机构中公开进行,不受地区、行业、出资或者隶属关系的限制,并对国有股权转让作出了较多的限制规定。因此,弘毅和江苏玻璃可以说是在"与时间赛跑",他们抢在文件实施之前仅 10 天,而且是在农历除夕日,签订了股权转让合同。

在股权托管协议签订之后，尽管谈判仍在进行，弘毅就已经开始扮演控股股东的角色并为公司 IPO 上市着手准备。在完成对少数股权收购之前的过渡时期，江苏玻璃完成了对会计和财务报告制度的改造，实现了独立审计制度，并组建了全新的董事会。另外，正如本章后续将要提到的，为了提高公司上市公众估值，弘毅还与国际公认的声誉卓著的战略投资者就未来的中国玻璃达成了正式的长期合作关系。

最终，弘毅以 9 300 万人民币(约合 1 300 万美元)，相当于弘毅一期基金总资本 1/3 的代价，完成了对江苏玻璃的股权收购。赵令欢相信“我们在一期资金募集后短时间内完成相对规模如此之大的投资，展现了我们对江苏玻璃公司未来发展的极大信心”。弘毅投资—中国玻璃交易时间线如图 11.4 所示。

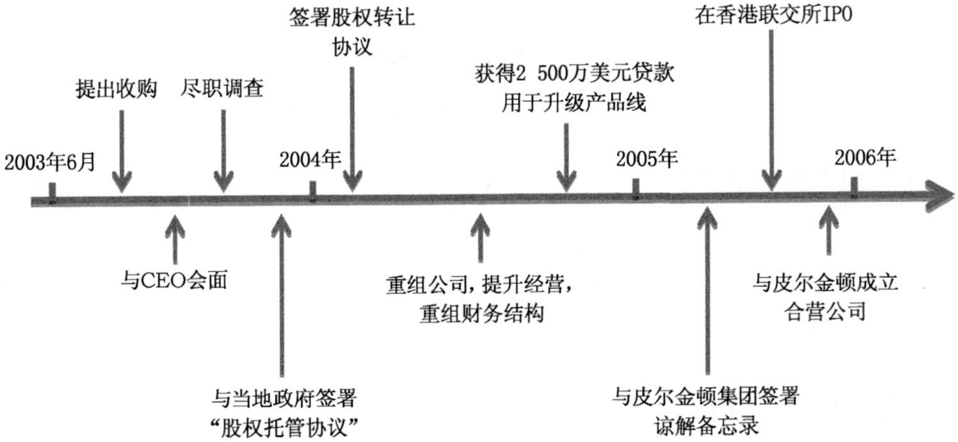

图 11.4　弘毅投资—中国玻璃交易的时间线

八、实施价值提升战略

弘毅与江苏玻璃管理层刚开始接触时就对收购后的公司形成了共同愿景。到 2004 年 2 月弘毅完成控股权收购后，双方又对如何实现共同愿景达成了完全一致意见。当时最迫切的任务就是为新设的中国玻璃(即原江苏玻璃)在香港联交所进行 IPO 做好准备。一旦公司成功上市充实了资本，双方关注的焦点就转移到如何通过新建生产线和一系列并购实现产能扩张。其主要行动包括以下几个方面。

(一)建立核心管理团队的财务激励机制

首先，按照预先安排，弘毅立即以其原始购买价向公司 7 位高管转让中国玻璃 4%股份，从而弘毅由 100%持股降为持股 96%。双方同时商定，中国玻璃成功上市后，弘毅将以公司新股发行价向管理层额外转让 8%股份。为确保管理层有足够资金购买两次转让的股份，当地银行和弘毅同意以优惠利率提供贷款。作为对优惠股份购买协议的回报，管理层签署了长期合约以保证在公司长期任职。显然，弘毅十分清楚确保一个稳定而积极的管理层对公司价值创造的重要性。公司的价值创造目标只有在将高管薪酬直接与公司业绩相关联的激励机制下，才最可能实现。

（二）吸引世界级战略投资者

赵令欢和他的弘毅团队一开始就认识到引进声誉良好的国际战略伙伴对提高交易价值的重要性。无论是其将为公司带来的经营和技术经验，还是在公司 IPO 时信誉的提升都非常重要。同时一家业务庞大、资金实力雄厚并致力于开拓中国玻璃产业的长期战略投资者的引入，也为弘毅在未来择机退出时提供了备选的退出方案。

早在 2004 年收购尚未完成时，弘毅就与英国皮尔金顿公司开始接触。皮尔金顿是全球最大的平板玻璃制造商，在世界 11 个国家共拥有 23 家玻璃制造企业。尽管自二十世纪 80 年代起皮尔金顿就开始通过组建合资公司的方式涉足中国玻璃市场，但皮尔金顿公司的管理层相信，它必须通过更加激进的策略以求在占全球 1/3 市场规模的中国市场上获得更大的份额。为此，最佳策略就是通过参股中国内地的大型玻璃制造商。

在江苏玻璃交易的尽职调查阶段，赵令欢经介绍结识了皮尔金顿负责中国区战略的高级经理 Gerry Gray。据 Gerry Gray 介绍："我知道，在中国没有一项交易是毫无法律漏洞的，但如果能找到一个十分可靠的合作伙伴，我们的交易就能成功。从第一次见到赵令欢起，我就有一种强烈的感觉，认为他是值得我们信任的，而这也成为我们之后建立合作关系的基石。"

根据交易完成前的预先磋商，皮尔金顿将首先以 IPO 发行价认购中国玻璃 9.9%的股份。弘毅和皮尔金顿同时还达成了两份认购期权协议，据此皮尔金顿最终有权获得弘毅手中的所有中国玻璃股份。第一份认购期权规定，皮尔金顿有权在中国玻璃上市后 18 个月内以相对 IPO 发行价溢价 5%的价格收购弘毅持有的 20%中国玻璃股份。第二份认购期权规定，在 2011 年前，皮尔金顿有权以行权日前 12 个月的交易均价收购弘毅手中剩余的中国玻璃股份。这一精心设计的安排使投资双方都获得了实实在在的好处。弘毅寻求的是一个有着长期国际成功经验的战略投资者和投资退出途径，而皮尔金顿则希望通过对内地大型制造商逐步实现最终控制，进而成为国内平板玻璃市场上的主要外国参与者。

九、备战 IPO

除了创建新的激励相容的高管薪酬计划并吸引有信誉的战略投资者，弘毅还通过一系列重大结构性改革，使中国玻璃从改制前的国有企业转变成一个有吸引力的上市公司。这些措施包括：

(一)董事会重组

在弘毅收购之前，就连周诚都承认，与很多其他国有企业一样，江苏玻璃的董事会只是一个橡皮图章，无法提供任何实际意义上的监督和治理。弘毅收购完成后，董事会的薪酬、结构和作用都发生了巨变，为公司治理提供了符合国际通行准则的标准和做法，从而满足了投资者对中国玻璃作为上市公司的治理要求。例如：

第一，新的董事会成员将包括三名高级管理层成员、两名弘毅代表和三名独立董事。同时，董事会还一致同意在公司成功 IPO 上市后董事会成员还将增加两名皮尔金顿公司的代表；

第二，弘毅投资 CEO 赵令欢出任董事会主席；

第三，创建一系列委员会，包括审计委员会、薪酬委员会和协调委员会等；

第四，每隔一个月左右定期举行董事会会议；

第五，要求管理层每月以公司新设的标准格式向所有董事会成员提交财务和经营报告。

(二)全新的会计和审计标准

立即着手建立新的会计标准和惯例以完全符合香港联交所规定的一般公认会计准则(GAAP)。第三方年度独立审计报告也在公司历史中首次出现。

(三)获得国际认证

参照国际标准对公司操作标准进行改进。在 IPO 前，公司获得了 ISO9001 质量体系认证和另一项 ISO 环境管理体系认证。

十、实施 IPO

2004 年底收购完成前后的几个月，弘毅所有行动都旨在将中国玻璃打造成一个更加专业化管理和更具国际竞争力的公司。所有这些改革的最终目的是取得监管者和潜在投资者的信任，以便为中国玻璃的长期成长性和竞争力搭建持续而广阔的融资平台。更重要的是，成功上市将使公司摆脱对政府的财政依赖，置身于市场约束之下。换句话说，未来公司资金的可得性和成本高低等将由资本市场对公司业绩表现的看法决定，而不再由政府决定。

作为控股股东，弘毅主持指导了公司的整个承销过程，包括选择投资银行和财务顾问、编制招股说明书、在香港证券市场登记发售、策划和举行路演、确定本次发行的时机和价格等。周诚认为，“弘毅投资亲自动手参与发行过程的每一步，这是中国玻璃 IPO 取得圆满成功的关键”。

2005 年 6 月，中国玻璃控股有限公司(上市代码 3300. HK)在香港联交所成功上市发行 9 000 万新股，募集资金约 2 500 万美元。募集资金的绝大部分被用于满足先前制定的迅速扩大公司产能的战略目标。作为短期内市场对公司认可度的衡量指标，尽管12.8倍的发行市盈率远高于行业平均约8倍的市盈率，中国玻璃仍然获得了高达8倍的超额认购。上市后，弘毅持股比例稀释到62.56%，不过依然保有公司控股权。管理层持股12.44%，皮尔金顿持股9.9%，其余15.1%股份则由社会公众持有。

十一、打造市场领导者：执行并购导向的增长战略和扩大融资渠道

成功上市只是中国玻璃立志成为领导者的第一步。在成功上市前，中国玻璃规模在国内玻璃制造行业排名第十，面临因玻璃行业整合而可能被兼并的严峻形势。“要么被竞争者收购，要么出手收购竞争者”。成功上市后，拥有了国际品牌知名度和广阔的、多样化资金来源的中国玻璃，显然要成为后者。

2006年2月，在成功上市仅八个月后，中国玻璃公布了中国玻璃行业史上规模最大的收购计划。收购计划涉及的7家公司合计日产能达4 780吨，超过中国玻璃自身产能的三倍，收购完成后，中国玻璃由原来3条生产线扩张到14条生产线，一跃成为中国最大的上市平板玻璃制造商。通过此次收购，中国玻璃不但成功将触角延伸到全国主要的经济区域，还成功实现了多样化和技术先进的产品组合，其产品线包括低辐射玻璃、超薄玻璃、硅玻璃和太阳能玻璃等。

弘毅同时担当战略策划者和执行者两个角色，带领中国玻璃完成交易的每一步，通过其复杂的网络资源实现对中国玻璃的指导。弘毅团队在搜寻收购目标、设计可行性融资方案和筹集收购资金等方面都起到关键作用。在2007年中期所有收购顺利完成后，中国玻璃已经成为中国玻璃制造业的领导者。当被问及弘毅在中国玻璃收购案中的作用时，周诚毫不犹豫地回答：“没有弘毅，我们就无法想象有中国玻璃的今天。”

2007年6月，在上市两年之后，规模大幅扩张并彻底改组的中国玻璃再次展现了其在国际资本市场上筹集资金的能力。重返证券市场的中国玻璃成功在新加坡发行总额1亿美元（扣除发行费用和佣金后净额为9 580万美元）、5年期利率为9.625%的美元计价债券。本次发行债券募集资金大部分用于再融资和延长现有债务到期日，以保证公司稳定的资产负债结构，而弘毅再次在债券路演和发行中起到重要作用。

十二、保留企业管理层

多年来，在弘毅的投资哲学中，存在一条从未动摇的基本原则：买断式收购（buyout）的成功依赖于保留原有核心管理层。赵令欢解释说：“只有在确信能够与管理层就收购后公司的发展战略达成完全利益一致，我们才会考虑投资。与此原则相适应的做法是，如果一笔收购需要改变现有管理层，我们就绝不会涉足。”

在本案例中，中国玻璃于2007年完成对蓝星玻璃、乌海玻璃等异地企业的收购后，没有出现一家管理层变更或因收购带来的非正常裁员，员工工资和福利待遇设计也以行业标准为基础并保持竞争力。

十三、结果

在弘毅完成收购三年后，中国玻璃的产销量进入了行业前5名同时也是出口量最大的平板玻璃厂商，其全球超过300多家客户遍布世界80多个国家。在2007年中期，中国玻璃股价自首发上市以来涨幅超过1倍，跑赢了同期恒生指数，这与2007年春天完成的大规模收购有关。当时行业经济复苏，产品价格上升，盈利良好。

随着金融危机的爆发，股价进入下降通道，在2009年初从谷底开始复苏，进入2010年后开始一直上升至2011年6月，之后两次下跌并至2013年维持着弱势格局。弘毅已经从资本上实现了部分退出，2007年4月13日，皮尔金顿(Pilkington)向First Fortune(弘毅资本持股中国玻璃的壳公司)行使收购权，收购First Fortune拥有的8 455.8万股中国玻璃股票。认购后，皮尔金顿持股比例由8.87%上升至29.9%，弘毅资本持股比例由56.02%下降至34.99%(收购价格未披露)。之后，皮尔金顿并未向弘毅资本进行再次收购(即第二份认股期权计划未行权)，未有新的股权转让公告。

随着中国玻璃的发展进入正轨，弘毅也开始从人事上逐步退出公司管理层。赵令欢于2007年9月辞去董事会主席，公司管理层发生了有序变动。随赵令欢辞去董事会主席，周诚辞去了CEO一职，但他履新担任公司董事长的职位。而新任CEO张绍珩先生曾长期担任威海蓝星集团的董事长兼总裁，威海蓝星也是中国玻璃所收购的最大玻璃制造企业之一。周诚解释其为何自愿辞去CEO一职时说到：“公司现在规模已经很大，需要更加专业的管理，而我在十年前接任江苏玻璃CEO一职前，并不是玻璃行业的专家。新的CEO整个职业生涯都在玻璃行业中摸爬滚打，相关经验比我丰富得多，因此，为了实现进一步的增长，为了公司的利益，这是一个正确的选择。”

十四、结论

2003年，周诚清楚地知道公司的未来取决于两个截然不同的战略选择：“我们无法在原有的行业结构下生存。要么我们被竞争对手之一兼并掉，要么我们就去收购别人，但这需要额外的资金。”周诚的个人表现很出色，但是在缺少合适的财务和战略伙伴的情况下，他无法让公司成为一个主动的行业兼并者。然后，他被介绍给弘毅投资——一家拥有资金来源、专业技术和就如何将江苏玻璃打造成市场领导者问题上有着相同看法的私募股权基金。

与此同时，赵令欢将江苏玻璃看作符合其新成立的私募股权基金投资标准的公司。在他看来，弘毅资本是一个“公司建设者”，而不单单是一个“金融工程师”。他喜欢并推崇江苏玻璃的CEO，也十分看好平板玻璃行业。他完全理解政府将国有企业股权多元化、退出竞争性行业的优先顺序，并清晰预见到一旦江苏玻璃被弘毅收购控股后能成长为什么样的公司。

总的来说，这两个企业家（私募股权投资家、创业企业家）和他们的团队证明了一旦收购者和被收购者达成利益一致，双方富有成效的合作，能够在公司价值创造中发挥多么巨大的潜力。在如此短的时间内，国有的江苏玻璃公司转型成为香港上市的中国玻璃，从中国第十大平板玻璃制造商迅速转变为中国生产效率最高、市场份额位居前五位的行业领导者。

截至2013年12月16日，弘毅持有的中国玻璃投资项目的估值为4 774.59万美元①，为弘毅原始投资的3.67倍，这还未包括部分已经转让给皮尔金顿的股份从而收回的资金。尽管弘毅所持中国玻璃的股份目前稀释到24.37%，但依然是仅次于皮尔金顿（持股25.17%）的第二大股东。

除了财务收益之外，赵令欢和他的团队还对弘毅“公司建设者”的角色十分自豪。一个私募股权投资者对目标企业长达十余年的持股，对于美国和欧洲私募股权巨头们来说是不可理解的。但赵令欢充分理解私募股权在中国的业务环境，并希望确保中国玻璃能够巩固IPO以来所取得的成果。

“我们必须以中国化的方式做事。”赵令欢解释道，“我们不能将西方标准套用在中国市场上。”弘毅对中国玻璃的成功投资证明了并购型私募股权基金在中国的成功路径，它并不同于西方的KKR或者黑石、凯雷们。十年的私募股权投资经验，让赵令欢明白如何在中国市场取得成功：“我已经放弃了试图以一名私募股权投资者的身份受到人们爱戴的想法。但如果我能成功地以诚实的方法实现企业的价值创造，我就可以成为一个受人尊敬的人。”以弘毅在募集后续基金的成功来看，显然弘毅的做法已经契合了一些世界上最老练的国际LP投资者的需求，同时也得到了中国本土最重要的国家级LP投资者的欣赏。对于弘毅并购型股权投资基金的做法，他们已经拥有了足够的信心。

第五节　弘毅资本面临的机遇与问题

随着中国的经济转型，在2009年，玻璃行业被列为中国的六大产能过剩行业之一，成为落后产能淘汰的重点目标。根据2012年10月份国务院印发的《关于化解产能严重过剩矛盾的指导意见》，要求提前完成“十二五”规划中淘汰落后产能

① 当日中国玻璃的股价0.98港元，弘毅直接、间接持股总计377 676 740股，汇率按1美元=7.7543港元计。

5 000 万重量箱的目标，在此基础上，还要求在 2015 年底之前，平板玻璃行业再淘汰 2 000 万重量箱。

2013 年 11 月，党的十八届三中全会通过了《关于全面深化改革若干重大问题的决定》，提出“使市场在资源配置中起决定性作用”，在企业改革方面，“积极发展混合所有制经济。国有资本、集体资本、非公有资本等交叉持股、相互融合的混合所有制经济，是基本经济制度的重要实现形式，有利于国有资本放大功能、保值增值、提高竞争力，有利于各种所有制资本取长补短、相互促进、共同发展。允许更多国有经济和其他所有制经济发展成为混合所有制经济。国有资本投资项目允许非国有资本参股。允许混合所有制经济实行企业员工持股，形成资本所有者和劳动者利益共同体。”

早在十年前，柳传志就看到了国企改制的历史机遇，并发起组建了弘毅资本，从事国企改制的并购型股权投资业务。十八届三中全会之后，似曾相识的历史机遇再一次呈现在眼前。作为主攻并购型私募股权基金的弘毅资本，是否准备好了呢？

第十二章　上市公司＋PE组建并购基金
——爱尔眼科的滚卷式扩张之路*

上市公司与私募股权机构合作设立并购基金，近年来逐渐成为我国并购型私募股权基金的主流业务模式之一。经检索统计，剔除金融业上市公司，2012～2019年A股市场共有502家上市公司宣告参与设立了并购基金，医疗、通信电子设备制造、软件和信息服务等行业的上市公司尤为突出。

首例上市公司联合私募股权设立的并购基金，是于2011年9月上市公司大康牧业(002505.SZ)联合私募股权机构天堂硅谷发起设立从事产业并购的有限合伙制基金——长沙天堂硅谷大康股权投资合伙企业(简称“天堂大康”)。自此之后，上市公司与私募股权携手设立并购基金进行“产业＋资本”的整合，形成了我国资本市场上所谓“上市公司＋PE”的私募股权运作新模式。

面对这一新生事物，既有赞誉又有质疑。创新的并购基金亟须引导、鼓励和规范运作，使之在新形势下拓宽私募股权的发展道路，也为我国企业转型升级探索一条有效的路径。

爱尔眼科作为我国第一家上市的眼科连锁诊疗机构，具有独特的成功经验。在上市后通过构建和完善“分级连锁”模式，极大地提高了市场占有率。自2014年起，爱尔眼科先后与不同PE机构共同设立了多个并购基金，用于并购眼科医疗机构。在2017年首次将并购基金旗下培育成熟的医院注入了上市公司，之后继续从并购基金旗下产业中收购成熟的医院。目前，爱尔眼科旗下(含并购基金)的眼科连锁诊疗机构规模已由上市前的17家，扩展到合计近500家，业务规模居同行业第一。这一横向整合模式，属于滚卷式(roll-up)行业整合。

该案例在行业中具有代表性，是私募股权为上市公司提供价值增值的经典案例。针对爱尔眼科与私募股权机构合作成立的并购基金，核心问题是：“上市公司＋PE”型并购基金是如何运作的？这一模式能否为企业创造价值？如何创造价值？

---

* 本章部分内容参考了陈淑娟，“上市公司＋PE型并购基金对上市公司价值创造的影响研究”，上海财经大学硕士论文2020。

第一节 我国的眼科医疗服务市场

随着居民生活水平的提高，我国医疗服务市场需求迅速扩大，政策支持为民营医疗机构的发展提供了良好的环境和土壤。2013 年以来，我国出台了一系列医疗改革政策，在民营医院的医疗资格审批、医保资质认定等方面提供支持，鼓励发展民办医疗机构，推动民营医疗机构与公立医院公平竞争。

随着民营医疗机构规模扩大、规范化运营和经营效率不断提升，带动了社会认可度和信任程度的增加。2010～2018 年我国民营医院数量增加一万余家，而公立医院数量则持续减少，医疗资源结构有所变化。具体如图 12.1 所示。

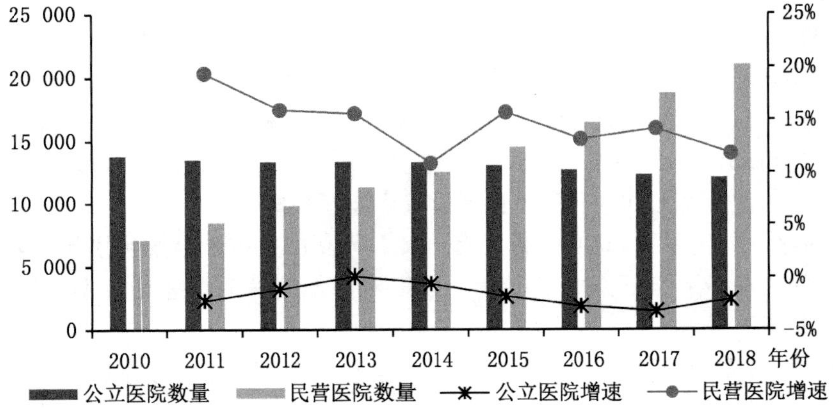

数据来源：Wind 数据库。

图 12.1 公立医院和民营医院数量变动图(2010～2018 年)

从类型上看，眼科、口腔等专业科室在多数综合性医院内部相对处于“边缘”地位，但在非公立医疗机构中却处于“核心”地位。民营专科医院通过在单一领域集中资源快速突破，具备后发优势，整体实力有望超过公立医院。原因在于：相较于综合性医院，眼科医院对医疗设备的要求相对较高，对医生的需求度和依赖度相对较低。眼科中屈光手术、白内障手术和视光服务等需求度高的项目拥有较为成熟、较为先进的设备和技术，故眼科医疗服务更易于异地复制扩张。从行业集中度看，专科医院的同质化竞争严重，单一医疗机构的营业收入规模较小，行业龙头企业通过并购重组的方式快速扩张，容易取得规模优势和成本优势。这是爱尔眼科之所以能够迅速扩张发展的重要原因。

第二节　爱尔眼科的发展历程

2009 年 10 月，我国首批 28 家创业板企业发行上市，其中就有爱尔眼科，股票代码 300015，它是我国首例上市的医疗服务机构，也是第一家上市眼科连锁医疗机构。主营业务包括各类眼科疾病诊断、手术治疗和医学验光配镜。根据爱尔眼科官网信息，目前其诊疗机构的经营网点已经覆盖中国大陆、中国香港、东南亚、欧洲、美国，逐步形成全球化布局，覆盖中国大陆地区医保人口超过 70%，年门诊量超过 650 万人。

一、经营业务

爱尔眼科的主营业务分为医疗服务、视光服务和其他业务三大板块，其中医疗服务由屈光手术、白内障手术、眼前段手术和眼后段手术等四个子板块组成。根据公布的财务报告，2015～2019 年以来医疗服务板块年均收入增幅达 33%，且占营业收入比例均超过 70%，是公司第一大业务板块。具体如表 12.1 所示。

表 12.1　　爱尔眼科产品收入细分表(2015～2019H1)　　单位：亿元

分产品	2015 年度		2016 年度		2017 年度		2018 年度		2019 年 1～6 月	
	收入	占比	收入	占比	收入	占比	收入	占比	收入	占比
医疗服务	25.17	79.50%	30.60	76.50%	46.13	77.36%	58.82	73.44%	34.65	72.96%
一屈光手术	8.40	26.53%	11.41	28.53%	19.31	32.38%	28.12	35.11%	17.79	37.46%
一白内障手术	8.02	25.33%	9.81	24.53%	14.17	23.76%	15.45	19.29%	8.47	17.84%
一眼前段手术	5.76	18.19%	6.06	15.15%	7.87	13.20%	9.83	12.27%	5.11	10.76%
一眼后段手术	2.99	9.44%	3.31	8.28%	4.78	8.02%	5.42	6.77%	3.28	6.91%
视光服务	6.38	20.15%	8.72	21.80%	11.72	19.65%	14.77	18.44%	8.38	17.65%
其他业务	0.11	0.35%	0.68	1.70%	1.78	2.99%	6.50	8.12%	4.46	9.39%
收入合计	31.66	100.00%	40.00	100.00%	59.63	100.00%	80.09	100.00%	47.49	100.00%

数据来源：爱尔眼科 2015～2018 年年度报告、2019 年半年度报告。

二、股权结构

从股权结构看，控股股东是爱尔医疗投资有限公司(以下简称“爱尔医疗”)，持有爱尔眼科 37.81%的股权。核心管理层持股比例较高，董事长陈邦直接持股 16.37%，同时他通过控股股东爱尔医疗间接控股 37.81%，合计控制爱尔眼科 54.18%的股权，为公司实际控制人。总经理李力直接持股 3.56%，此外还持有爱尔医疗 20.01%的股权。

三、经营模式

爱尔眼科采用“分级连锁”战略进行医院建设，在“三级连锁”的基础上下沉到服务需求基数更大的地级市和县，自上至下在中心城市、省会城市、地级市和县城(县级市)设立不同层级的眼科诊疗机构，提高业务覆盖面和渗透率，便于患者就近就诊治疗。

中心级连锁医疗机构主要设立在北京、上海，作为眼科技术中心，解决全国范围内眼科疑难杂症，并为下级诊疗机构提供技术支持。省级连锁医疗机构设立在省会城市，开展眼科服务并为地市级、县级医疗机构提供支持、指导，现已成为爱尔眼科的盈利中心。地市级、县级连锁医疗机构覆盖全国范围客户，为患者提供视光等常见眼科疾病治疗服务，并为上级医院输送疑难患者，是爱尔眼科的客户中心。

爱尔眼科所处的眼科诊疗行业发展迅速，行业整合需求较大，而我国企业传统的并购融资方式单一、融资渠道较为狭窄、融资规模有限。爱尔眼科若以自有资金直接收购，扩张速度较慢，难以有效、快速地覆盖增长迅猛的眼科诊疗市场，而且依赖自有资金进行大规模收购，可能迅速提高公司的负债率，危及公司的财务安全。因此借助 PE 机构的力量设立并购基金，有利于降低扩张成本、提高扩张速度，从而实现企业在短期内迅速成为行业中的龙头企业。

第三节　上市公司＋PE 模式的文献研究

“上市公司＋PE”型并购基金快速发展，引起了学术界的关注。部分学者运用事件研究法、财务指标法等方法评价组建并购基金对上市公司绩效的影响效应。徐子尧(2011)研究指出，设立并购基金将导致私募机构通过削减运营费用、降低固定资产投资等方式实现公司短期业绩增长，影响公司的长期收益和持续发展能力。张弛(2014)指出上市公司与 PE 机构的目标并不一致。PE 机构聚焦于短期内提升标的公司绩效指标，而上市公司对长期价值更为关注，因此“上市公司＋PE”模式中存在二者的利益冲突。同时并购基金的运营费用以及收购时的套利驱动都会增加上市公司的收购成本。何孝星等(2016)以 2011～2015 年 A 股上市公司并购基金的设立事件作为研究对象，发现不同事件窗口期均取得正的累计超额收益。并且财富效应与公司负债率呈正相关，说明市场认可并购基金在化解上市公司融资约束方面的价值。庞家任等(2018)研究发现上市公司的规模越大、营业收入增长越快、现金持有水平越高、股权分散程度越大、国有股权比例越低的上市公司与 PE 合作成立并购基金的可能性越大。资本市场对上市公司与 PE 合作模式的事件反应显示：在短期内能增加股东财富，但长期效应为负。

第四节　合作成立并购基金的运作过程

爱尔眼科与PE机构合作成立并购基金，运作过程主要分为三个阶段。

首先，设立及募资。上市公司或其控股子公司与PE机构共同出资成立并购基金，通过并购基金吸收社会资本，撬动资金杠杆；其次，进行第一次收购与整合。并购基金控股收购多家眼科诊疗机构，并对这些诊疗机构进行孵化培育；最后，进行第二次收购，将资产并注入上市公司。并购基金将培育成熟的眼科医院的股权转让给爱尔眼科，实现退出。

截至2019年6月末，爱尔眼科已累计从并购基金中收购18家眼科医院，另有26家正在收购进程中。目前在中国大陆地区，爱尔眼科体系内外合计管理近400家眼科医疗机构，其中并购基金旗下249家医疗机构仍在上市公司体系外，等待被收购。

表12.2　　爱尔眼科旗下的眼科诊疗机构数量变动表　　单位：家

项目	2009	2010	2011	2012	2013	2014	2015	2016	2017	2018	2019H1
当期期初上市公司体系内诊疗机构数量	17	20	32	37	45	50	54	63	66	87	129
上市公司体系内当期新增诊疗机构数量	3	12	5	8	5	5	9	3	22	42	16
并购基金旗下诊疗机构数量	0	0	0	0	0	16	48	84	121	196	249
合　计	20	32	37	45	50	71	111	150	209	325	394

数据来源：根据Wind数据库，爱尔眼科公告、国家企业信用信息公示系统数据整理。

如表12.2所示，爱尔眼科参与设立并购基金以前，通过新建和直接收购诊疗机构的扩张速度较慢，难以有效覆盖快速增长的眼科诊疗市场。2014年爱尔眼科联合PE机构设立并购基金以来，旗下眼科医院的数量迅速飙升。2017年有18家医院陆续纳入上市公司体系，2019年1～6月爱尔眼科新增的16家诊疗机构中，9家来自并购基金。

2014年至今，爱尔眼科参与设立了8支“上市公司＋PE”型的并购基金，作为专门从事眼科医疗服务的产业并购整合和投资平台，加速公司扩张规模。

一、设立及募资

如本书附录表12.1所示，自2014年起，爱尔眼科及其子公司（以下统称“爱尔眼科”)分别与东方金控、中钰资本、前海安星、上海锦傲、远旭投资等股权投资机构,合作设立了8支并购基金。在这8支并购基金中,均由PE机构担任普通合伙人(GP),爱尔眼科在并购基金中均作为有限合伙人(LP),出资比例不超过基金规模的20%。在上市公司公告中,爱尔眼科表示其对并购基金“没有控制、共同控制或重大影响”,故对并购基金的投资认定为“可供出售金融资产”,以成本法计量。这一核算方法,能够避免并购基金旗下眼科诊疗机构的周期性波动对上市公司经营业绩可能产生的不利影响,降低项目培育失败的风险。

二、一次收购与整合

(一)一次收购

在这一阶段,爱尔眼科充分发挥并购基金的杠杆优势,收购符合其发展战略的标的医院,截至2019年6月末,并购基金投资和管理的诊疗机构合计达249家。

并购基金收购单个标的医院的费用不超过2 000万元,有利于并购基金在短时期内尽可能储备更多优质标的医院。同时并购基金对所收购医院的持股比例集中在70%~80%,既可实现对标的医院的控制,也利于实施对标的企业核心骨干的股权激励。具体如图12.2和图12.3所示。

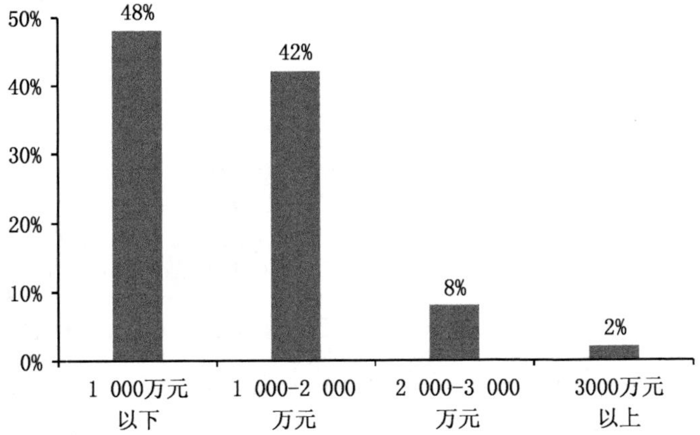

数据来源:Wind数据库、爱尔眼科公告。

图12.2 单个标的医院并购费用分布

根据资料统计,截至2019年8月末,上市公司及并购基金体系下在中心城市和省会城市的布局基本完成,已开设地市级医院和门诊部合计189家,县级医院及门诊部合计108家。县级诊疗机构的下沉将是其扩张的重点。截至2019年8月末,爱尔眼科及并购基金旗下诊疗机构的区域分布如下表:

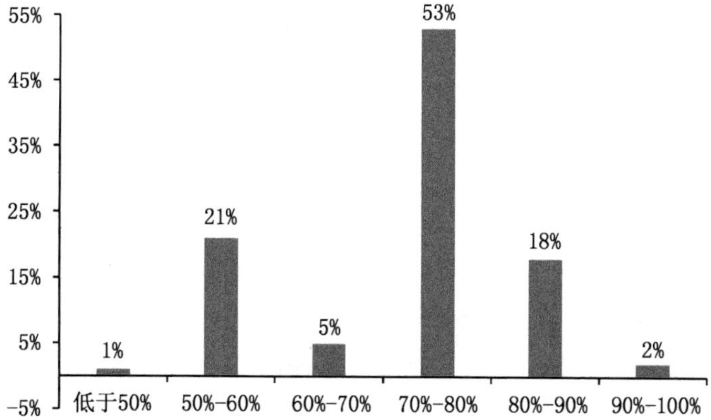

数据来源：Wind数据库、爱尔眼科公告。

图12.3　并购基金对标的医院的持股比例

表12.3　爱尔眼科及并购基金旗下的诊疗机构区域分布表(截至2019.8)　单位：家

项　目	县级	地级市	省会城市	中心城市
眼科医院数量	103	171	47	9
视光诊所/门诊部数量	5	18	9	13

数据来源：根据Wind数据库，企查查数据整理。

(二)一次收购后整合

1. 标准化管理体系

并购基金对标的医院完成控股收购后，为使得诊疗机构的设置和运营符合卫生监管部门的要求，爱尔眼科通过培训和日常调研指导推动诊疗机构的合规运营和持续改进。同时还统一输出其成熟的标准化管理体系和“爱尔眼科”品牌，共享客户资源和技术设备，加强这些眼科诊疗机构的运营能力和在属地的知名度。

2. 合伙人计划

医生作为医疗机构中的核心资源，有较强的“客户”黏性。为此，爱尔眼科推出了“合伙人计划”——由对医院未来发展负主要责任且出资额较多的合伙人作为普通合伙人、医院的核心人才作为有限合伙人共同成立有限合伙企业，由合伙企业与并购基金共同投资设立新的眼科医院。在新眼科医院运行稳定、达到一定盈利水平后，爱尔眼科以公允价格收购合伙企业持有的医院股权来实现合伙人的投资收益。根据爱尔眼科披露的社会责任报告，从2014年推行“合伙人计划”以来，共覆盖超过129家医院(包括并购基金旗下医院)，惠及千余名眼科医生。

爱尔眼科通过实施“合伙人计划”，战略性地调整了新眼科医院的治理结构，使得医院的核心人才既能取得稳定的工资奖金，又可以作为合伙人获得投资收益。

“合伙人计划”统一了核心医生与并购基金旗下眼科诊疗机构的利益，推动了组织效能提升，进而缩短了眼科诊疗机构的盈利周期。

三、资产并入上市公司

经过一段时间的孵化培育后，爱尔眼科适时对并购基金旗下的优质标的资产实施二次收购。借助收购优质资产推动上市公司提振业绩，稳定市场投资者预期，助推股价上涨。

（一）2017 年首次收购 9 家标的医院

2016 年 12 月 8 日，爱尔眼科公告拟非公开发行股份募集资金用于收购“深圳前海东方爱尔医疗产业并购合伙企业”和“湖南爱尔中钰眼科医疗产业投资合伙企业”两支并购基金旗下的 9 家眼科医院。2017 年 1 月 1 日这 9 家眼科医院并入了上市公司体系内通过定向增发募集的资金进行了全现金收购，并购交易效率极高。

该次收购的 9 家医院为爱尔眼科 2017 年的净利润贡献 6.69%，占当年净利润增量的 20.02%，有力推动了上市公司的盈利能力。同时，爱尔眼科得以新增七个地级市的网点覆盖，进一步扩展三级市场的布局。

（二）2019 年扩大收购规模

2019 年上半年，爱尔眼科陆续以支付现金的方式从并购基金收购了 9 家眼科医院，进一步优化网点布局（见附录表 12.3）。

2019 年 10 月 30 日，爱尔眼科公告拟发行股份收购天津中视信、奥理德视光、宣城眼科医院、万州爱瑞眼科和开州爱瑞眼科等 5 家标的企业，其中天津中视信于 2019 年 10 月 22 日分别从中钰基金、安星基金和亮视交银等收购大连爱尔等 26 家眼科医院，即爱尔眼科拟通过收购天津中视信间接从并购基金收购眼科医院，被收购的眼科医院如附录表 12.4。

并购基金将 26 家眼科医院转让给天津中视信，再由爱尔眼科向天津中视信发行股份实现对这些眼科医院的收购，主要有两方面原因：第一，中钰基金将于 2019 年 12 月 31 日到期清算解散，无法参与到本次交易中，安星基金与亮视交银分别于 2021 年 6 月 6 日和 2021 年 12 月 20 日到期，其存续期难以满足取得上市公司股份后锁定期的要求；第二，爱尔眼科直接持有中钰基金 9.8%的份额，其子公司分别持有安星基金和亮视交银 19%和 19.5%的份额，如爱尔眼科直接向中钰基金、安星基金、亮视交银发行股份购买标的医院资产，将造成上市公司交叉持股。

四、爱尔眼科并购基金模式的经验总结

（一）上市公司与 PE 机构优势互补

与爱尔眼科合作成立并购基金的 5 家 PE 机构中，中钰资本是聚焦医药医疗健

康领域的专业私募机构，在医疗并购基金运作方面经验丰富。东方金控、上海锦傲、前海安星的实际控制人分别是东方资产管理公司、交通银行、平安集团，依托这些大型金融集团组建的 PE 机构，自身具有强大的募资能力和雄厚的实力，为并购基金提供了资金和社会资源的支持。这些 PE 机构作为并购基金的管理人，对外募资对象主要为银行和券商，使得资金成本相对较低，并有利于减少二次收购时与上市公司可能产生的利益冲突。

另外，爱尔眼科向并购基金旗下标的医院输出成熟的标准化管理体系和"爱尔眼科"品牌，提供业务培训和进行日常调研指导，弥补了 PE 机构整合收购标的资产能力缺乏的短板。

（二）围绕发展战略选择收购标的

结合爱尔眼科"分级连锁"发展战略，并购基金设立的前两年主要投资于三级医院，2016 年加大对四级医院的投资力度，2017 年后对三、四级医院的投资并重，同时不再位于中心城市和省会级城市布局。根据上市公司的"分级连锁"战略实施收购，在一、二级城市布局完毕后进行下沉，加大对三级、四级、五级地区的投入，并购基金实施和发展了上市公司的战略。

（三）通过外延式扩张形成市场优势

爱尔眼科首支并购基金成立当年即新增 16 家诊疗机构，后续收购标的医院的数量倍数增长，扩张速度的提升效果显著。爱尔眼科通过并购基金收购和孵化眼科诊疗机构，一方面能够快速获得眼科专业人才和医疗设备，减少自有资金投入，节约公司的营业成本和管理费用；另一方面兼并同行业医院较新建眼科医院，优势在于开展业务速度快，缩短盈利周期，能够减少竞争压力，提高市场占有率。①

（四）灵活运用多种融资和支付方式

爱尔眼科在不同阶段收购标的医院的支付方式并不相同。初期爱尔眼科通过非公开发行股份的方式募集资金，用于收购并购基金旗下资产，因为此时爱尔眼科处于快速成长期股份扩张并不会造成每股收益的稀释效应。

2019 年上半年，收购的 9 家医院体量较小且较为分散，因此公司使用盈余资金以现金方式直接收购，既能节约发行费用等募资成本，避免了审核流程周期较长。而 2019 年下半年的并购基金旗下 26 家标的医院的收购，爱尔眼科以新发行股份作为支付对价，主要因为交易规模较大，以自身股份作为支付对价，既减轻企业的资金压力，又能为上市公司引入战略投资方。

---

① 上市公司定向增发的股份存在一年的锁定期。

第五节 “上市公司＋PE”成立并购基金模式的挑战

“上市公司＋PE”主要以并购为投资目的，上市公司与PE基金共同主导投资活动。PE机构或作为并购基金管理人，或作为上市公司的战略投资者，直接主导了上市公司并购全过程的运作和整合。

正如一家著名的民营私募股权机构德同资本的合伙人邵俊所说，“上市公司＋PE”最大的特点在于其“以退定投”的策略[①]。由于PE对接企业的行业十分庞杂，需要完成大量研究工作。德同资本提出：适合并购的行业有三个标准：一是行业还没有形成高度垄断，但存在有几家龙头企业，中小型企业也较多，有整合机会；二是行业符合国家产业政策导向；三是能通过整合资金、企业资源，发现和提升企业价值。

邵俊所在的德同资本在2015年已经针对5个行业成立了相应的并购基金，分别是消费、医疗、文化、先进制造、环保。例如益民集团于2015年6月公告，拟与德同(北京)投资管理有限公司共同发起设立德益消费升级产业基金。粤传媒于2015年10月公告称，为推进公司“产业化、平台化、移动化、大数据”的发展战略，进一步增强公司对文化产业的投资能力，拟使用自有资金1.5亿元与德同(北京)投资管理有限公司合作设立文化产业投资基金。德同资本通过和益民集团的合作，可以帮助其完成旗下业务的互联网升级改造，益民目前拥有古今内衣、星光摄影城、红星眼镜等多个知名品牌，均有较强的品牌地位。至于德同资本与粤传媒的合作，邵俊认为这是一种资源互补：“我们了解到粤传媒的报刊发行量在业内领先，公司有危机意识，之前收购了一家户外广告商，也收购了游戏类厂商，但是仅仅依靠粤传媒自己的投资部门去完成转型有些单薄，未来投资文化产业需要一定门槛，德同资本同粤传媒合作才能更高效地打开市场。”

但是，“上市公司＋PE”的运作模式，存在着诸多挑战：

第一，因出资人的心态和资金属性差异，PE机构和上市公司在产业基金的投资方向、投资阶段上可能存在分歧。

第二，PE机构想通过和上市公司成立基金投资锁定退出通道，可能存在一定的风险。上市公司不可能对基金所投资标的的退出方式和退出价格进行承诺和兜底，退出本身存在较大的不确定性。发展好的标的可能并不需要通过并购锁定退出，从收益最大化的角度看，基金所投项目通过IPO退出仍然是实现收益最好的方式。而发展不好的标的，上市公司则没有兴趣，也没办法承诺一定收购。

第三，上市公司的产业发展战略和并购诉求也存在变数。如第一家产业并购

---

① 参见傅嘉：“PE＋上市公司案例背后，德同资本走访上市公司超百家”，《中国证券报》2014年12月13日。

基金——硅谷天堂和大康牧业并购基金所投资的项目，后因大康牧业的主业转向而引起了上市公司和私募股权机构的对簿公堂；第四，有些PE机构一口气和十几家上市公司成立并购基金，行业跨度达十多个，实际上PE的能力心有余而力不足，导致预先设定的目标很难实现。

普遍认同的观点是“上市公司＋PE”是一种锁定私募股权退出渠道的策略，而非套利的工具。随着科创板、注册制等证券市场制度的改革，上市的门槛进一步降低，从而压缩了并购基金模式的优势，倒逼PE机构重视提高核心竞争力，精选项目，做好尽调，完善投后管理，适应新的体制要求。

第十三章　私募股权的价值增值机制:总结与展望

第一节　内容总结

本书对私募股权的投资类型进行了划分,分为四种——效率型、复苏型、创新型和失败型等。这是借鉴了企业经理思维模式区分,按照基金普通合伙人/投资家思维模式的特征进行了分类。本书认为私募股权基金进入国企的并购是创新型收购,它需要收购基金的管理者——普通合伙人兼具金融财务、企业管理、产业经验等综合型能力。即私募股权基金管理人是一类兼跨金融和产业两大领域的综合型企业家,并购基金管理人的人力资本属性有了质的变化,本书将之定义为“综合型企业家”,他们成为创新型并购的价值源泉之一。在他们的帮助下,目标公司经理层的企业家精神得以迸发,成为并购交易的另一个价值源泉。

目前,我国的私募股权资本主要投资上市之前的企业股权,属于成长型股权投资(growth capital),而风险投资十分注重发展后期的企业即也属于成长期的投资,真正投资于种子期和初创期的企业较少,所以狭义的私募股权和风险投资的投资对象存在重叠,而在基金的组织形式和运作特征方面则保持一致,所以私募股权和风险投资二者已经很难区分。[①] 即使在西方,PE/VC投资机构近年来也出现了显著的交叉经营,即传统注重于成熟期企业投资的并购型投资和传统注重于早期创新型企业的投资兼做。目前,广义私募股权基金中的两类——风险投资和并购投资之间已经模糊了界限。结合上述现实,本书未对PE机构和VC机构做出区分,将其统称为私募股权投资者(PE)。[②]

具体来看,本书提出和分析了以下问题。

(一)本书创业企业为何引入上市前私募股权投资者的问题

本书提出了权衡理论的解释。即认为私募股权投资者提高了企业新股发行的成本,但有利于申请企业在证监会发行审核通过。创新点在于:1. 对我国创业板市场发展初期(2009～2012)企业上市前引入私募股权资本的现象提出了理论和实

① 近些年开始在私募股权业内有呼吁所谓:“VC向前端走、PE向后端走”。本书各章研究的样本基本位于2009～2016年间,国内VC和PE主体都还是处于中间地段即都以“成长性投资”为代表。

② 当然这一泛指的处理方法适合本书的样本研究时间段。随着私募股权行业的形势发展,未来可能需要更改。

践上合理的解释；2. 手工整理了上市公司的招股说明书，严格地界定了各类私募股权投资者；3. 较为细致地研究了PE机构持股企业的行为特征，以及持股后对企业经营业绩、治理结构等的影响，补充了国内文献在该问题上的不足；4. 对证监会的发审制度提出了具有前瞻性的改革建议。

(二)提出私募股权在被投企业的价值增值是基于投前筛选还是投后增值

将筛选和增值二者进行区分，分别探讨私募股权在两方面对企业的作用。本书提出了盈利能力、成长性、研发、经营效率和财务杠杆等五个维度的指标，研究发现：1. PE在投前注重研发创新投入高、销售净利率高的企业，这些可称为正面选择指标（即PE选择具有指标良好表现的目标企业），而同时关注经营效率差、负债率较高的企业，这些可称为负面选择指标（即PE选择具有指标较差表现的目标企业）；2. 在控制住投前的筛选能力和选择性偏误后，PE会因为投后增值服务能力使被投资企业的经营效率大幅提高，并获得显著更高的权益净利率。

(三)私募股权在所投企业IPO时发挥的作用，到底是认证效应、逐名效应还是市场力量

本书将首日折价率分解成一级市场的“内在折价率”（以构造的企业内在价值与发行定价比较）和二级市场的“市场反应率”（以二级市场上市首日收盘价与构造的企业内在价值进行比较）。结果发现，私募股权持股对企业在一级市场和二级市场上存在着两种截然不同的影响：1. 在一级市场上，私募股权对企业的新股定价具有认证作用，减少了其支持企业与投资者的信息不对称，可以显著降低新股的内在折价率，从而抑制IPO首日折价率；2. 在二级市场上，私募股权具有市场力量，能够吸引更有声誉的承销商、更多的证券分析师和投资者关注，显著提高其支持企业的二级市场反应率，提升IPO首日折价率；3. 综合两方面作用，市场力量占据了主导地位，结果表现为PE支持企业具有显著较高的IPO首日折价率。

进一步对私募股权市场力量的研究发现，私募股权与证券承销商存在着一定的合作联盟关系。即存在PE—券商合作关系的公司IPO发行价格更接近于新股企业的内在价值，表现为内在折价率最低；且该类公司在上市首日具有更高的市场价格，表现为市场反应率最高。上述发现表明，这种PE与券商的合作关系有助于提高新股的准确定价，并在二级市场上推动了投资者的过度反应。

(四)私募股权在支持企业上市后的作用：管理层薪酬

私募股权在公司治理中扮演了何种角色？从高管薪酬的角度，本书探讨了私募股权投资者对其所持股的创业板企业高管薪酬水平和薪酬结构的影响作用，结果表明：与无PE持股企业相比，PE支持企业的高管总薪酬水平和股权薪酬显著更高；高管货币薪酬的业绩敏感度较低。即PE对高管的货币薪酬治理机制具有“替代效应”，而对高管的股权薪酬治理机制具有显著的“促进效应”。

(五)私募股权在支持企业上市后的作用:并购行为

研究发现:有私募股权投资背景的企业在并购宣告后的短期绩效和长期绩效均显著更高。本书给出的解释机理是:(1)私募股权投资可以缓解并购中的信息不对称,降低并购溢价。(2)私募股权投资可以增强并购后企业的内部控制有效性,优化并购后的资源整合,提高了并购绩效。

(六)私募股权在支持企业上市后的作用:定向增发

存在PE支持的创业板企业上市后的定向增发定价效率更高。原因是:PE具有监督功能和认证功能,提高了定向增发的定价效率。

(七)关于地理区域配置对私募股权投资的影响

本书研究了两个问题。

第一,如何提高PE的资源区域配置效率的问题。通过对私募股权在国内各地区退出率的分组比较研究发现,平均而言,PE在私募股权中心(北、上、广深)的退出率最低,而其邻近省份的退出率最高。原因在于:(1)交易和监督成本的存在使PE提高了远距离项目的选择标准。(2)地区产业集聚及投资机构经验能显著提高退出率,有助于削弱因距离带来的逆向选择。

第二,在高铁通车改变了地理距离的时空约束条件后,我国PE投资行为发生了新变化:(1)在高铁通车后,PE增加了对高铁沿线城市的投资,并扩展了PE中心城市的投资辐射范围。在PE中心城市周边250～350千米范围内,投资金额显著增加。但投资数量的增加与PE的地理距离呈现非线性增长关系。(2)高铁通车后,投资人和创业者之间的信息不对称性有所降低,体现为初创期和扩张期的风险投资明显增加。相较国有背景投资机构,非国有背景的投资机构对高铁沿线城市的新增投资更多。

(八)针对PE重组国有企业和帮助民营企业进行行业整合的案例研究

本书阐述了弘毅资本投资中国玻璃这一经典案例的全过程,从选择进入、改组、引进战略投资者、上市、整合、并购同行业、退出等步骤,以及爱尔眼科与众多PE合作成立并购基金,进行“滚卷式”收购的发展过程,总结了私募股权基金提升企业价值的规律。

第二节　学术价值与应用启示

一、学术价值

本书的学术价值主要有以下四点。

第一,对狭义的私募股权基金进行了分类界定,探讨了并购带来的价值增值来源。将并购基金划分为四种不同类型——效率型、复苏型、创新型和失败型，结合收购前的企业特征、收购之后采取的激励机制和治理机制等，借鉴了企业管理层的思维模式区分，来分析一般职业经理人和私募股权投资家在信念、决策、价值判断模式上的差异。本书定义对国企/民企进行企业重组的私募股权基金是创新型收购，基金合伙人属于综合型企业家，这为理论研究奠定了一个框架基础。

第二，对创业企业为何引入上市前私募股权投资者的问题，提出了一种新的权衡理论的解释。研究发现了在我国创业板发展初期的私募股权“关系资源”提高了其所投资企业在中国证监会的审核通过率，扭曲了资源配置，为新兴市场国家中特殊机构投资者的关系资本影响资源配置提供了学理的支持。

第三，对私募股权资本价值增值能力建立了分析框架，首先，将 PE 机构的事前筛选能力和事后增值服务能力联系起来，分析和发现 PE 在投前的筛选阶段应注重哪些指标、在投后的增值阶段又侧重于改善哪些指标，并将投前、投后指标之间建立起勾稽关系，这一研究结果有助于掌握 PE 机构的运作机理；其次，在 PE 对我国创业板企业 IPO 折价影响的问题上，提出了一些创新性观点：(1)与以往的研究文献不同，本书采用指标分解的方法，指出私募股权投资者兼具认证效应和市场力量两种作用，并且后者占据主导地位。(2)提出私募股权机构的社会资本值得关注。其中重要的社会资本之一就是 PE 与券商机构的联盟关系。在新股发行中，PE 与券商的联盟关系对新股的发行定价产生了重要影响，PE 支持企业上市时具备较强的市场力量；再次，揭示了私募股权参与被投企业内部治理的作用机制，着重于高管的货币薪酬和股权薪酬，首次将私募股权的薪酬治理机制总结为“替代效应”和“促进效应”；最后，关于 PE 在其支持企业上市后继续发挥作用方面。本书提出了 PE 对企业并购绩效发挥了正面作用，提高了并购绩效，总结为两种渠道机制：(1)降低并购溢价效应。(2)提高并购后的内部控制有效性。另外，对 PE 支持企业的定向增发定价效率进行了研究，发现 PE 支持企业的增发折价率更低，增发后股票波动率更低，这也属于 PE 监督功能和认证功能的体现。

第四，从经济地理学角度为私募股权投资研究开辟了新的方向。以信息经济学为理论基础，本书揭示了地理距离会影响私募股权投资的事前筛选和事后增值机制。(1)运用退出率指标的考察，发现 PE 中心城市的退出率并不领先，反而是 PE 中心周边相邻省份的退出率最高。(2)关于高铁网络建设对于私募股权投资的影响，揭示了高铁对于私募股权投资效率改善和区域经济发展的影响。

二、应用启示

上述研究结论对于指导我国的私募股权投资行业发展，具有重要的现实意义。首先，我国发展私募股权基金，必须拥有更多的综合型企业家，促使大量的综合型企业家成长为基金管理人。培育综合型企业家，一是借助有经验或退休的企业家发挥所谓"白发智慧";二是在目前的私募股权行业人员中进行有目的地引导和培育。整个行业迫切需要增加产业经营经验,突出创新精神,把更多从业者培育成"综合型企业家"。

其次,关于创业板企业在上市前引入短期私募股权投资者的权衡理论,对于改革我国新股发行制度具有借鉴意义。必须以信息披露为中心的新股发行注册制逐步取代实质性审核制度;改革新股发审委制度,在委员的遴选、信息披露、监督制衡、委员会运营、评审/评议结果提高透明度等方面,予以完善①;降低创业板和 PE 支持的科技型企业上市的门槛;完善退出制度等。

再次,关于 PE"投资—管理—退出"作用机制的研究成果应用:(1)对于亟待引入 PE 资本的创新创业企业,可以有针对性地吸引 PE 资本并配合 PE 提升企业价值。(2)实践中可探索制定合理有效的管理层薪酬制度,积极发挥私募股权投资的治理作用。(3)在 IPO 过程中,私募股权资本持有的创业板股票在上市首日和初期存在过度市场反应的现象,这可能与创业板市场的投资者结构有关,应优化创业板市场的投资者结构。对于私募股权投资机构来说,可以选择与特定的券商保荐机构保持长期伙伴关系,从而更好地发挥认证作用等。

最后,我国 PE 退出率存在地区差异的现象为改善我国私募股权投资的资源配置提供了思路。一是加大对 PE 中心周边地区的资金配置,因为这些区域的投资效率相对较高;二是提高投资人的专业水平,有利于从根本上提升我国私募股权投资的效益;三是私募股权投资应与区域经济战略相结合,实现 PE 和区域优势产业的相互促进作用。

第三节　局限性

当然,任何的研究都存在局限性,特别是对于发展迅速的私募股权行业。本书的具体不足在于以下几点。

(1)在第二章阐述"私募股权的筛选和增值作用"时:①中小企业板以及创业板上市的公司从质地上看都是好企业,从而产生了研究样本的选择性偏误。即使文中进行了处置组和控制组的设置,但处置组和控制组二者的差异偏小,这样就弱化了私募股权投资机构对公司的增值作用。②仅是从财务指标角度分析了 PE 的筛

① 2017 年 6 月,中国证监会宣布对新股发审委进行改革:1. 将主板和创业板的两个委员会合并,全部委员会成员从 60 名增加到 66 名。每名委员的任期不能超过两届而不是以前的三届。每年委员会需要至少更换 1/2 以上的成员;2. 在发审委内新设两个分委员会:选聘委员会和监察委员会。这样,发审委的人员遴选、运行、内部监察分由三个委员会分开进行,实现相互隔离。发审委的以上改革是十分必要的。2018 年 11 月 5 日,习近平主席在出席首届中国国际进口博览会开幕式并发表主旨演讲,宣布在上海证券交易所设立科创板并试点注册制。2020 年 3 月 1 日修订后的《证券法》施行,全面推行证券发行注册制度。2020 年 4 月 27 日,中央深化改革委员会审议通过了《创业板改革并试点注册制总体实施方案》。

选与增值作用，但 PE 在挑选创业企业时除财务标准之外可能还有其他一些因素：比如创业者个人及团队成员能力、社会关系以及其拥有的各种资源等（Ahlstrom and Burton，2006），对创业者/企业家从制度理论进行分析是本书所未能涉及的。

（2）在研究“创业板企业为何在上市前引入短期私募股权投资者”问题时，第三章的局限是：私募股权资本通过何种途径、在哪些方面进行了“包装”从而显著地影响了中国证监会发审委核准结果的，是非常具有现实意义的问题。但是众所周知的是，深入了解 PE 机构的游说活动是非常困难的，需要进行社会调查和案例研究，需要更多的勇气和精力。另外，本书研究的时间区间是在中国创业板的初创期（2009～2012），当前包括创业板在内的我国证券市场 IPO 制度和证券法规均处于变革之中，创业板初期存在的上市企业与私募股权资本的关系未来将随着时间发展而发生改变。

（3）在研究“私募股权支持企业 IPO 时的认证作用与市场力量”时，第四章的研究存在以下不足：①私募股权的市场力量导致新股上市首日和初期溢价交易，而本书没有对哪些投资者（机构还是个人）参与了新股交易进行结构分析。②私募股权的认证效应可以促使新股合理定价，而本书没有考察私募股权通过何种渠道和方法吸引机构投资者参与询价，也没有探讨私募股权与参与询价的基金、保险、券商等机构投资者之间是否存在利益关系或伙伴关系。不过这一问题部分在第五章得以解决。

在第五章进一步分析 IPO 现象时，提出私募股权与券商多次合作产生联盟关系的观点，但这项研究存在以下不足：①当 PE 与券商存在多次合作时的该类新股的市场反应率最高，造成这一现象的原因可能是由于投资者能够理解 PE 与券商的合作关系并对此做出理智反应，但也可能仅仅是由于资本市场的非理性过度反应，究竟是何种原因有待进一步的研究。②由于上市前原始股份存在锁定期的制度安排，作为原始股东的 PE 和公司创始人股东只有等锁定期结束、限售股解禁时，才可以出售股份而获得真实利润。内部股锁定假说（Aggarwal 等，2002）认为原始股东通过在上市时的 IPO 抑价以吸引投资者的关注，在市场中形成产生良好的预期，目的是为了日后股票解禁出售时的市值最大化而做出暂时让步的策略性行为。因此，相比其他类公司而言，PE 与券商联盟公司具有最高的新股折价率是否与 PE 的限售股解禁动机有关？这需要进一步研究。③我国新股发行定价制度仍在改革进程之中[①]，定价方式变化和引入券商自主配售机制，会对“PE＋券商合作模式”下的新股定价效率产生何种影响？甚至是否会影响到私募股权资本与券商保荐机构之间的合作关系？都是需要进一步研究的问题。

---

① 2013 年 11 月 30 日证监会发布《关于进一步推进新股发行体制改革的意见》，从 2014 年以来包括创业板在内的新股发行方式和发行价格均由发行人与保荐机构自行协商确定，并在公告中披露，同时引入主承销商自主配售机制。

(4)在关于私募股权支持企业的高管薪酬变化问题,存在以下不足之处:①股权薪酬的度量采用了会计估计即根据企业会计报表的信息披露进行计算,但如果采用市场价值估计的结果会如何?②私募股权资本在被投企业治理中的作用并非仅通过经理薪酬的一个渠道,也存在其他渠道机制如推荐董事和重要高管、改善企业资本结构等,以及私募股权资本在被投企业的投融资、运营等方面也会发挥重要作用,那么薪酬治理机制和其他作用机制之间是什么关系?

(5)关于私募股权支持企业并购的研究,存在以下不足:①除降低收购定价、提高整合中的内部控制效果之外,PE 可能存在影响并购绩效的其他作用机制,比如 PE 具备广泛社会关系,其与券商、银行、机构投资者和同业等之间拥有的关系网络是否会影响企业的并购绩效?②PE 对企业的并购概率、支付手段等会产生何种影响?上述问题未能涉及。

(6)关于私募股权地理区域布局的效率研究,不足之处在于:产业集聚以及地区创业环境对 PE 退出率的作用还有待于进一步考察,本书第九章仅通过控制地区环境的综合情况间接地给出了创业一般环境对退出率的影响。另外,退出率仅是体现私募股权是否成功的指标之一,某些特殊私募股权出于其他动机如实施政府产业政策等的投资行为,并不能用退出率来衡量基金是否成功。

第四节 未来研究方向

目前,国内的私募股权行业呈现为成长型投资、较少采取高杠杆融资、退出通道以 IPO 为主等特征,与西方针对后端成熟期企业进行投资、专注于并购的私募股权基金存在一定差距,这使得本书的研究对象聚焦于成长型私募股权。但是,私募股权行业的变化很快。一些新现象值得关注:在党的十八届三中全会关于国有资产和国有企业改革进行新阐述之后,国有企业大力推进混合所有制,已有一些私募股权进入国企进行混合所有制改革(例如本书第 11 章研究的弘毅资本于 2018 年介入上海城投、锦江集团的混合所有制改革等);并购基金开始涌现,“并购型 PE +上市公司”的现象在资本市场引起关注,特别是这种模式在跨境并购方面比较活跃。因此,实践提出了下一步的重点研究方向和问题:

(1)PE 的社会资本不仅限于券商,PE 与银行、财务顾问机构等也可形成联盟关系。PE 与其他金融机构结盟形成的社会资本是否能够提高其支持企业的并购绩效呢?在并购中获得更好的支付对价、拥有更强的整合能力?

(2)PE 支持企业在上市后控制权分布的变化,是否存在着某种规律?创始人及其团队可能在战略等方面并不适合企业的继续发展,这种情形下 PE 能否改变企业控制权的分布、以及 PE 是否会影响上市公司的治理绩效如战略、董事会构成、融资、反收购等?

(3)PE 是如何安排其退出战略呢？在被投资企业上市或被并购、发生二次收购等情形下，PE 持股是逐步退出还是一次性退出的？PE 股东的解禁出售股份，对股票二级市场产生了何种影响？

(4)PE 基金特别是并购基金在参与国有企业产权改革、探索混合所有制模式中，有哪些经验可供总结？包括 PE 参与混改的目标行业和企业选择、理想的股权结构、混改后的企业绩效等等，值得深入研究。

(5)“PE＋上市公司”组建并购基金存在的经济、金融、法律问题，十分繁多，这种模式的前景如何？是“昙花一现”？还是可持续存在？未来需要哪些支撑性制度？

(6)PE 在协助中国企业“走出去”，包括实施国家“一带一路”倡议中，PE 作为专业的金融机构，可以发挥哪些作用？需要对 PE 跨境并购的经验进行总结。

(7)当前国家实施“三去一降一补”政策、对经济结构进行转型的过程中，PE 可以发挥哪些作用？具体到自 2016 年启动的新一轮市场化债转股中，PE 机构参与不良资产重组和债转股，有哪些成功案例和经验可供总结？

(8)2019 年我国正式在科创板推出股票发行注册制，2020 年 3 月修订后的《证券法》明确了我国证券发行采取注册制。在科创板、创业板实施注册制之后，PE 支持企业的新股发行折价率有何变化？是否 PE 依然存在认证作用、逐名效应、市场力量作用？PE 的价值增值机制发生改变了吗？

以上，可作为研究者继续前行的方向。

参考文献

引 言

1. Acharya, V. V. , Gottschalg, O. F. , Hahn, M. and Kehoe, C. , 2013, "Corporate Governance and Value Creation: Evidence From Private Equity", *Review of Financial Studies*, 26(2):368—402.

2. Acharya, V. V. , Kehoe, C. and Reyner, M. , 2009, "Private Equity vs. PLC Boards in the U. K. : A Comparison of Practices and Effectiveness", *Journal of Applied Corporate Finance*, 21(1):45—56.

3. Amess, K. and Wright, M. , 2007, "The Wage and Employment Effects of Leveraged Buyouts in the UK", *International Journal of the Economics of Business*, 14(2):179—195.

4. Andrade, G. and Kaplan, S. N. , 1998, "How Costly is Financial (Not Economic) Distress? Evidence from Highly Leveraged Transactions that Became Distressed", *Journal of Finance*, 53(5):1443—1493.

5. Axelson, U. and Weisbach, M. S. , 2010, "Why are Buyouts Levered? The Financial Structure of Private Equity Funds", *Journal of Finance*, 64(4):1549—1582.

6. Bargeron, L. L. , Schlingemann, F. P. , Stulz, R. M. and Zutter, C. J. , 2007, "Why Do Private Acquirers Pay so Little Compared to Public Acquirers?", *Journal of Financial Economics*, 89(3):375—390.

7. Cao, J. and Lerner, J. , 2009, "The Performance of Reverse Leveraged Buyouts", *Journal of Financial Economics*, 91(2):139—157.

8. Cornelli, F. and Karakaş, O. , 2008, "Private Equity and Corporate Governance: Do LBOs Have More Effective Boards?", *Social Science Electronic Publishing*, 10(6):699.

9. Cumming, D. , Siegel, D. S. and Wright, M. , 2007, "Private Equity, Leveraged Buyouts and Governance ", *Journal of Corporate Finance*, 13(4):439—460.

10. Davis, S. , Haltiwanger, J. , Jarmin, R. , Lerner, J. and Miranda, J. , 2011, "Private Equity and Employment", *NBER Working Papers*, 79(5):423—426.

11. Guo, S. , Hotchkiss, E. S. and Song, W. , 2011, "Do Buyouts (Still) Create Value?", *Journal of Finance*, 66(2):479—517.

12. Harris, R. , Siegel, D. S. and Wright, M. , 2005, "Assessing the Impact of Management Buyouts On Economic Efficiency: Plant—Level Evidence From the United Kingdom", *Review of Economics & Statistics*, 87(1):148—153.

13. Holthausen, R. W. and Larcker, D. F. , 1996, "The Financial Performance of Reverse Leveraged Buyouts", *Journal of Financial Economics*, 42(3):293—332.

14. Jensen, M. 1989, "The Eclipse of the Public Corporation". *Harvard Business Review* No. 5:61—74.

15. Kaplan, S. , 1989, "Management Buyouts: Evidence on Taxes as a Source of Value", *Journal of Finance*, 44(3):611—632.

16. Kaplan, S. , 1989, "The Effects of Management Buyouts On Operating Performance and Value", *Journal of Financial Economics*, 24(2):217—254.

17. Kaplan, S. N. and Strömberg, P. , 2009, "Leveraged Buyouts and Private Equity", *The Journal of Economic Perspectives*, 23(1):121—146.

18. Lerner, J. , Sorensen, M. and Strömberg, P. , 2011, "Private Equity and Long-Run Investment: The Case of Innovation", *Journal of Finance*, 66(2):445—477.

19 Ljungqvist, A. , Richardson, M. P. and Wolfenzon, D. , 2020, "The investment behavior of buyout funds: Theory and evidence", *Financial Management*, 49(1):3—32.

20. Metrick, A. and Yasuda, A. , 2010, "The economics of private equity funds", *Review of Financial Studies*, 23(6):2303—2341.

21. Phalippou, L. and Gottschalg, O. , 2009, "The Performance of Private Equity Funds", *The Review of Financial Studies*, 22(4):1747—1776.

22. Strömberg, P. , 2008, "The New Demography of Private Equity", *Performance Research*, 6(1):101—107.

23. Weir, C. , Jones, P. and Wright, M. , 2015, "Public to Private Transactions, Private Equity and Financial Health in the UK: An Empirical Analysis of the Impact of Going Private", *Journal of Management & Governance*, 19(1):1—22.

第一章

1. Acharya, V. V. , Kehoe, C. and Reyner, M. , 2009, "Private Equity vs. PLC Boards in the U. K. : A Comparison of Practices and Effectiveness", *Journal of Applied Corporate Finance*, 21(1):45—56.

2. Gurung, A. and Lerner, J. , 2008, "The Global Economic Impact of Private Equity ", World Economic Forum.

3. Meuleman, M. , Amess, K. , Wright, M. and Scholes, L. , 2010, "Agency, Strategic Entrepreneurship, and the Performance of Private Equity-Backed Buyouts", *Entrepreneurship Theory & Practice*, 33(1):213—239.

4. Wright, M. , Hoskisson, R. E. and Busenitz, L. W. , 2001, "Firm Rebirth: Buyouts as Facilitators of Strategic Growth and Entrepreneurship", *The Academy of Management Executive*, 15(1):111—125.

5. 曹和平, 2012:《中国私募股权市场发展报告》,社会科学文献出版社。

6. 李曜,2010:《私募股权投资浪潮及其前沿研究问题》,《证券市场导报》,第 6 期。

第二章

1. Baum, J. A. C. and Silverman, B. S. , 2004, "Picking Winners or Building them? Alliance, Intellectual, and Human Capital as Selection Criteria in Venture Financing and Performance of Biotechnology Startups", *Journal of Business Venturing*, 19(3):411—436.

2. Bottazzi, L. , Rin, M. D. and Hellmann, T. , 2008, "Who are the Active Investors?: Evidence From Venture Capital", *Journal of Financial Economics*, 89(3):488—512.

3. Brander, James A. , Edward Egan, and Thomas F. Hellmann. , 2010, "Government sponsored versus private venture capital: Canadian evidence", *International Differences in Entrepreneurship*. University of Chicago Press, 275—320.

4. Brav, A. and Gompers, P. A. , 1997, "Myth or Reality? The Long—Run Underperformance of Initial Public Offerings: Evidence From Venture and Nonventure Capital—Backed Companies", *The Journal of Finance*, 52(5):1791—1821.

5. Chemmanur, T. J. , Krishnan, K. and Nandy, D. K. , 2011, "How Does Venture Capital Financing Improve Efficiency in Private Firms? A Look Beneath the Surface", *The Review of Financial Studies*, 24(12):4037—4090.

6. Clarysse, B. , Knockaert, M. and Lockett, A. , 2007, "Outside Board Members in High Tech Start-Ups", *Small Business Economics*, 29(3):243—259.

7. Cyr, L. A. , Johnson, D. E. and Welbourne, T. M. , 2000, "Human Resources in Initial Public Offering Firms: Do Venture Capitalists Make a Difference?", *Entrepreneurship Theory & Practice*, 25(1):77—91.

8. Davila, A. and Foster, G. , 2005, "Management Accounting Systems Adoption Decisions: Evidence and Performance Implications from Early-Stage/Startup Companies", *Accounting Review*, 80(4):1039—1068.

9. Fried, V. H. , Bruton, G. D. and Hisrich, R. D. , 1998, "Strategy and the Board of Directors in Venture Capital-Backed Firms", *Journal of Business Venturing*, 13(6):493—503.

10. Fried, V. H. and Hisrich, R. D. , 1994, "Toward a Model of Venture Capital Investment Decision Making", *Financial Management*, 23(3):28—37.

11. Gompers, P. and Lerner, J. , 2001. "The Money of Invention: How Venture Capital Creates New Wealth", Harvard Business School Press, Boston, MA.

12. Guo, D. and Jiang, K. , 2013, "Venture Capital Investment and the Performance of Entrepreneurial Firms: Evidence From China", *Journal of Corporate Finance*, 22(3):375—395.

13. Guo, R. J. , Lev, B. and Zhou, N. , 2010, "Competitive Costs of Disclosure by Biotech IPOs", *Journal of Accounting Research*, 42(2):319—355.

14. Hellmann, T. and Puri, M. , 2000, "The Interaction between Product Market and Financing Strategy: The Role of Venture Capital", *The Review of Financial Studies*, 13(4):959—984.

15. Hsu, D. H. , 2006, "Venture Capitalists and Cooperative Start—Up Commercialization Strategy", *Management Science*, 52(2):204—219.

16. Kaplan, S. N. and Strömberg, P. , 2003, "Venture Capitalists as Economic Principals", *NBER Reporter Online*, (Summer 2003): 22—25.

17. Lu, Q. , Hwang, P. and Wang, C. K. , 2006, "Agency Risk Control through Reprisal", *Journal of Business Venturing*, 21(3): 369—384.

18. Macmillan, I. C. , Siegel, R. and Narasimha, P. N. S. , 1985, "Criteria Used by Venture Capitalists to Evaluate New Venture Proposals", *Journal of Business Venturing*, 1(1): 119—128.

19. Puri, M. and Zarutskie, R. , 2012, "On the Life Cycle Dynamics of Venture-Capital-and Non-Venture-Capital-Financed Firms", *Journal of Finance*, 67(6): 2247—2293.

20. Ross, S. A. , 1977, "The Determination of Financial Structure: The Incentive-Signalling Approach", *The Bell Journal of Economics*, 8(1): 23—40.

21. Sahlman, W. A. , 1990, "The Structure and Governance of Venture-Capital Organizations", *Journal of Financial Economics*, 27(2): 473—521.

22. Tan, Y. , Huang, H. and Lu, H. , 2012, "The Effect of Venture Capital Investment — Evidence from China's Small and Medium-Sized Enterprises Board", *Journal of Small Business Management*, 51(1): 138—157.

23. Wang, C. K. , Wang, K. and Lu, Q. , 2003, "Effects of Venture Capitalists' Participation in Listed Companies", *Journal of Banking & Finance*, 27(10): 2015—2034.

24. 付雷鸣、万迪昉、张雅慧，2012:《VC 是更积极的投资者吗？——来自创业板上市公司创新投入的证据》,《金融研究》，第 10 期。

25. 钱苹、张帏，2007:《我国创业投资的回报率及其影响因素》,《经济研究》，第 5 期。

26. 汪炜、于博、宁宜希，2013:《监督认证，还是市场力量？——风险投资对创业板公司 Ipo 折价影响的实证研究》,《管理工程学报》，第 4 期。

27. 吴超鹏、吴世农、程静雅、王璐，2012:《风险投资对上市公司投融资行为影响的实证研究》,《经济研究》，第 1 期。

28. 杨勇、袁卓，2014:《技术创新与新创企业生产率——来自 VC/PE 支持企业的证据》,《管理工程学报》，第 1 期。

29. 张学勇、廖理，2011:《风险投资背景与公司 IPO:市场表现与内在机理》,《经济研究》，第 6 期。

第三章

1. Amit, R. , Glosten, L. and Muller, E. , 2010, "Challenges to Theory Development in Entrepreneurship Research * ", *Journal of Management Studies*, 30(5): 815—834.

2. Amit, R. , Glosten, L. and Muller, E. , 1990, "Entrepreneurial Ability, Venture Investments, and Risk Sharing", *Management Science*, 36(10): 1232—1245.

3. Arikan, A. M. and Capron, L. , 2009, "Do Newly Public Acquirers Benefit Or Suffer From their Pre-IPO Affiliations with Underwriters and VCs?", *Strategic Management Journal*, 31(12): 1257—1289.

4. Baker, M. and Gompers, P. A. , 2003, "The Determinants of Board Structure at the Ini-

tial Public Offering", *Journal of Law & Economics*, 46(2):569—598.

5. Beatty, R. P. and Ritter, J. R., 1986, "Investment Banking, Reputation, and the Underpricing of Initial Public Offerings", *Journal of Financial Economics*, 15(1):213—232.

6. Ber, H. and Yafeh, Y., 2007, "Can venture capital funds pick winners? Evidence from pre-IPO survival rates and post—IPO performance", *Israel Economic Review*, 5(1):23—46.

7. Bertoni, F., Ferrer, M. A. and Martí, J., 2013, "The Different Roles Played by Venture Capital and Private Equity Investors On the Investment Activity of their Portfolio Firms", *Small Business Economics*, 40(3):607—633.

8. Black, B. S. and Gilson, R. J., 2009, "Venture Capital and the Structure of Capital Markets:Banks Versus Stock Markets 1", *Journal of Financial Economics*, 47(3):243—277.

9. Booth, J. R. and Ii, R. L. S., 2006, "Capital Raising, Underwriting and the Certification Hypothesis", *Journal of Financial Economics*, 15(1):261—281.

10. Boubakri, N., Guedhami, O., Mishra, D. and Saffar, W., 2012, "Political Connections and the Cost of Equity Capital", *Journal of Corporate Finance*, 18(3):541—559.

11. Brav, A. and Gompers, P. A., 1997, "Myth Or Reality? The Long-Run Underperformance of Initial Public Offerings:Evidence From Venture and Nonventure Capital-Backed Companies", *The Journal of Finance*, 52(5):1791—1821.

12. Cao, J. and Lerner, J., 2009, "The Performance of Reverse Leveraged Buyouts", *Journal of Financial Economics*, 91(2):139—157.

13. Chemmanur, T. J., Krishnan, K. and Nandy, D. K., 2011, "How Does Venture Capital Financing Improve Efficiency in Private Firms? A Look Beneath the Surface", *The Review of Financial Studies*, 24(12):4037—4090.

14. Cressy, R., Munari, F. and Malipiero, A., 2007, "Playing to their Strengths? Evidence that Specialization in the Private Equity Industry Confers Competitive Advantage", *Journal of Corporate Finance*, 13(4):647—669.

15. Dai, N., 2007, "Does Investor Identity Matter? An Empirical Examination of Investments by Venture Capital Funds and Hedge Funds in PIPEs", *Journal of Corporate Finance*, 13(4):538—563.

16. Davila, A., Gupta, M. and Palmer, R., 2003, "Moving Procurement Systems to the Internet::The Adoption and Use of E—Procurement Technology Models", *European Management Journal*, 21(1):11—23.

17. Florin, J., 2005, "Is Venture Capital Worth It? Effects on Firm Performance and Founder Returns", *Journal of Business Venturing*, 20(1):113—135.

18. Gilligan, J. and Wright, M., 2009, "Private Equity Demystified: An Explanatory Guide", *Social Science Electronic Publishing*.

19. Gompers, P. A., 1996, "Grandstanding in the Venture Capital Industry", *Journal of Financial Economics*, 42(1):133—156.

20. Gompers, P. A. and Lerner, J., 2003, "The Really Long-Run Performance of Initial Public Offerings:The Pre-Nasdaq Evidence", *Journal of Finance*, 58(4):1355—1392.

21. Gompers, P. and Lerner, J. , 2001, "The Venture Capital Revolution", *Journal of Economic Perspectives*, 15(2):145—168.

22. Gorman, M. and Sahlman, W. A. , 1989, "What Do Venture Capitalists Do? ", *Journal of Business Venturing*, 4(4):231—248.

23. Guo, D. and Jiang, K. , 2013, "Venture Capital Investment and the Performance of Entrepreneurial Firms: Evidence From China", *Journal of Corporate Finance*, 22(3):375—395.

24. Heckman, J. J. and Bo, E. H. , 1990, "The Empirical Content of the Roy Model", *Econometrica*, 58(5):1121—1149.

25. Heckman, J. J. and Todd, P. E. , 2010, "A Note on Adapting Propensity Score Matching and Selection Models to Choice Based Samples. ", *Econometrics Journal*, 12(s1): S230—S234.

26. Hsu, D. H. , 2004, "What Do Entrepreneurs Pay for Venture Capital Affiliation?", *Journal of Finance*, 59(4):1805—1844.

27. Ii, T. L. C. and Frye, M. B. , 2009, "Venture Capitalist Monitoring: Evidence From Governance Structures", *Quarterly Review of Economics & Finance*, 49(2):265—282.

28. Johnson, W. C. and Sohl, J. E. , 2012, "Initial Public Offerings and pre-IPO Shareholders: Angels Versus Venture Capitalists", *Journal of Developmental Entrepreneurship*, 17(04): 1250022.

29. Kaplan, S. N. and Stromberg, P. , 2001, "Venture Capitals as Principals: Contracting, Screening, and Monitoring", *American Economic Review*, 91(2):426—430.

30. Kaplan, S. N. and Strömberg, P. , 2009, "Leveraged Buyouts and Private Equity", *The Journal of Economic Perspectives*, 23(1):121—146.

31. Landström, H. ,2007, Handbook of Research On Venture Capital, Edward Elgar Publishing.

32. Lee, P. M. and Wahal, S. , 2004, "Grandstanding, Certification and the Underpricing of Venture Capital Backed IPOs",*Journal of Financial Economics*, 73(2):375—407.

33. Lennox, C. S. , Francis, J. R. and Wang, Z. , 2012, "Selection Models in Accounting Research", *Accounting Review*, 87(2):589—616.

34. Lerner, J. , 1995, "Venture Capitalists and the Oversight of Private Firms", *Journal of Finance*, 50(1):301—318.

35. Lerner, J. , Sorensen, M. and Strömberg, P. , 2011, "Private Equity and Long—Run Investment: The Case of Innovation", *Journal of Finance*, 66(2):445—477.

36. Liu, Q. , Tang, J. and Tian, G. G. , 2013, "Does Political Capital Create Value in the IPO Market? Evidence From China", *Journal of Corporate Finance*, 23(4):395—413.

37. Ljungqvist, A. , 2005, "IPO Underpricing", *Handbook of Empirical Corporate Finance*, 2:375—422.

38. Ljungqvist, A. , Nanda, V. and Singh, R. , 2006, "Hot Markets, Investor Sentiment, and IPO Pricing", *Journal of Business*, 79(4):1667—1702.

39. Ljungqvist, A. , Richardson, M. P. and Wolfenzon, D. , 2007, "The Investment Behav-

ior of Buyout Funds: Theory and Evidence", *Nber Working Papers*.

40. Loughran, T. and Ritter, J. R., 2002, "Why Don't Issuers Get Upset About Leaving Money On the Table in IPOs?", *Review of Financial Studies*, 15(2):413—443.

41. Marston, R. C., 2009, Venture Capital and Private Equity, John Wiley & Sons, 191—212.

42. Mcchesney, F. S., 1987, "Rent Extraction and Rent Creation in the Economic Theory of Regulation", *Journal of Legal Studies*, 16(1):101—118.

43. Megginson, W. L. and Weiss, K. A., 1991, "Venture Capitalist Certification in Initial Public Offerings", *Journal of Finance*, 46(3):879—903.

44. Neus, W. and Walz, U., 2002, "Exit Timing of Venture Capitalists in the Course of an Initial Public Offering", *Journal of Financial Intermediation*, 14(2):253—277.

45. Piotroski, J. D. and Zhang, T., 2014, "Politicians and the IPO Decision: The Impact of Impending Political Promotions on IPO Activity in China", *Journal of Financial Economics*, 111(1):111—136.

46. Ritter, J. R., 2003, "Behavioral Finance", *Pacific-Basin Finance Journal*, 11(4):429—437.

47. Ritter, J. R. and Welch, I., 2002, "A Review of IPO Activity, Pricing, and Allocations", *Journal of Finance*, 57(4):1795—1828.

48. Sahlman, W. A., 1990, "The Structure and Governance of Venture-Capital Organizations", *Journal of Financial Economics*, 27(2):473—521.

49. Shapiro, R. J. and Pham, N. D., 2008, "American Jobs and the Impact of Private Equity Transactions", *Washington*, *DC*.

50. Suchard, J. A., 2009, "The Impact of Venture Capital Backing On the Corporate Governance of Australian Initial Public Offerings", *Journal of Banking & Finance*, 33(4):765—774.

51. Wang, C. K., Wang, K. and Lu, Q., 2003, "Effects of Venture Capitalists' Participation in Listed Companies", *Journal of Banking & Finance*, 27(10):2015—2034.

52. Yang, Z., 2013, "Do Political Connections Add Value to Audit Firms? Evidence from IPO Audits in China", *Contemporary Accounting Research*, 30(3):891—921.

53. 曹凤岐、董秀良，2006:《我国IPO定价合理性的实证分析》,《财经研究》, 第6期。

54. 陈工孟、俞欣、寇祥河，2011:《风险投资参与对中资企业首次公开发行折价的影响——不同证券市场的比较》,《经济研究》, 第5期。

55. 郭泓、赵震宇，2006:《承销商声誉对IPO公司定价、初始和长期回报影响实证研究》,《管理世界》, 第3期。

56. 韩立岩、伍燕然，2007:《投资者情绪与IPOs之谜——抑价或者溢价》,《管理世界》, 第3期。

57. 贺卫、王浣尘，2000:《政府经济学中的寻租理论研究》,《上海交通大学学报(哲学社会科学版)》, 第2期。

58. 寇祥河、潘岚、丁春乐，2009:《风险投资在中小企业IPO中的功效研究》,《证券市场导报》，第 5 期。

59 李曜、张子炜，2011:《私募股权、天使资本对创业板市场 IPO 抑价的不同影响》,《财经研究》，第 8 期。

60. 刘江会，2007:《可信性、价值认证和投资银行声誉机制》,《财经研究》，第 9 期。

61. 刘煜辉、熊鹏，2005:《股权分置、政府管制和中国 IPO 抑价》,《经济研究》，第 5 期。

62. 戚成芝，2003:《政府善意创租——试论“条件性租金”和金融约束政策》,《经济科学》，第 3 期。

63. 谈毅、陆海天、高大胜，2009:《风险投资参与对中小企业板上市公司的影响》,《证券市场导报》,第 5 期。

64. 吴超鹏、吴世农、程静雅、王璐，2012:《风险投资对上市公司投融资行为影响的实证研究》,《经济研究》,第 1 期。

65. 吴晓求，2011:《中国创业板市场:现状与未来》,《财贸经济》,第 4 期。

66. 熊维勤、孟卫东、周孝华，2007:《持股锁定期、信息动量与 Ipo 抑价》,《中国管理科学》，第 1 期。

67. 徐浩萍、罗炜，2007:《投资银行声誉机制有效性——执业质量与市场份额双重视角的研究》,《经济研究》,第 2 期。

68. 张学勇、廖理，2011:《风险投资背景与公司 IPO:市场表现与内在机理》,《经济研究》,第 6 期。

69. 赵炎、卢颖，2009:《风险投资与上市公司经营业绩之间的关系——以我国中小企业板上市公司为样本》,《科技进步与对策》,第 23 期。

70. 朱红军、钱友文，2010:《中国 IPO 高抑价之谜:“定价效率观”还是“租金分配观”?》,《管理世界》,第 6 期。

71. 朱相平，2009:《基于证券监管的创租行为分析及治理机制设计》,《山东社会科学》,第 1 期。

第四章

1. Barry, C. B. , Muscarella, C. J. , Iii, J. W. P. and Vetsuypens, M. R. , 1990, “The Role of Venture Capital in the Creation of Public Companies : Evidence From the Going-Public Process ”, *Journal of Financial Economics*, 27(2):447—471.

2. Chemmanur, T. J. and Loutskina, E. , 2004, “The Role of Venture Capital Backing in Initial Public Offerings: Certification, Screening, or Market Power?”, *Ssrn Electronic Journal*.

3 Duffie, D. , Garleanu, N. and Pedersen, L. H. , 2002, “Securities Lending, Shorting, and Pricing”, *Journal of Financial Economics*, 66(2—3):307—339.

4. Gao, Y. , 2010, “What Comprises IPO Initial Returns: Evidence From the Chinese Market”, *Pacific-Basin Finance Journal*, 18(1):77—89.

5. Gompers, P. A. , 1996, “Grandstanding in the Venture Capital Industry”, *Journal of Financial Economics*, 42(1):133—156.

6. Lee, P. M. and Wahal, S. , 2004, “Grandstanding, Certification and the Underpricing of Venture Capital Backed IPOs”, *Journal of Financial Economics*, 73(2):375—407.

7. Lin, T. H. and Smith, R. L., 1998, "Insider Reputation and Selling Decisions: The Unwinding of Venture Capital Investments During Equity IPOs", *Journal of Corporate Finance*, 4(3):241—263.

8. Liu, X. M., Wen Wei, H. and Li, Z., 2009, "Empirical study on IPO underpricing of China stock markets", *Journal of Management Science*, 22:87—96.

9. Megginson, W. L. and Weiss, K. A., 1991, "Venture Capitalist Certification in Initial Public Offerings", *Journal of Finance*, 46(3):879—903.

10. Morris, S., 1996, "Speculative Investor Behavior and Learning", *Quarterly Journal of Economics*, 111(4):1111—1133.

11. Purnanandam, A. K. and Swaminathan, B., 2004, "Are IPOs Really Underpriced?", *Review of Financial Studies*, 17(3):811—848.

12. 曹凤岐、董秀良，2006:《我国 IPO 定价合理性的实证分析》,《财经研究》，第 06 期。

13. 陈工孟、俞欣、寇祥河，2011:《风险投资参与对中资企业首次公开发行折价的影响——不同证券市场的比较》,《经济研究》，第 5 期。

14. 韩立岩、伍燕然，2007:《投资者情绪与 IPOs 之谜——抑价或者溢价》,《管理世界》，第 3 期。

15. 寇祥河、潘岚、丁春乐，2009:《风险投资在中小企业 IPO 中的功效研究》,《证券市场导报》,第 5 期。

16. 李曜、张子炜，2011:《私募股权、天使资本对创业板市场 IPO 抑价的不同影响》,《财经研究》，第 8 期。

17. 刘江会，2007:《可信性、价值认证和投资银行声誉机制》,《财经研究》，第 9 期。

18. 刘煜辉、熊鹏，2005:《股权分置、政府管制和中国 IPO 抑价》,《经济研究》，第 05 期。

19. 汪炜、于博、宁宜希，2013:《监督认证，还是市场力量？——风险投资对创业板公司 IPO 折价影响的实证研究》,《管理工程学报》，第 4 期。

第五章

1. Aggarwal, R. K., Krigman, L. and Womack, K. L., 2004, "Strategic IPO Underpricing, Information Momentum, and Lockup Expiration Selling", *Journal of Financial Economics*, 66(1):105—137.

2. Barry, C. B., Muscarella, C. J., Iii, J. W. P. and Vetsuypens, M. R., 1990, "The Role of Venture Capital in the Creation of Public Companies : Evidence From the Going-Public Process", *Journal of Financial Economics*, 27(2):447—471.

3. Chemmanur, T. J. and Loutskina, E., 2004, "The Role of Venture Capital Backing in Initial Public Offerings: Certification, Screening, or Market Power?", *SSRN Electronic Journal*.

4. Das, S. R., Jo, H. and Kim, Y., 2011, "Polishing Diamonds in the Rough: The Sources of Syndicated Venture Performance ", *Journal of Financial Intermediation*, 20(2):199—230.

5. Lee, P. M. and Wahal, S., 2004, "Grandstanding, Certification and the Underpricing of Venture Capital Backed IPOs", *Journal of Financial Economics*, 73(2):375—407.

6. Lindsey, L., 2008, "Blurring Firm Boundaries: The Role of Venture Capital in Strategic

Alliances", *Journal of Finance*, 63(3):1137—1168.

7. Megginson, W. L. and Weiss, K. A., 1991, "Venture Capitalist Certification in Initial Public Offerings", *Journal of Finance*, 46(3):879—903.

8. Nahata, R., 2008, "Venture Capital Reputation and Investment Performance", *Journal of Financial Economics*, 90(2):127—151.

9. Ritter, J. R. and Zhang, D., 2007, "Affiliated Mutual Funds and the Allocation of Initial Public Offerings", *Journal of Financial Economics*, 86(2):337—368.

10. Wright, M. and Lockett, A., 2010, "The Structure and Management of Alliances: Syndication in the Venture Capital Industry", *Journal of Management Studies*, 40(8):2073—2102.

11. 陈工孟、俞欣、寇祥河，2011:《风险投资参与对中资企业首次公开发行折价的影响——不同证券市场的比较》,《经济研究》，第5期。

12. 陈敏灵、薛静、韩谨，2014:《创业项目复杂性、声誉与风险投资联盟规模的实证研究》,《华东经济管理》，第9期。

13. 韩立岩、伍燕然，2007:《投资者情绪与IPOs之谜——抑价或者溢价》,《管理世界》，第3期。

14. 李曜、王秀军，2015:《我国创业板市场上风险投资的认证效应与市场力量》,《财经研究》，第2期。

15. 李曜、张子炜，2011:《私募股权、天使资本对创业板市场IPO抑价的不同影响》,《财经研究》，第8期。

16. 梁上坤、金叶子、王宁、何泽稷，2015:《企业社会资本的断裂与重构——基于雷士照明控制权争夺案例的研究》,《中国工业经济》，第4期。

17. 刘煜辉、熊鹏，2005:《股权分置、政府管制和中国IPO抑价》,《经济研究》，第5期。

18. 孙淑伟、肖土盛、付宇翔、陈信元，2015:《IPO配售中的利益联盟——基于基金公司与保荐机构的证据》,《财经研究》，第5期。

19. 唐霖露、谈毅，2015:《中国风险投资机构联合投资绩效研究——来自中国IPO市场的实证研究》,《复旦学报(自然科学版)》，第3期。

20. 汪炜、于博、宁宜希，2013:《监督认证，还是市场力量？——风险投资对创业板公司IPO折价影响的实证研究》,《管理工程学报》，第4期。

第六章

1. Barry, C. B., Muscarella, C. J., Iii, J. W. P. and Vetsuypens, M. R., 1990, "The Role of Venture Capital in the Creation of Public Companies : Evidence From the Going-Public Process", *Journal of Financial Economics*, 27(2):447—471.

2. Brav, A. and Gompers, P. A., 1997, "Myth Or Reality? The Long-Run Underperformance of Initial Public Offerings: Evidence From Venture and Nonventure Capital-Backed Companies", *The Journal of Finance*, 52(5):1791—1821.

3. Brunello, G., Graziano, C. and Parigi, B., 2001, "Executive Compensation and Firm Performance in Italy", *International Journal of Industrial Organization*, 19(1):133—161.

4. Cao, J. , Pan, X. and Tian, G. , 2011, "Disproportional Ownership Structure and Pay-Performance Relationship: Evidence From China's Listed Firms", *Journal of Corporate Finance*, 17(3):541—554.

5. Cheng, S. , 2008, "Board Size and the Variability of Corporate Performance", *Journal of Financial Economics*, 87(1):157—176.

6. Core, J. E. , Holthausen, R. W. and Larcker, D. F. , 1999, "Corporate Governance, Chief Executive Officer Compensation, and Firm Performancel", *Journal of Financial Economics*, 51(3):371—406.

7. Engel, E. , Gordon, E. A. and Hayes, R. M. , 2002, "The Roles of Performance Measures and Monitoring in Annual Governance Decisions in Entrepreneurial Firms", *Journal of Accounting Research*, 40(2):485—518.

8. Gibbons, R. and Murphy, K. J. , 1992, "Optimal Incentive Contracts in the Presence of Career Concerns: Theory and Evidence", *Journal of Political Economy*, 100(3):468—505.

9. Gompers, P. A. , Ishii, J. and Metrick, A. , 2010, "Extreme Governance: An Analysis of Dual-Class Firms in the United States", *The Review of Financial Studies*, 23(3):1051—1088.

10. Hellmann, T. and Puri, M. , 2002, "Venture Capital and the Professionalization of Start-Up Firms: Empirical Evidence", *Journal of Finance*, 57(1):169—197.

11. Hölmstrom, B. , 1979, "Moral Hazard and Observability", *Bell Journal of Economics*, 10(1):74—91.

12. Jensen, M. C. and Meckling, W. H. , 1976, "Theory of the Firm: Managerial Behavior, Agency Costs and Ownership Structure", *Journal of Financial Economics*, 3(4):305—360.

13. Jensen, M. C. and Murphy, K. J. , 1990, "Performance Pay and Top-Management Incentives", *Journal of Political Economy*, 98(2):225—264.

14. Kraft, A. , Leone, A. J. and Wasley, C. , 2010, "An Analysis of the Theories and Explanations Offered for the Mispricing of Accruals and Accrual Components", *Journal of Accounting Research*, 44(2):297—339.

15. La Porta, R. , De Silanes, F. L. and Shleifer, A. , 1999, "Corporate Ownership Around the World", *The Journal of Finance*, 54(2):471—517.

16. Lemmon, M. L. and Lins, K. V. , 2003, "Ownership Structure, Corporate Governance, and Firm Value: Evidence from the East Asian Financial Crisis", *Journal of Finance*, 58(4):1445—1468.

17. Lerner, J. , 1995, "Venture Capitalists and the Oversight of Private Firms", *Journal of Finance*, 50(1):301—318.

18. Maury, B. and Pajuste, A. , 2005, "Multiple Large Shareholders and Firm Value", *Journal of Banking & Finance*, 29(7):1813—1834.

19. Megginson, W. L. and Weiss, K. A. , 1991, "Venture Capitalist Certification in Initial Public Offerings", *Journal of Finance*, 46(3):879—903.

20. Rayton, B. A. , 2003, "Firm Performance and Compensation Structure: Performance Elasticities of Average Employee Compensation", *Journal of Corporate Finance*, 9(3):333—

352.

21. Suchard, J. A., 2009, “The Impact of Venture Capital Backing On the Corporate Governance of Australian Initial Public Offerings”, *Journal of Banking & Finance*, 33(4):765－774.

22. 方军雄，2009:《我国上市公司高管的薪酬存在粘性吗?》,《经济研究》，第 3 期。

23. 胡志颖、李瑾、果建竹，2015:《研发投入与 IPO 抑价:风险投资的调节效应》,《南开管理评论》，第 6 期。

24. 雷光勇、李帆、金鑫，2010:《股权分置改革、经理薪酬与会计业绩敏感度》,《中国会计评论》，第 1 期。

25. 林乐、谢德仁、陈运森，2013:《实际控制人监督、行业竞争与经理人激励——来自私人控股上市公司的经验证据》,《会计研究》，第 9 期。

26. 钱燕，2014:《风投介入与创业企业高管薪酬》,《财会通讯》，第 36 期。

27. 沈维涛、胡刘芬，2014:《风险资本联合投资对被投资企业公司治理的影响研究－－基于董事会结构和高管薪酬契约的视角》,《财经论丛》，第 4 期。

28. 孙蔓莉、蒋艳霞、毛珊珊，2010:《金融资产分类的决定性因素研究——管理者意图是否是真实且唯一标准》,《会计研究》，第 7 期。

29. 王会娟、张然，2012:《私募股权投资与被投资企业高管薪酬契约——基于公司治理视角的研究》,《管理世界》，第 9 期。

30. 王克敏、王志超，2007:《高管控制权、报酬与盈余管理——基于中国上市公司的实证研究》,《管理世界》，第 7 期。

31. 魏刚，2000:《高级管理层激励与上市公司经营绩效》,《经济研究》，第 3 期。

32. 吴战篪、罗绍德、王伟，2009:《证券投资收益的价值相关性与盈余管理研究》,《会计研究》，第 6 期。

33. 谢德仁、陈运森，2010:《业绩型股权激励、行权业绩条件与股东财富增长》,《金融研究》，第 12 期。

34. 辛清泉、林斌、王彦超，2007:《政府控制、经理薪酬与资本投资》,《经济研究》，第 8 期。

35. 叶建芳、周兰、李丹蒙、郭琳，2009:《管理层动机、会计政策选择与盈余管理——基于新会计准则下上市公司金融资产分类的实证研究》,《会计研究》，第 3 期。

36. 翟爱梅、张舒然，2013:《高管权力与激励薪酬操纵研究》,《中山大学学报(社会科学版)》，第 5 期。

37. 周仁俊、杨战兵、李礼，2010:《管理层激励与企业经营业绩的相关性——国有与非国有控股上市公司的比较》,《会计研究》，第 12 期。

第七章

1. Gompers, P., Kovner, A. and Lerner, J., 2010, “Specialization and Success: Evidence From Venture Capital”, *Journal of Economics & Management Strategy*, 18(3):817－844.

2. Hellmann, T. and Puri, M., 2002, “Venture Capital and the Professionalization of Start-Up Firms: Empirical Evidence”, *Journal of Finance*, 57(1):169－197.

3. Roll, R., 1986, “The Hubris Hypothesis of Corporate Takeovers”, *Journal of Busi-*

ness, 59(2):197－216.

4. 陈仕华、姜广省、卢昌崇，2013:《董事联结、目标公司选择与并购绩效——基于并购双方之间信息不对称的研究视角》,《管理世界》，第 12 期。

5. 陈仕华、卢昌崇，2013:《企业间高管联结与并购溢价决策——基于组织间模仿理论的实证研究》,《管理世界》，第 5 期。

6. 李曜、宋贺，2016:《风险投资与券商联盟对创业板上市公司 IPO 首发折价率的影响研究》,《财经研究》，第 7 期。

7. 刘启亮、罗乐、何威风、陈汉文，2012:《产权性质、制度环境与内部控制》,《会计研究》，第 3 期。

8. 吴超鹏、吴世农、程静雅、王璐，2012:《风险投资对上市公司投融资行为影响的实证研究》,《经济研究》，第 1 期。

9. 杨道广、张传财、陈汉文，2014:《内部控制、并购整合能力与并购业绩——来自我国上市公司的经验证据》,《审计研究》，第 3 期。

10. 张学勇、张叶青，2016:《风险投资、创新能力与公司 IPO 的市场表现》,《经济研究》，第 10 期。

第八章

1. Baek, J. S., Kang, J. K. and Lee, I., 2006, "Business Groups and Tunneling: Evidence from Private Securities Offerings by Korean Chaebols", *Journal of Finance*, 61(5): 2415－2449.

2. Baker, M. and Gompers, P. A., 2003, "The Determinants of Board Structure at the Initial Public Offering", *Journal of Law & Economics*, 46(2):569－598.

3. Brander, J. A., Du, Q., and Hellmann, T., 2015, "The effects of government-sponsored venture capital: international evidence", *Review of Finance*, 19(2):571－618.

4. Chen, K. Y., Elder, R. J. and Hsieh, Y., 2007, "Corporate Governance and Earnings Management: The Implications of Corporate Governance Best-Practice Principles for Taiwanese Listed Companies", *Journal of Contemporary Accounting & Economics*, 3(2):73－105.

5. Denis, D. J., Denis, D. K. and Sarin, A., 1997, "Ownership Structure and Top Executive Turnover ", *Journal of Financial Economics*, 45(2):193－221.

6. Gompers, P. A., 2012, "Optimal Investment, Monitoring, and the Staging of Venture Capital", *Journal of Finance*, 50(5):1461－1489.

7. Grilli, L. and Murtinu, S., 2012, "Government, Venture Capital and the Growth of European High-Tech Entrepreneurial Firms", *Research Policy*, 43(9):1523－1543.

8. Hertzel, M. and Smith, R. L., 2012, "Market Discounts and Shareholder Gains for Placing Equity Privately", *Journal of Finance*, 48(2):459－485.

9. Hochberg, Y. V., 2003, "Venture Capital and Corporate Governance in the Newly Public Firm", *Review of Finance*, 16(2):429－480.

10. Krishnamurthy, S., Spindt, P., Subramaniam, V. and Woidtke, T., 2004, "Does Investor Identity Matter in Equity Issues? Evidence From Private Placements", *Journal of Finan-*

cial Intermediation, 14(2):210—238.

11. Lee, P. M. and Wahal, S., 2004, "Grandstanding, Certification and the Underpricing of Venture Capital Backed IPOs", *Journal of Financial Economics*, 73(2):375—407.

12. Liao, G., Ma, M. and Yu, X., 2016, "Transporting Transparency: Director Foreign Experience and Corporate Information Environment", *Social Science Electronic Publishing*.

13. Loughran, T. and Ritter, J. R., 2012, "The Operating Performance of Firms Conducting Seasoned Equity Offerings", *Journal of Finance*, 52(5):1823—1850.

14. Megginson, W. L. and Weiss, K. A., 1991, "Venture Capitalist Certification in Initial Public Offerings", *Journal of Finance*, 46(3):879—903.

15. Nahata, R., 2008, "Venture Capital Reputation and Investment Performance", *Journal of Financial Economics*, 90(2):127—151.

16. Sahlman, W. A., 1990, "The Structure and Governance of Venture—Capital Organizations", *Journal of Financial Economics*, 27(2):473—521.

17. Silber, W. L., 1991, "Discounts On Restricted Stock: The Impact of Illiquidity On Stock Prices", *Financial Analysts Journal*, 47(4):60—64.

18. Wruck, K. H. and Wu, Y. L., 2009, "Relationships, Corporate Governance, and Performance: Evidence From Private Placements of Common Stock", *Journal of Corporate Finance*, 15(1):30—47.

19. 蔡宁、何星，2015:《社会网络能够促进风险投资的"增值"作用吗？——基于风险投资网络与上市公司投资效率的研究》,《金融研究》，第 12 期。

20. 蔡卫星、胡志颖、何枫，2013:《政治关系、风险投资与 Ipo 机会——基于创业板申请上市公司的经验分析》,《财经研究》，第 5 期。

21. 陈工孟、俞欣、寇祥河，2011:《风险投资参与对中资企业首次公开发行折价的影响——不同证券市场的比较》,《经济研究》，第 5 期。

22. 付雷鸣、万迪昉、张雅慧，2012:《VC 是更积极的投资者吗？——来自创业板上市公司创新投入的证据》,《金融研究》，第 10 期。

23. 苟燕楠、董静，2014:《风险投资背景对企业技术创新的影响研究》,《科研管理》，第 2 期。

24. 郭海星、万迪防、吴祖光，2011:《承销商值得信任吗——来自创业板的证据》,《南开管理评论》，第 3 期。

25. 何丽梅，2010:《我国上市公司定向增发折价研究——基于较完整市场周期的分析》,《经济管理》，第 2 期。

26. 黄福广、李西文、张开军，2012:《风险资本持股对中小板上市公司 IPO 盈余管理的影响》,《管理评论》，第 8 期。

27. 李曜、宋贺，2017:《风险投资支持的上市公司并购绩效及其影响机制研究》,《会计研究》，第 6 期。

28. 李曜、王秀军，2015:《我国创业板市场上风险投资的认证效应与市场力量》,《财经研究》，第 2 期。

29. 刘奎甫、茅宁，2016:《风险投资会提高新创公司的董事会社会资本吗?》,《商业经济与管理》，第 10 期。

30. 彭韶兵、王玉、郑伟宏，2018：《政府补贴是否间接助推了定增“盛宴”？》，《财经研究》，第 1 期。

31. 钱苹、张帏，2007：《我国创业投资的回报率及其影响因素》，《经济研究》，第 5 期。

32. 苏冬蔚、熊家财，2013：《股票流动性、股价信息含量与 CEO 薪酬契约》，《经济研究》，第 11 期。

33. 孙杨、许承明、夏锐，2012：《风险投资机构自身特征对企业经营绩效的影响研究》，《经济学动态》，第 11 期。

34. 王浩、刘碧波，2011：《定向增发：大股东支持还是利益输送》，《中国工业经济》，第 10 期。

35. 吴超鹏、吴世农、程静雅、王璐，2012：《风险投资对上市公司投融资行为影响的实证研究》，《经济研究》，第 1 期。

36. 徐寿福，2009：《大股东认购与定向增发折价——来自中国市场的证据》，《经济管理》，第 9 期。

37. 徐寿福、徐龙炳，2011：《大股东机会主义与定向增发折价——兼析制度变迁的影响》，《上海财经大学学报》，第 4 期。

38. 徐欣、夏芸，2015：《风险投资特征、风险投资 IPO 退出与企业绩效——基于中国创业板上市公司的实证研究》，《经济管理》，第 5 期。

39. 杨星、田高良、司毅，2016：《所有权性质、企业政治关联与定向增发——基于我国上市公司的实证分析》，《南开管理评论》，第 1 期。

40. 于丽峰、唐涯、徐建国，2014：《融资约束、股价信息含量与投资－股价敏感性》，《金融研究》，第 11 期。

41. 余琰、罗炜、李怡宗、朱琪，2014：《国有风险投资的投资行为和投资成效》，《经济研究》，第 2 期。

42. 张鸣、郭思永，2009：《大股东控制下的定向增发和财富转移——来自中国上市公司的经验证据》，《会计研究》，第 5 期。

43. 张学勇、廖理，2011：《风险投资背景与公司 IPO：市场表现与内在机理》，《经济研究》，第 6 期。

44. 张学勇、张叶青，2016：《风险投资、创新能力与公司 IPO 的市场表现》，《经济研究》，第 10 期。

45. 章卫东，2010：《定向增发新股与盈余管理——来自中国证券市场的经验证据》，《管理世界》，第 1 期。

46. 章卫东、李德忠，2008：《定向增发新股折扣率的影响因素及其与公司短期股价关系的实证研究——来自中国上市公司的经验证据》，《会计研究》，第 9 期。

47. 赵玉芳、余志勇、夏新平、汪宜霞，2011：《定向增发、现金分红与利益输送——来自我国上市公司的经验证据》，《金融研究》，第 11 期。

48. 支晓强、邓路，2014：《投资者异质信念影响定向增发折扣率吗》，《财贸经济》，第 2 期。

49. 朱红军、何贤杰、陈信元，2008：《定向增发“盛宴”背后的利益输送：现象、理论根源与制度成因——基于驰宏锌锗的案例研究》，《管理世界》，第 6 期。

第九章

1. Avnimelech, G. and Teubal, M. , 2006, "Creating Venture Capital Industries that Co-Evolve with High Tech: Insights from an Extended Industry Life Cycle Perspective of the Israeli Experience", *Research Policy*, 35(10):1477—1498.

2. Chen, H. , Gompers, P. , Kovner, A. and Lerner, J. , 2010, "Buy Local? The Geography of Venture Capital", *Journal of Urban Economics*, 67(1):90—102.

3. Chen, K. and Marchioni, M. , 2008, "Spatial Clustering of Venture Capital-Financed Biotechnology Firms in the US", *Industrial Geographer*, 5(2).

4. Cumming, D. , 2012, The Oxford Handbook of Venture Capital, Oxford University Press.

5. Cumming, D. and Dai, N. , 2010, "Local Bias in Venture Capital Investments", *Journal of Empirical Finance*, 17(3):362—380.

6. Dana, L. P. , 1987, "Entrepreneurship and Venture Creation: An International Comparison of Five Commonwealth Nations", *Frontiers of Entrepreneurship Research*, 7:573—583.

7. Davidsson, P. , 2005, "Continued Entrepreneurship: Ability, Need, and Opportunity as Determinants of Small Firm Growth", *Journal of Business Venturing*, 6(6):405—429.

8. Duranton, G. and Puga, D. , 2004, "Micro-Foundations of Urban Increasing Returns: Theory", *Handbook of Regional and Urban Economics*, 4:2063—2117.

9. Florida, R. and Smith Jr, D. F. , 1990, "Venture Capital, Innovation, and Economic Development", *Economic Development Quarterly*, 4(4):345—360.

10. Florida, R. and Smith, D. F. , 1993, "Venture Capital Formation, Investment, and Regional Industrialization", *Annals of the Association of American Geographers*, 83(3):434—451.

11. Fogel, G. , 2010, "An Analysis of Entrepreneurial Environment and Enterprise Development in Hungary", *Journal of Small Business Management*, 39(1):103—109.

12. Gartner, W. B. , 1985, "A Conceptual Framework for Describing the Phenomenon of New Venture Creation", *Academy of Management Review*, 10(4):696—706.

13. Green, M. B. , 2004, "Venture Capital Investment in the United States 1995—2002. ", *Industrial Geographer*, 2(1).

14. Gupta, A. K. and Sapienza, H. J. , 1992, "Determinants of Venture Capital Firms' Preferences Regarding the Industry Diversity and Geographic Scope of their Investments", *Journal of Business Venturing*, 7(5):347—362.

15. Hellmann, T. , 2000, "Venture Capitalists: The Coaches of Silicon Valley", *The Silicon Valley Edge*:276—294.

16. Helpman, E. and Krugman, P. R. , 1985, Market Structure and Foreign Trade: Increasing Returns, Imperfect Competition, and the International Economy, MIT press.

17. Hochberg, Y. V. and Rauh, J. D. , 2012, "Local Overweighting and Underperformance: Evidence From Limited Partner Private Equity Investments", *The Review of Financial Studies*,

26(2):403—451.

18. Jeng, L. A. and Wells, P. C. , 2000, "The Determinants of Venture Capital Funding: Evidence Across Countries", *Journal of Corporate Finance*, 6(3):241—289.

19. Kaplan, S. N. and Strömberg, P. , 2003, "Financial contracting theory meets the real world: An empirical analysis of venture capital contracts", *Review of Economic Studies*, 70(2): 281—315.

20. Keil, T. , Maula, M. V. J. and Wilson, C. , 2010, "Unique Resources of Corporate Venture Capitalists as a Key to Entry Into Rigid Venture Capital Syndication Networks", *Entrepreneurship Theory & Practice*, 34(1):83—103.

21. Knill, A. , 2009, "Should Venture Capitalists Put All their Eggs in One Basket? Diversification versus Pure-Play Strategies in Venture Capital", *Financial Management*, 38(3):441—486.

22. Kortum, S. and Lerner, J. , 2000, "Assessing the Contribution of Venture Capital to Innovation", *The RAND Journal of Economics*, 31(4):674—692.

23. Langeland, O. , 2007, "Financing Innovation: The Role of Norwegian Venture Capitalists in Financing Knowledge-Intensive Enterprises", *European Planning Studies*, 15(9):1143—1161.

24. Lerner, J. , 1995, "Venture Capitalists and the Oversight of Private Firms", *Journal of Finance*, 50(1):301—318.

25. Michelacci, C. and Suarez, J. , 2004, "Business Creation and the Stock Market", *Review of Economic Studies*, 71(2):459—481.

26. Norton, E. and Tenenbaum, B. H. , 1993, "Specialization Versus Diversification as a Venture Capital Investment Strategy", *Journal of Business Venturing*, 8(5):431—442.

27. Pennings, J. M. , 1982, "Organizational Birth Frequencies: An Empirical Investigation", *Administrative Science Quarterly*, 27(1):120—144.

28. Prijcker, S. D. , Manigart, S. , Wright, M. and Maeseneire, W. D. , 2012, "The Influence of Experiential, Inherited and External Knowledge On the Internationalization of Venture Capital Firms", *International Business Review*, 21(5):929—940.

29. Sapienza, H. J. and De Clercq, D. , 2000, "Venture Capitalist-Entrepreneur Relationships in Technology-Based Ventures", *Enterprise & Innovation Management Studies*, 1(1):57—71.

30. Zacharakis, A. L. , Shepherd, D. A. and Coombs, J. E. , 2003, "The Development of Venture-Capital-Backed Internet Companies: An Ecosystem Perspective", *Journal of Business Venturing*, 18(2):217—231.

31. Zapalska, A. and Zapalska, L. , 2000, "Small Business Ventures in Post-Communist Hungary", *Journal of East-West Business*, 5(4):5—21.

32. 白俊红、蒋伏心，2015:《协同创新、空间关联与区域创新绩效》,《经济研究》，第 7 期。

33. 董锁成、王传胜、尤飞、薛东前，2002:《中国西部经济社会地域分异规律研究》,《地理研究》，第 4 期。

34. 乐国林、毛淑珍，2011:《企业家精神地域差异与区域民营经济增长——基于鲁浙两地私营企业成长整体比较》,《商业经济与管理》，第 7 期。

35. 陆铭、陈钊，2005:《论中国区域经济发展的两大因素和两种力量》,《云南大学学报(社会科学版)》，第 4 期。

36. 汪明峰、魏也华、邱娟，2014:《中国风险投资活动的空间集聚与城市网络》,《财经研究》，第 4 期。

37. 赵勇、魏后凯，2015:《政府干预、城市群空间功能分工与地区差距——兼论中国区域政策的有效性》,《管理世界》，第 8 期。

38. 周育红、宋光辉，2014:《中国创业投资网络的动态演进实证》,《系统工程理论与实践》，第 11 期。

第十章

1. Arnold, T., Fishe, R. P. H. and North, D., 2010, "The Effects of Ambiguous Information on Initial and Subsequent IPO Returns", *Financial Management*, 39(4):1497—1519.

2. Bengtsson, O. and Ravid, S. A., 2011, "Geography and Style in Private Equity Contracting: Evidence from the US Venture Capital Market", SSRN Electronic Journal.

3. Bernstein, S., Giroud, X. and Townsend, R. R., 2016, "The Impact of Venture Capital Monitoring", *Journal of Finance*, 71(4):1591—1622.

4. Bertrand, M. and Mullainathan, S., 2003, "Enjoying the Quiet Life? Corporate Governance and Managerial Preferences", *Journal of Political Economy*, 111(5):1043—1075.

5. Brander, J. A., Du, Q., and Hellmann, T., 2015, "The effects of government-sponsored venture capital: international evidence", *Review of Finance*, 19(2):571—618.

6. Chemmanur, T. J., Krishnan, K. and Nandy, D. K., 2011, "How Does Venture Capital Financing Improve Efficiency in Private Firms? A Look Beneath the Surface", *The Review of Financial Studies*, 24(12):4037—4090.

7. Chen, H., Gompers, P., Kovner, A. and Lerner, J., 2010, "Buy Local? The Geography of Venture Capital", *Journal of Urban Economics*, 67(1):90—102.

8. Clercq, D. D. and Sapienza, H. J., 2006, "Effects of Relational Capital and Commitment On Venture Capitalists' Perception of Portfolio Company Performance", *Journal of Business Venturing*, 21(3):326—347.

9. Collewaert, V., 2013, "Conflicts Between Entrepreneurs and Investors: The Impact of Perceived Unethical Behavior", *Small Business Economics*, 40(3):635—649.

10. Cumming, D. and Dai, N., 2010, "Local Bias in Venture Capital Investments", *Journal of Empirical Finance*, 17(3):362—380.

11. Diamond and W, D., 1989, "Reputation Acquisition in Debt Markets", *Journal of Political Economy*, 97(4):828—862.

12. Donaldson, D. and Hornbeck, R., 2013, "Railroads and American Economic Growth: A "Market Access" Approach", *Quarterly Journal of Economics*, 131(2):w2.

13. Fama, E. F., 1985, "What's Different About Banks?", *Journal of Monetary Econom-*

ics, 15(1):29—39.

14. Fiet, J. O., Busenitz, L. W., Moesel, D. D. and Barney, J. B., 2005, "Complementary Theoretical Perspectives on the Dismissal of New Venture Team Members", *Journal of Business Venturing*, 12(5):347—366.

15. Fogel, R. W., 1964, Railroads and American Economic Growth: Essays in Econometric History, Johns Hopkins Press Baltimore, 296.

16. Fritsch, M. and Schilder, D., 2008, "Does Venture Capital Investment Really Require Spatial Proximity? An Empirical Investigation", *Environment and Planning*, 40(9):2114—2131.

17. Hochberg, Y. V. and Rauh, J. D., 2012, "Local Overweighting and Underperformance: Evidence from Limited Partner Private Equity Investments", *The Review of Financial Studies*, 26(2):403—451.

18. Kräussl, R., Krause, S. and Manigart, S., 2012, "A Comparative Analysis of Venture Capital Investment in the United States and Europe", The Oxford Handbook of Venture Capital.

19. Lerner, J., 1995, "Venture Capitalists and the Oversight of Private Firms", *Journal of Finance*, 50(1):301—318.

20. Loughran, T., 2010, "The Impact of Firm Location on Equity Issuance", *Financial Management*, 37(1):1—21.

21. Petersen, M. A. and Rajan, R. G., 1994, "The Benefits of Lending Relationships: Evidence from Small Business Data", *Journal of Finance*, 49(1):3—37.

22. Petersen, M. A. and Rajan, R. G., 2002, "Does Distance Still Matter? The Information Revolution in Small Business Lending", *Journal of Finance*, 57(6):2533—2570.

23. Pinastranger, A. and Lazega, E., 2011, "Bringing Personalized Ties back in: Their Added Value for Biotech Entrepreneurs and Venture Capitalists Interorganizational Networks", *Sociological Quarterly*, 52(2):268—292.

24. Ritter, J. R. and Welch, I., 2002, "A Review of IPO Activity, Pricing, and Allocations", *Journal of Finance*, 57(4):1795—1828.

25. Samila, S., and Sorenson, O., 2011, "Venture capital, entrepreneurship, and economic growth", *Review of Economics and Statistics*, 93(1):338—349.

26. Shepherd, D. A. and Zacharakis, A., 2013, "The Venture Capitalist-Entrepreneur Relationship: Control, Trust and Confidence in Co-Operative Behaviour", *Venture Capital*, 3(2):129—149.

27. Tian, X. and Wang, T. Y., 2014, "Tolerance for Failure and Corporate Innovation", *Review of Financial Studies*, 27(1):211—255.

28. 陈德球、李思飞、钟昀珈，2012:《政府质量、投资与资本配置效率》,《世界经济》，第 3 期。

29. 陈艺云，2011:《知识差距、信息甄别与创业企业的融资选择》,《科技进步与对策》，第 4 期。

30. 范学俊，2008:《金融政策与资本配置效率——1992～2005 年中国的实证》,《数量经济技术经济研究》，第 2 期。

31. 方杏村、陈浩，2016:《资源衰退型城市经济转型效率测度》,《城市问题》，第 1 期。

32. 郭文旌、王钢，2011:《基于信号模型及天使投资人参与下的风险投资》,《金融理论与实践》，第 2 期。

33. 胡凡，2016:《中国新型城镇化进程对 FDI 流入的影响研究——基于 31 个省市的面板数据》,《湖南社会科学》，第 2 期。

34. 李文乐、王婷、李昊基、张国柱，2013:《基于信息不对称的风险投资不完全“柠檬市场”解析》,《西安交通大学学报(社会科学版)》，第 4 期。

35. 刘继广、沈志群，2011:《高铁经济:城市转型的新动力》,《广东社会科学》，第 3 期。

36. 刘江会、朱敏，2015:《地理因素会影响中国企业 Ipo 的成本吗？——基于“软信息不对称”的视角》,《经济管理》，第 10 期。

37. 龙玉、李曜，2016:《风险投资应该舍近求远吗——基于我国风险投资区域退出率的实证研究》,《财贸经济》，第 6 期。

38. 陆军、宋吉涛、梁宇生、徐杰，2013:《基于二维时空地图的中国高铁经济区格局模拟》,《地理学报》，第 2 期。

39. 钱苹、张帏，2007:《我国创业投资的回报率及其影响因素》,《经济研究》，第 5 期。

40. 余琰、罗炜、李怡宗、朱琪，2014:《国有风险投资的投资行为和投资成效》,《经济研究》，第 2 期。

41. 岳书敬，2011:《知识产权保护与发展中国家创新能力提升——来自中国的实证分析》,《财经科学》，第 5 期。

42. 张学勇、廖理，2011:《风险投资背景与公司 IPO:市场表现与内在机理》,《经济研究》，第 6 期。

43. 张学勇、吴雨玲、郑轶，2016:《我国风险投资机构的本地偏好研究》,《投资研究》，第 6 期。

44. 周育红、宋光辉，2014:《中国创业投资网络的动态演进实证》,《系统工程理论与实践》，第 11 期。

附录

第三章

附表 3.1　　部分两次过会创业板公司上市前引入 PrePE 机构情况

公司名称	首次过会被否情况	引入上市前 PE 情况	二次过会通过情况
海联讯(300277.SZ)	2009 年 12 月 22 日参加创业板发审委 2009 年第 35 次会议,核准结果为“未通过”	2010 年 12 月 7 日,公司通过股权转让方式引进了中科汇通(天津)股权投资基金有限公司	2011 年 7 月 22 日创业板发审委 2011 年第 52 次会议上通过了核准
方直科技(300235.SZ)	2010 年 3 月 30 日参加创业板发审委 2010 年第 14 次会议,当时公司全部为自然人股东,核准结果为“未通过”	2010 年 8 月,公司通过增资方式引进了平安财智投资管理有限公司和深圳市融元创业投资有限责任公司	2011 年 4 月 25 日创业板发审委 2011 年第 27 次会议上通过了核准
佳创视讯(300264.SZ)	2009 年 12 月 25 日参加创业板发审委 2009 年第 37 次会议,核准结果为“未通过”	2010 年 4 月 22 日,公司通过增资方式引进了深圳市华澳创业投资企业(有限合伙)	2011 年 7 月 12 日创业板发审委 2011 年第 46 次会议上通过了核准
天津鹏翎胶管股份有限公司(A12240.SZ)	2011 年 1 月 18 日参加过创业板发审委 2011 年第 2 次会议,当时公司全部为自然人股东,核准结果为“未通过”	2011 年 5 月 13 日,公司通过增资方式引进了博正资本投资有限公司	2012 年 6 月 5 日创业板发审委 2012 年第 46 次会议上通过了核准
丹东欣泰电气股份有限公司(A12246.SZ)	2011 年 3 月 18 日参加创业板发审委 2011 年第 12 次会议,核准结果为“未通过”	2011 年 7 月—9 月,公司通过股权转让方式引进了北京润佳华商投资基金(有限合伙)、青岛安芙兰高新股权投资基金企业(有限合伙)、张家港以诺股权投资企业(有限合伙)	2012 年 7 月 3 日创业板发审委 2012 年第 54 次会议上通过了核准
四川创意信息技术股份有限公司(A12250.SZ)	2011 年 2 月 28 日参加创业板发审委 2011 年第 6 次会议,当时公司全部为自然人股东,核准结果为“未通过”	2011 年 9 月 29 日,公司通过股权转让方式引进了深圳市鼎恒瑞吉投资企业(有限合伙)和成都弘俊远景成长投资中心(有限合伙)	2012 年 7 月 20 日创业板发审委 2012 年第 56 次会议上通过了核准

续表

公司名称	首次过会被否情况	引入上市前 PE 情况	二次过会通过情况
深圳市神舟电脑股份有限公司(A12272.SZ)	2011 年 3 月 22 日参加创业板发审委 2011 年第 14 次会议,核准结果为"未通过"	2011 年 8 月 24 日,公司通过增资方式引进了重庆泰豪渝晟股权投资基金中心(有限合伙)和天津睿银精诚股权投资基金合伙企业(有限合伙)	2012 年 7 月 31 日创业板发审委 2012 年第 64 次会议上通过了核准

注:上表是部分首次过会创业板被否企业在引进上市前私募股权资本后二次成功过会的典型案例。本章从上述案例中得到了关于"假设 3.2:引进上市前 PE 能够提高核准通过概率"假说的启示。

第十一章

附录 11.1 "弘毅"一词的溯源

"弘毅"语出《论语》"泰伯"篇。——曾子曰:"士不可以不弘毅,任重而道远。仁以为己任,不亦重乎?死而后已,不亦远乎"。

弘而不毅,则无规矩而难立也;毅而不弘,则隘陋而无以居之;弘大刚毅,然后能胜重任而远到。

弘,本意:宽广、旷远;引申:立意高远、胸怀大局;释义:非弘不能胜重;

毅,本意:强忍、刚毅;引申:勤奋吃苦、身体力行;释义:非毅无以致远。

资料来源:弘毅投资网站 http://www.honycapital.com/about/origin.html。

附录 11.2 弘毅投资募集管理的基金汇总(截至 2013 年 12 月 31 日)

基金	设立年份	募集资金	投入资金	总价值	回报率
美元一期基金	2003 年	0.38 亿美元	0.371 亿美元	1.591 亿美元	4.29x
美元二期基金	2004 年	0.88 亿美元	0.705 亿美元	5.338 亿美元	7.57x
美元三期基金	2006 年	5.80 亿美元	2.733 亿美元	NA	NA
人民币一期基金	2008 年	50.26 亿人民币	NA	NA	NA
美元四期基金	2008 年	13.98 亿美元	NA	NA	NA
弘毅上海基金	2011 年	NA	NA	NA	NA
美元五期基金	2012 年	23.68 亿美元	NA	NA	NA
人民币二期基金	2012 年	100 亿人民币	NA	NA	NA
影视专项基金	2013 年	30 亿人民币	NA	NA	NA

注:2008 年以后的基金缺失投入资金、回报率等数据,根据清科数据库等也未发现有相应数据。

附录 11.3　弘毅投资(前三期基金)已投公司

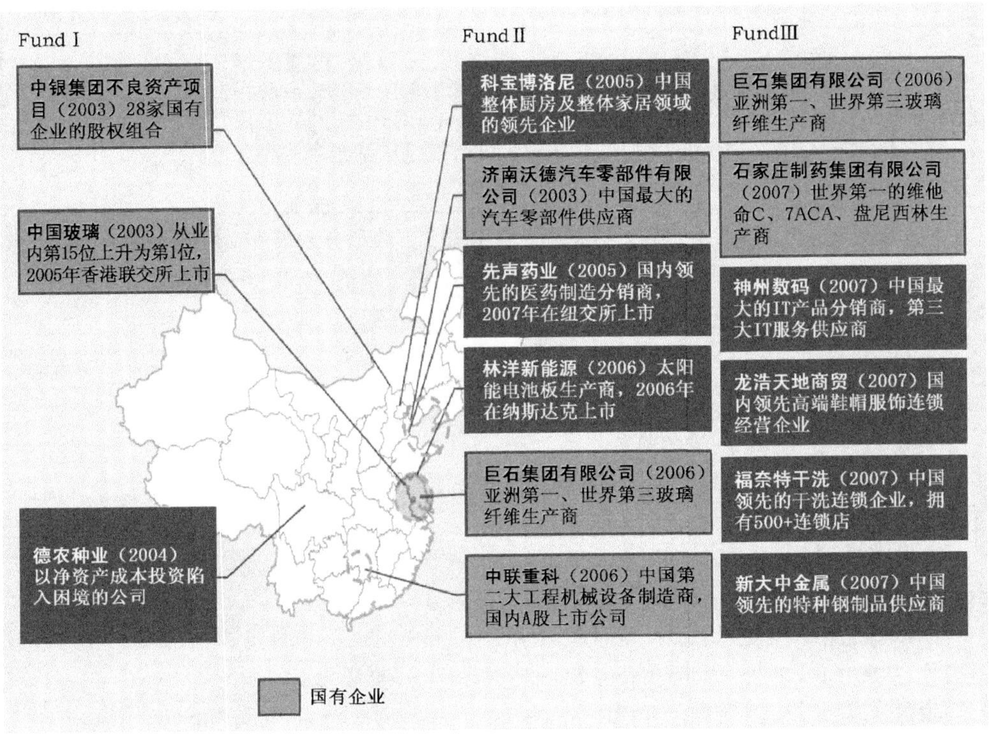

附录 11.4　中国玻璃(HK3300)股价与香港恒生指数收益率比较(2005.6.23～2013.12.16)

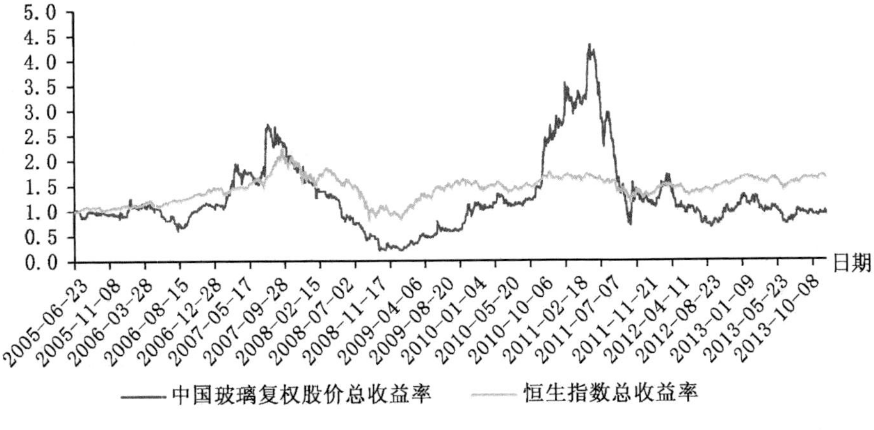

第十二章

附表 12.1 **爱尔眼科用于战略扩张的并购基金概况** 单位:万元

并购基金名称	深圳前海东方爱尔医疗产业并购合伙企业	湖南爱尔中钰眼科医疗产业投资合伙企业	南京爱尔安星眼科医疗产业投资中心	湖南亮视交银眼科医疗合伙企业	湖南亮视长银医疗产业投资基金合伙企业	湖南亮视长星医疗产业管理合伙企业	芜湖远翔天祐投资管理中心	湖南亮视晨星医疗产业管理合伙企业
成立时间	2014/3/27	2014/12/31	2016/6/7	2016/12/21	2018/1/4	2018/10/24	2017/6/12	2019/8/22
募集规模	20 000	100 000	100 000	200 000	100 000	100 000	80 000	100 000
爱尔眼科出资金额	2 000	9 800	19 000	39 000	19 000	19 000	15 900	19 000
爱尔眼科出资比例	10%	9.80%	19%	19.50%	19%	19%	19.88%	19.00%
GP	深圳前海东方创业金融控股有限公司	中钰资本管理(北京)有限公司	深圳市前海安星资产管理有限公司	上海锦傲投资管理有限公司	深圳市前海安星资产管理有限公司	深圳市前海安星资产管理有限公司	北京远旭股权投资基金管理有限公司	深圳市前海安星资产管理有限公司
GP 出资金额	667	200	100	100	100	100	10	100
GP 出资比例	3.33%	0.20%	0.10%	0.05%	0.10%	0.10%	0.01%	0.10%
对外募资比例	86.67%	90.00%	80.90%	80.45%	80.90%	80.90%	80.11%	80.90%
基金存续期(年)	3	5	5	5	5	5	5	5
会计核算方法	成本法	成本法	成本法	成本法	成本法	成本法	成本法	成本法

注:爱尔眼科于 2019 年 8 月 12 日投资加入。

资料来源:根据爱尔眼科公告、国家企业信用信息公示系统数据整理。

附表 12.2 **2016 年爱尔眼科定向募集资金收购的 9 家眼科医院**

标的医院名称	交易对手方	收购股权比例	收购价款金额(万元)
东莞爱尔眼科医院有限公司	东方爱尔	75%	9 847.50
泰安爱尔光明医院有限公司		59%	3 013.66
太原市爱尔康明眼科医院有限公司		90%	5 830.20
佛山爱尔眼科医院有限公司		60%	3 535.80
九江爱尔中山眼科医院有限公司		68%	3 106.24
清远爱尔眼科医院有限公司		80%	2 644.80
湖州爱尔眼科医院有限公司		75%	5 425.50
滨州沪滨爱尔眼科医院有限公司	中钰基金	70%	20 884.50
朝阳眼科医院有限责任公司		55%	3 724.60
合 计			58 012.80

资料来源:爱尔眼科公告。

附表 12.3　　2019 年 6 月爱尔眼科现金收购 9 家眼科医院基本情况

标的医院名称	交易对手方	收购股权比例	收购价款金额(万元)
上海爱尔睛亮眼科医院有限公司	亮视交银	59.00%	4 017.90
淄博康明爱尔眼科医院有限公司		87.00%	10 657.50
无锡爱尔眼科医院有限公司	东方爱尔	62.86%	2 074.38
宜春爱尔眼科医院有限公司		75.00%	1 800.00
桂林爱尔眼科医院有限公司		80.00%	4 000.00
蚌埠爱尔和平眼科医院有限公司	中钰基金	51.00%	1 224.00
普洱爱尔眼科医院有限公司		70.00%	2 022.98
贵港爱尔眼科医院有限公司	安星基金	83.54%	4 599.00
重庆爱尔儿童眼科医院有限公司	亮视长银	85.00%	4 250.00
合　计			34 645.76

资料来源:根据爱尔眼科公告整理。

附表 12.4　2019 年 10 月爱尔眼科拟发行股份间接收购的 26 家眼科医院基本情况

序号	标的医院名称	原所属并购基金	收购股权比例	并购基金出让价款金额(万元)	置入爱尔眼科的评估值(万元)	变动幅度
1	大连爱尔	中钰基金	52.80%	4 118.40	4 140.53	0.54%
2	大同爱尔		80.00%	10 000.00	10 364.33	3.64%
3	柳州爱尔		72.00%	3 981.60	3 995.58	0.35%
4	钦州爱尔		75.00%	5 737.50	5 975.89	4.15%
5	上饶爱尔		51.00%	3 774.00	3 928.42	4.09%
6	十堰爱尔		70.00%	7 350.00	7 803.44	6.17%
7	铜陵爱尔		75.00%	5 400.00	5 610.25	3.89%
8	梧州爱尔		51.00%	4 845.00	5 076.74	4.78%
9	西宁爱尔		40.00%	3 600.00	3 620.04	0.56%
10	延吉爱尔		67.58%	4 460.50	4 703.37	11.35%
11	银川爱尔		65.00%	7 475.00	7 770.88	5.44%
12	玉林爱尔		75.00%	9 876.49	10 479.98	3.96%
13	中山爱尔		53.33%	4 639.71	4 775.56	6.11%
14	德州爱尔		51.00%	3 289.50	3 311.88	2.93%
15	东营爱尔		51.00%	3 366.00	3 420.84	0.68%
16	乐山爱尔		70.00%	2 590.00	2 657.55	1.63%
17	烟台爱尔		51.00%	4 998.00	5 146.70	2.61%
18	玉溪爱尔		51.00%	2 142.00	2 195.29	2.98%
19	仙桃爱尔	中钰基金、亮视交银	65.00%	5 200.00	5 790.28	2.49%

续表

序号	标的医院名称	原所属并购基金	收购股权比例	并购基金出让价款金额（万元）	置入爱尔眼科的评估值（万元）	变动幅度
20	临汾爱尔	亮视交银	51.00%	3 387.93	3 418.66	0.91%
21	阿迪娅爱尔		70.00%	6 197.80	6 299.80	1.65%
22	长治爱尔		70.00%	2 992.50	3 433.76	14.75%
23	安庆爱尔		80.00%	4 368.80	4 381.63	0.29%
24	张家界爱尔	安星基金	51.00%	2 345.49	2 362.36	0.72%
25	江门爱尔		51.00%	3 370.59	3 516.94	4.34%
26	百色爱尔		75.00%	2 788.50	3 006.44	7.82%
合　计				122 295.31	127 187.14	4.00%

注：由于爱尔眼科发行股份购买资产存在审核周期，且并购审核存在不确定性，并购基金出让价款和置入上市公司价值之间合计存在4%的价值变动，主要是天津中视信承担时间成本和审核风险的对价。

资料来源：爱尔眼科公告。

后　记

本书是我十年来关于私募股权和风险投资领域研究成果的一个总结。

大约在2008年前后，出于兴趣和完成国家社科课题的压力，我开始了对管理层收购和公司治理的研究历程。管理层收购现象起源于20—21世纪转折期间，国内广东和苏南等地乡镇企业和国有中小企业进行较多的产权清晰的股权转让。之后进一步对管理层收购(MBO)的名词作深究，自然就溯源到了西方，之后我发现MBO实际上是杠杆收购(LBO)的一种，这样一路追踪下去，慢慢地顿悟觉察：西方的LBO机构在21世纪里已经改头换面了，它们更名变作了私募股权！而当时我国的理论和实务界在讨论私募股权时，并没有意识到所谓的私募股权就是杠杆收购。21世纪的第一个十年，是我国接触、引进和认识私募股权的开始阶段，如当时的深圳发展银行将控股权转让给了美国新桥资本、徐工集团讨论引入美国凯雷资本等，都曾引起社会的广泛关注。不过，由于发展阶段限制和经济社会体制等原因，国内的私募股权并未走上杠杆收购的道路，西方的私募股权即使在中国进行了投资，也是悄悄潜行。

在实践中，从基金募集形式、运作机制、退出方式等各方面看，国内的私募股权和风险投资均无明显的区别，都可以总结为从事成长期甚至成熟期投资，或者称为上市前(Pre—IPO)投资，而且出于分析数据可得的原因，我主要是以国内创业板、中小板上市企业为样本，探讨了风险投资/私募股权的作用机制。本书中大量借鉴了西方私募股权行业的历史和经验教训，但是，西方的经验并不能完全适合解释中国的实践，所以不少结论属于“具有中国特色”，当然结论的逻辑是理性合理的。

本书大部分初步的研究结果曾经以论文形式发表过，合作者主要是我历年指导的博士生。他们是曾翔东、张子炜、王秀军、宋贺、龙玉等，感谢他们的杰出贡献。他们是我的骄傲。所以从这个意义上讲，本书也是对我十年来指导博士生经历的一个记忆性总结。

在此，我要特别感谢国家留学基金委(China Scholarship Council, CSC)，它为我提供了开阔眼界、认识世界的机会，我是中国改革开放后进行国际化学术交流的真正获益者。2002～2019年，我曾三次留学海外，均有赖于国家留基委的资助。三个项目分别是：中国加拿大政府交流访问学者项目(CCSEP)、国家留基委青年骨干访问学者项目、中美富布赖特研究学者项目。特别是2009～2010年作为青年骨干项目学者访问了英国诺丁汉大学管理层收购研究中心(CMBOR),帮助我接触到了私募股权研究领域的国际前沿。

此时,我深深地怀念三位在访学道路上的邀请者、领路人,刚好其中两位都叫Mike,他们就好像是我学术生涯上的导师和智者一样,虽然斯人已逝,但带给了我终生的影响。

第一位 Mike 是加拿大多伦多大学 Rotman 管理学院的退休荣誉教授 Myron J. Gordon(英文名字简称 Mike)。至今难忘在我第一次经过了将近 18 个小时的跨越太平洋(当时中美间的北极航线还没有开通)和横贯北美大陆的飞行之后,终于抵达多伦多时,在黑夜中到达北约克镇他的家里,Gordon 老先生向我伸出了热情温暖的大手,大声地说:"I am Myron Gordon. Welcome Yao!"后来他曾经和我聊天,说他之所以接纳素不相识的我,是因为 20 世纪 80 年代他访问中国时,中国朋友给予了他太多的友谊,他要回报补偿给我。在访学临别时,他说假设未来终有一天我成了著名经济学家,不要忘记了他。Gordon 先生已于 2010 年去世。

另一位 Mike 是英国诺丁汉大学 CMBOR 研究中心的主任和创始人 Mike Wright。他是管理层收购和公司治理领域的国际大师级学者。具体的接待人是 Louise Scholes 研究员。在一个阳光灿烂的午后,我、Louise、Mike 三个人第一次聚在 Mike 的办公室里,拥挤的地面上到处堆满了书籍资料。他的语速较快而且带着难懂的英式腔调,给我的理解以很大的挑战,我只有更主动地多说。当我在解释"带红帽子"的中国乡镇企业 MBO 现象时,他马上点头表示理解。其实他比较了解中国,因为他的全球合作者中有不少的中国学者。当我把自己的研究思路全盘说给 Mike 听时,感觉尽在他的掌握之中,我的想法并无新意。他指出可以把董事会作为研究对象,并随手把他的新书赠送给我,翻到书后的文献目录,重点推荐了 Acharya 的论文。实际上,我与 Mike 的接触更多是在我离开英国之后。在合作论文的过程中,他的反复修改和及时回复,让我感叹钦佩真正大师级学者的思辨能力和执着的学术精神。我和 Mike、Louise 合作了两篇论文,本以为还要继续合作下去,但今年 1 月份收到了 Louise 发来不幸消息的电邮,Mike 已于 2019 年 11 月在诺丁汉因病去世。收到邮件的当天傍晚,在蒙蒙细雨中,我疯狂地行走了一个多小时,止不住的脚步,追不上心中止不住的悲伤。

第三位邀请我的访学者是美国波士顿学院的 Edie Hotchkiss 教授。她的谦逊、认真、关注细节的学术探索精神,深深地感染了我。这一访学的时间较近,真正对我的影响还有待时间考验,就如美酒是需要时间来孕育芳醇。对于中美富布赖特研究项目,可以引用项目创始人威廉·富布赖特的原话,"富布赖特项目的宗旨是对世界大事多一点了解、多一点理性、多一点同情心,并以此促使各国最终学会和平友好地生活在一起。"在今天不断出现逆全球化思潮的时候,重温富布赖特先生的这一段话,是多么地令人温暖和向往!正是出于对富布赖特项目精神的认同和支持，我国国家留基委早在十多年前就与美国政府一起出资支持了这一中美间的人文交流项目。

感谢上海财经大学提供给我以宽广和富有挑战性的教学和科研平台，在这里我度过了从教以来二十年最美好的时光。感谢上海国际金融与经济研究院对本书出版的资助。

最后，我要把这本书献给我的父亲。因为每次见到父亲，他总是会问我："你最近有什么作品发表吗?"父亲是一名老派的、真正的学者，他的乐趣就是端坐书屋、勤奋笔耕，浸润于中国的历史、民俗、文化研究中。父亲退休后每年都有很多文章发表见诸于期刊和报纸。他希望孩子像他一样做一名真正的学者。今年四月，他永远地离开了我们。我知道当儿子将一本出版的新书，呈现于他的面前，他一定会摩挲着书皮，仔细地端详，然后好几天都会沉浸于兴奋之中。

李　曜

于 2020 年 11 月 26 日